Kathrin Sommerfeldt (Hrsg.)

SPANISCH
.... *Methodik*

Handbuch für die
Sekundarstufe I und II

Cornelsen

Projektleitung: Dorothee Weylandt, Berlin
Redaktion: Peter Süß, München
Umschlaggestaltung: Magdalene Krumbeck, Wuppertal
Satz/Layout: Fromm MediaDesign, Selters im Taunus

www.cornelsen.de

7. Auflage, 2. Druck 2023

© 2011 Cornelsen Verlag Scriptor GmbH & Co. KG, Berlin
© 2017 Cornelsen Verlag GmbH, Berlin

Das Werk und seine Teile sind urheberrechtlich geschützt.
Jede Nutzung in anderen als den gesetzlich zugelassenen Fällen bedarf
der vorherigen schriftlichen Einwilligung des Verlages.
Hinweis zu §§ 60a, 60b UrhG: Weder das Werk noch seine Teile dürfen
ohne eine solche Einwilligung an Schulen oder in Unterrichts- und Lehrmedien
(§ 60b Abs. 3 UrhG) vervielfältigt, insbesondere kopiert oder eingescannt,
verbreitet oder in ein Netzwerk eingestellt oder sonst öffentlich zugänglich
gemacht oder wiedergegeben werden.
Dies gilt auch für Intranets von Schulen.

Druck: AZ Druck und Datentechnik GmbH, Kempten

ISBN 978-3-589-23001-3

PEFC-zertifiziert
Dieses Produkt
stammt aus
nachhaltig
bewirtschafteten
Wäldern und
kontrollierten Quellen

PEFC/04-31-2260   www.pefc.de

Inhalt

Vorwort	8
1. Spanisch – das besondere Fach	9
Ursula Vences	
1.1 Eine besondere Entwicklung	9
1.2 Ein breites Unterrichtsangebot	10
1.3 Ein besonderer Lerngegenstand	16
1.4 Besondere Anforderungen	18
1.5 Literatur	22
2. Zeitgemäß unterrichten	23
Wolfgang Steveker	
2.1 Lernerorientierung	23
2.1.1 Öffnung des Unterrichts	23
2.1.2 Kooperatives Lernen	25
2.1.3 Individualisierung und individuelle Förderung	30
2.2 Handlungsorientierung	35
2.3 Prozessorientierung	38
2.4 Standardorientierung	40
2.4.1 Kompetenzorientierter Unterricht	41
2.4.2 Kompetenzorientierte Lernaufgaben	42
2.5 Literatur	47
3. Kommunikative Kompetenz schulen	49
Wolfgang Steveker	
3.1 Ziele und Bereiche des Sprachunterrichts	49
3.2 Schulung des Leseverstehens	50
3.3 Schulung des Hörverstehens	56
3.4 Schulung des Sprechens	60
3.5 Schulung des Schreibens	72
3.6 Sprachmittlung	84
3.7 Verfügung über die sprachlichen Mittel	85
3.8 Literatur	90
4. Mit dem Lehrbuch arbeiten	91
Kathrin Sommerfeldt	
4.1 Auswahl verschiedener Lehrwerke	91
4.2 Ziele und Inhalte der Lehrbucharbeit	96
4.3 Unterrichtsplanung bei der Lehrbucharbeit	97
4.4 Texteinführung und -behandlung	99
4.5 Grammatikerarbeitung und -einübung	112

4.6	Wortschatzerarbeitung und -übung	117
4.7	Anwendung und Transfer	122
4.8	Üben und Wiederholen	124
4.9	Alternativen	128
4.10	Literatur	129

5. Materialien und Medien einsetzen 130
Ursula Vences

5.1	Ziele und Funktionen	131
5.2	Authentizität und Didaktisierung	133
5.3	Umgang mit Sachtexten	135
5.4	Umgang mit auditivem Material	137
5.5	Umgang mit Bildmaterial	141
5.6	Einsatz von neuen Medien	144
5.7	Einsatz von Spielen	147
5.8	Literatur	150

6. Literatur behandeln 151
Kathrin Sommerfeldt

6.1	Ziele und didaktische Entscheidungen		152
6.2	Methoden der Literaturbehandlung		158
	6.2.1	Strategiebetonter Ansatz	158
	6.2.2	„Kreativer" Ansatz	160
	6.2.3	Unterrichtsöffnender Ansatz	163
	6.2.4	Interkultureller Ansatz	166
	6.2.5	Projektorientierter Ansatz	167
	6.2.6	Interpretatorischer Ansatz	169
	6.2.7	Analytischer Ansatz	171
6.3	Literatur		173

7. Soziokulturelle Inhalte vermitteln und interkulturelles Lernen anbahnen 175
Kathrin Sommerfeldt

7.1	Konzepte, Begriffe und Methoden		175
7.2	Dossierarbeit		179
	7.2.1	Dossierarbeit in der Lehrbuchphase	179
	7.2.2	Dossierarbeit nach der Lehrbucharbeit	183
7.3	Recherchierende Verfahren		186
	7.3.1	Interkultureller Ansatz	186
	7.3.2	Projektorientierter Ansatz	191
7.4	Auswahlkriterien für soziokulturelle Inhalte		195
7.5	Literatur		198

8. Leistungen erheben und beurteilen ... 199
Christine Wlasak-Feik

- 8.1 Lernen und bewertet werden – ein Widerspruch? ... 199
- 8.2 Objektivität vs. Subjektivität ... 203
- 8.3 Kriterienorientierung als Grundprinzip der Bewertung ... 206
- 8.4 Schriftliche Leistungserhebungen ... 209
- 8.5 Mündliche Leistungserhebungen ... 216
- 8.6 Leistungserhebungen im Bereich der Sprachmittlung ... 225
- 8.7 Instrumente der Selbstevaluation ... 227
- 8.8 Literatur ... 229

9. Spanisch – über den Unterricht hinaus ... 230
Christine Wlasak-Feik

- 9.1 Informationsveranstaltungen zur Fremdsprachenwahl ... 230
- 9.2 Externe Sprachprüfungen und Zertifikate ... 235
- 9.3 Schulfahrten und Schüleraustausch ... 236
- 9.4 Fortbildung und Information ... 239
- 9.5 Literatur ... 242

Herausgeberin und Autoren ... 244

Register ... 246

Vorwort

„*España es diferente*" war der Werbeslogan des spanischen Fremdenverkehrsbüros in den 70er Jahren. Heute heißt er „*Freu dich, du bist in Spanien*". „*Enseñar el español es diferente*" und „*Freu dich, du unterrichtest Spanisch*" wären zwei Slogans, die als Motto für dieses Buch gelten könnten.

Absicht und Gliederungsprinzip dieser ersten Methodik des Fachs ist es, die Standardsituationen und damit die immer wiederkehrenden Anforderungen an Lehrkräfte im Spanischunterricht zu beleuchten und methodische Möglichkeiten dafür aufzuzeigen. Sie versteht sich als eine Art Handbuch aus der Praxis für die Praxis mit Auswahl- bzw. Checklisten, konkreten Tipps und vielen Beispielen. Da es sich um einen methodischen Ratgeber handelt, sind auch drei Kapitel aufgenommen, die sich so in anderen Werken nicht finden: der Umgang mit dem Lehrbuch (Kap. 4), da dieser einen großen Anteil an der Praxis hat, der Umgang mit Literatur (Kap. 6) als einer besonderen und häufig eingesetzten Textform sowie die außerunterrichtlichen Aktivitäten, die für Spanischlehrer wichtig sind (Kap. 9).

Die Entstehung dieses Buches war uns Autoren ein Anliegen; es bündelt unsere Erfahrungen aus Unterricht, Aus- und Fortbildung. Wir hoffen, ein hohes Maß an Gebrauchsfähigkeit erreicht zu haben und mit diesem methodischen Überblick ein weiteres Puzzleteil in der Entwicklung unseres noch relativ jungen Fachs zu liefern, das die Lücke zwischen den theoretischen Begründungszusammenhängen in der Didaktik und konkreten methodischen Einzelvorschlägen schließt.

Für das Angebot, dieses Buch zu machen, und für seine Flexibilität danken wir dem Scriptor Verlag. Als Herausgeberin bin ich meinen Mitautoren sehr zu Dank verpflichtet: Ursula Vences, die ich seit langem wegen ihres Engagements für den Spanischunterricht und ihrer Produktivität bewundere, sowie Christine Wlasak-Feik und Wolfgang Steveker, deren Kooperationsbereitschaft und Fachkompetenz ich überaus schätze. Viele Referendarinnen und Kollegen haben durch ihre Fragen und Anregungen an dieser Methodik mitgewirkt, ohne es zu wissen. Mein besonderer Dank gilt meiner Familie: meinen Eltern, die ursächlich sind für meine Begeisterung für das Spanische, und vor allem meinem Mann und meiner Tochter, die die Auswirkungen dieser Begeisterung stets mittragen.

Kathrin Sommerfeldt

1. Spanisch – das besondere Fach

Ursula Vences

1.1 Eine besondere Entwicklung

*Caminante, son tus huellas
el camino y nada más;
caminante, no hay camino,
se hace camino al andar.*

Diese Verse von Antonio Machado charakterisieren auf treffliche Weise die Situation des Fachs Spanisch und seiner Unterrichtenden. Ein Rückblick auf die Entstehung des noch relativ jungen Fachs mag dies verdeutlichen.

Als noten- und abiturrelevantes Schulfach wurde Spanisch nach einem kurzen Aufblühen in den 20er und 30er Jahren des 20. Jahrhunderts im Vergleich zu den anderen unterrichteten Sprachen bundesweit erst relativ spät, nämlich in den 70er Jahren, endgültig in den Fächerkanon der öffentlichen Schulen aufgenommen. Zuvor war es dort gelegentlich in Arbeitsgemeinschaften angeboten worden, während das Fach an Privat- und Abendschulen bereits boomte. Es waren die Jahre der allgemeinen Bildungsreform, in denen sich die Erkenntnis durchsetzte, dass neben den traditionellen Sprachen Englisch und Französisch sowie Latein und Altgriechisch im zusammenwachsenden Europa die dort gesprochenen Sprachen von großer Bedeutung seien und gleichberechtigt behandelt werden sollten. Für Spanisch kam das Argument hinzu, dass es sich um eine Weltsprache handelt.

Die Einführung von Spanisch als Schulfach erfolgte für die Unterrichtenden unter erschwerten Bedingungen, denn es gab praktisch kaum geeignetes Unterrichtsmaterial. Werke für die Erwachsenenbildung wurden mit großem Engagement – und mit Erfolg – auf die Schülerschaft zugeschnitten. Die Lehrkräfte der ersten Stunde waren gezwungen, das Fach für sich und die Schülerschaft „zu erfinden" sowie Materialien und Übungen selbst zu entwerfen. Dies führte häufig zu einer großen Experimentierfreudigkeit, in deren Folge teils unkonventionelle Materialien eingesetzt und im Gegensatz zum traditionellen Fremdsprachenunterricht neue methodische Ansätze im Unterricht erprobt wurden. Die Spanischlehrerinnen und -lehrer zeigten große Offenheit gegenüber den Unterrichtsmethoden anderer Fächer (Fremdsprachen, Deutsch), von denen sie sich Anregungen holten, die sie jedoch nicht einfach übernahmen, sondern in Erkenntnis der besonderen Situation des Fachs (z. B. Einsatz als dritte Sprache in der Oberstufe) den Bedürfnissen ihres Fachs entsprechend veränderten und weiterentwickelten. Erst seit Ende des 20. Jahrhunderts sind zunehmend neue, adressatengerechte Lehrwerke auf den Markt gekommen, in welche dieses Material und die Ideen teilweise eingeflossen sind.

Hilfreich und ein großer Vorteil war, dass sehr viele Spanischlehrkräfte über ihre persönliche Biografie zum Fach gekommen waren und landeskundliche Erfahrungen mitbrachten. Dadurch war gewährleistet, dass von Anfang an ein sehr breit angelegtes Spektrum von Themen sowohl Spanien wie Hispanoamerika betreffend Einzug in den Unterricht fand. Der oft persönliche Bezug zur hispanischen Welt war Garant dafür, dass Empathie oder gar Begeisterung für den Gegenstand vermittelt wurde. Diese Qualitäten bleiben in der Gegenwart erhalten, da neben den engagierten deutschen Spanischlehrkräften zunehmend Muttersprachler, insbesondere die sogenannten Europalehrer (Muttersprachler, deren Ausbildungszertifikate anerkannt wurden oder die in Deutschland ihre Lehrerausbildung gemacht haben), in das deutsche Schulwesen integriert werden.

Mit der genannten Offenheit und dem Wunsch nach Weiterentwicklung ging und geht auch heute eine große Bereitschaft zur Fortbildung einher, zumal die Spanischlehrkräfte oftmals allein ihr Fach an ihrer jeweiligen Schule vertreten mussten bzw. dies teilweise immer noch tun. Fortbildungsveranstaltungen bieten eine willkommene Möglichkeit zum Austausch (siehe Kap. 9). Die Wichtigkeit der Fortbildung ist den Betroffenen bewusst, weil sie über ein sehr differenziertes Methodenrepertoire verfügen müssen, da der Beginn des Spanischunterrichts auf verschiedenen Jahrgangsstufen liegen kann und somit Stoff und Progression sehr unterschiedlich sind.

Kennzeichnend für die Entwicklung des Spanischunterrichts war das schnelle Anwachsen des Unterrichtsangebots, welches sicherlich noch stärker ausgefallen wäre, wenn nicht der permanente Spanischlehrermangel dieses gebremst hätte. Einführung und Ausweitung des Spanischunterrichts waren von Beginn an bis heute von Widerständen gegen das Fach begleitet, welches als Konkurrenz zu den traditionellen Schulfremdsprachen, insbesondere Französisch und Latein, empfunden wurde und zum Teil noch wird.

1.2 Ein breites Unterrichtsangebot

Das Fach Spanisch wurde bei seiner Einführung in den 70er Jahren in vielen Bundesländern vornehmlich als neu einsetzende Fremdsprache in der

Oberstufe in Form von Grund- und Leistungskursen angeboten, wo es für Gymnasialschüler dritte oder vierte, für viele von Haupt- und Realschulen kommende Seiteneinsteiger zweite Fremdsprache war. Andere Bundesländer, wie beispielsweise Bayern, begannen mit Arbeitsgemeinschaften, führten dann aber Spanisch bereits ab dem 9. Schuljahr ein. Nach der Verkürzung der Schulzeit auf 12 Jahre beginnt das Erlernen der dritten Fremdsprache bereits in Klasse 8. Insgesamt ist in den letzten Jahren eine Tendenz zum früheren Anbieten von Spanisch zu beobachten. Spanisch wird zunehmend als zweite Fremdsprache ab Klasse 6/7 angeboten, vereinzelt sogar als erste Fremdsprache. Insgesamt ist das Unterrichtsangebot in Spanisch sehr breit gefächert.

Einen deutlichen Beleg für den ungebrochenen Zuspruch, den das Fach genießt, liefern die Zahlen, die das spanische *Ministerio de Educación y Ciencia* jährlich in seinem Bericht „El Mundo estudia español" veröffentlicht. Demnach ist die Gesamtzahl der Spanischlernenden an allgemeinbildenden Schulen in Deutschland im Schuljahr 2007/08 um 18,5 Prozent gegenüber dem Vorjahr gestiegen. Der Link zu den aktuellen, ausführlichen Zahlen über die Verbreitung des Spanischunterrichts für jedes Bundesland und die unterschiedlichen Schultypen wird in den Literaturangaben zu diesem Kapitel (siehe Seite 22) genannt.

Spanisch an Gymnasien und Gesamtschulen ab Klasse 10/11

Das Erlernen von Spanisch in der Oberstufe als neu einsetzende Sprache hat Vor- und Nachteile. Einerseits steht im Vergleich zum Erlernen der ersten und zweiten Fremdsprache wenig Zeit zur Verfügung. Daher müssen Abstriche bei der Themenauswahl gemacht werden, eventuell auch bei der Einführung bestimmter grammatischer Phänomene. Hier greift in besonderer Weise der Paradigmenwechsel, wonach das Studium der grammatischen Phänomene den Anforderungen der jeweiligen realen Sprachverwendungssituationen untergeordnet werden sollte. Die Unterrichtenden sind in besonderem Maße gehalten, den Unterricht zu straffen und durch geeignete Lernstrategien die erforderliche steile Progression zu gewährleisten. Andererseits werden durch das Lernen einer Sprache in relativ kurzer Zeit auch Erfolgserlebnisse möglich, die die Motivation und die Freude an der spanischen Sprache erhöhen.

Die neu einsetzenden Kurse in der Oberstufe sind oft von großer Heterogenität gekennzeichnet. In den Kursen befinden sich vielfach Seiteneinsteiger, die wenig Sprachlernerfahrung mitbringen und für die Spanisch die zweite Fremdsprache ist, die sie für das Abitur belegen müssen. Diese Gruppe ist in der Regel hoch motiviert und kann Defizite im Vorwissen durch großen Fleiß kompensieren. Es gibt jedoch auch die Gruppe von wenig an Sprachen interessierten Lernenden, die sich mit einer Mindestpunktzahl begnügen, solange die Versetzung nicht gefährdet ist. Zugleich werden diese Kurse auch von sprachbegabten und sprachinteressierten Schülerinnen und Schülern gewählt, die Spanisch als dritte, gelegentlich sogar als vierte Fremdsprache lernen und für die ein schnelles Lerntempo angemessen ist. Zu den erlernten Sprachen gehört in der Regel eine romanische Sprache (Latein/Französisch). Diese Lerner verfügen also über ein latentes Sprachwissen, nicht zuletzt auch aus ihrer Mutter- oder Herkunftssprache sowie aus der Unterrichtssprache Deutsch. Das latent vorhandene Wissen über das Funktionieren von Sprache muss im Spanischunterricht aktiviert und gezielt genutzt werden.

Die Lernenden werden als Hypothesenbildner betrachtet und im Unterricht dazu angehalten, sich Regeln und andere Kenntnisse selbstständig oder kooperativ zu erarbeiten. Hinzu kommt, dass in diesem Alter ein größeres Bedürfnis nach Systematisierung besteht als bei jüngeren Sprachenlernenden. Daher sollten sprachliche Phänomene nicht häppchenweise angeboten werden. Zur Bewältigung des Anspruchs bekommen Lern- und Arbeitstechniken eine große Bedeutung; sie werden gezielt vermittelt und gefördert. Handlungs- und Anwendungsorientierung stehen im Vordergrund; das erfordert die Einbeziehung der Schüler in die Planung der Arbeit.

> Diese Voraussetzungen bedingen ein deutlich verändertes unterrichtliches Vorgehen im Vergleich zur ersten und zweiten Fremdsprache.

Anstatt mit trivialen Alltagssituationen zu beginnen und einer angeblich sinnvollen grammatischen Progression von vermeintlich leichten zu schwierigen Strukturen nach dem Schema der vorher gelernten Sprachen und dem einiger traditioneller Oberstufenlehrwerke für Spanisch zu folgen, sollte bei diesem Unterrichtsangebot eine unterschiedliche Progression in den rezeptiven und sprachpraktischen Kompetenzen angestrebt werden. So könnte mit einem komplexen Lesetext begonnen werden. Möglichst oft und von Beginn an sollten anspruchsvolle und authentische Materialien eingesetzt werden. Im Ergebnis bedeutet dies für das methodische Vorgehen eine steilere Progression im Bereich der rezeptiven Fertigkeiten. Hierauf müssen sich die Unterrichtenden sowie auch die Autoren von Lehrwerken und Genehmigungsbehörden in Zukunft mehr als bisher einstellen.

Spanisch an Gymnasien und Gesamtschulen ab Klasse 8/9

Die Schülerinnen und Schüler, die die dritte Fremdsprache wählen, tun dies zumeist freiwillig und sind oft hoch motiviert. Häufig sind es die eher sprachbegabten Lernenden. Dies bedeutet für die Unterrichtenden, dass sie relativ homogene Lerngruppen vor sich haben, deren Motivation durch ein abwechslungsreiches Methodenrepertoire und angemessenes Lerntempo gehalten werden muss, auch bei hoher Kursstärke.

Bei den Lernenden der Mittelstufe handelt es sich, ähnlich wie bei denen in der Oberstufe, um junge Menschen mit Erfahrungen im Fremdsprachenlernen, die zur Steigerung der Lernmotivation und des Lernfortschritts aktiviert werden sollten. Sie vergleichen häufig Phänomene der neuen Sprache Spanisch mit den bereits erlernten und gehen damit instinktiv richtige Lernwege, die es bewusst zu machen gilt. Es sollten Lehrmethoden eingesetzt werden, die die unterschiedlichen Lernvoraussetzungen aufgreifen und den Einzelnen ein eigenes Lerntempo, das eigene Erkennen des Lernstandes usw. ermöglichen.

> Bei Beginn in Klasse 9 sind die Unterschiede zur Oberstufe, abgesehen von den Inhalten, im methodischen Vorgehen eher gradueller Art.

Die Schülerinnen und Schüler hinterfragen Zusammenhänge, wollen bisweilen über den aktuellen Lernstoff hinaus mehr wissen, als die jeweilige Lektion bietet, und stellen weiterführende Fragen. Hieraus ergibt sich ein Appell an die Flexibilität der Lehrkräfte, diese Lernsituationen geschickt für die Einführung neuer Phänomene zu nutzen, auch wenn das Lehrbuch diese für einen späteren Zeitpunkt vorsieht.

> Der Beginn in Klasse 8 macht gegenüber der Klasse 9 ein verändertes methodisches Vorgehen erforderlich, da der Unterschied, wenn auch nur von einem Jahr, in diesem Alter bedeutsam ist.

Die jüngeren Schülerinnen und Schüler sind teilweise noch kindlicher und weniger empfänglich für kognitive Verfahren; die Progression kann nicht so steil sein wie ab Klasse 9. Für die Lernenden der Klasse 8 steht daher verstärkt das Üben im Vordergrund. Gleichwohl erfordert das Lernerprofil Formen des selbstständigen Arbeitens.

Spanisch an Gymnasien und Gesamtschulen ab Klasse 6/7

Die Verkürzung der Schulzeit bis zum Abitur auf zwölf Jahre trägt dazu bei, dass in den allgemeinbildenden Schulen anstelle von Französisch/Latein Spanisch immer häufiger bereits als zweite Fremdsprache ab Klasse 6 angeboten wird. Damit tritt Spanisch deutlicher als zuvor in Konkurrenz zu Latein/Französisch und verändert die traditionelle Sprachenfolge. Dieser Umstand wird kontrovers diskutiert. Traditionellerweise vertreten Didaktiker die Ansicht, dass Vorkenntnisse in Latein und/oder Französisch das Erlernen des Spanischen erleichtern und somit eine dieser Sprachen zuvor erlernt werden sollte. Konkrete Unterrichtserfahrungen zeigen jedoch, dass es lernpsychologische Gründe gibt, die dafür sprechen, dass Spanisch als Brückensprache zum Französischen und weiteren romanischen Sprachen bei jungen Lernenden insofern erfolgreich ist, als das Erlernen von Spanisch im Vergleich zu Französisch im Anfangsstadium als viel leichter empfunden wird, weil sich Schriftbild und Aussprache weitgehend decken und daher die Orthografie keine größere Schwierigkeit darstellt. Aussprachefehler sind auch nur selten beim Zustandekommen von Kommunikation hinderlich.

> Im Spanischunterricht in Klasse 6 müssen sich die Unterrichtenden auf ein kindliches Lernerprofil einstellen.

Im Vordergrund stehen neben häufigen Wiederholungsphasen repetitive und imitierende Formen des Lernens. Hinzu kommen spielerische Formen: Der Spanischunterricht, der auf dieser Stufe einsetzt, ermöglicht den Umgang mit den im Lehrbuch vermittelten neuen sprachlichen Formen durch Spiele, Bewegung, Lieder, materielle Tätigkeiten, kleine Projekte und Frei- oder Wochenplanarbeit. So wird nicht nur der Intellekt angesprochen, sondern auch Gefühle und Sinne; es erfolgt ein Wechsel von Anstrengung und Entspannung sowie sprachlicher und nichtsprachlicher Interaktionen, der die Neugier der Schülerinnen und Schüler auf die zweite Fremdsprache aufnimmt und den Lernerfolg positiv beeinflusst. Im Bereich der Themen stehen kindgerechte Inhalte im Vordergrund wie Hobbys, Haustiere, Freunde usw., wobei jedoch der Bogen zu den Kulturen der hispanischen Länder geschlagen wird. Wenn möglich, sollte der Lernort gelegentlich auch außerhalb der Schule liegen.

Bilinguale Schulen

In der Bundesrepublik gibt es einige wenige Schulen mit einem bilingualen deutsch-spanischen Angebot. Dabei werden im bilingualen Bereich überwiegend die Fächer Geschichte, Politik und Erdkunde bedient, jedoch besteht hier ein großes Experimentierfeld, und alle Schulen weisen ihr eigenes bilinguales Profil auf. So beginnen einige Schulen mit verstärktem Spanischunterricht ab der 5. Klasse, um bereits ab Klasse 7 den Sachfachunterricht auf Spanisch umzusetzen und dann bis in die Oberstufe fortzuführen. Der Spanischunterricht wird in der 5. Klasse parallel zum Englischunterricht (fortgeführt aus der Grundschule) erteilt. Das entkräftet das Argument, dass die Schülerinnen und Schüler des deutsch-spanischen bilingualen Zweiges im Fach Englisch einen Nachteil hätten, etwa im Falle eines Schulwechsels. Andere Modelle bestehen aus bilingualen deutsch-spanischen Modulen in Sachfächern, vornehmlich in der Oberstufe.

Die Entscheidung für den bilingualen Unterricht wird häufig von Schülerinnen und Schülern getroffen, die Muttersprachler sind oder auf einen langjährigen Aufenthalt in einem Spanisch sprechenden Land zurückgreifen können. Zunehmend wird der bilinguale Spanischunterricht aber auch von ausgesprochenen Anfängern gewählt, die in einer vertieften Kenntnis der Weltsprache Spanisch einen späteren beruflichen Vorteil sehen.

> Das Zusammentreffen von Muttersprachlern und Anfängern erfordert ein besonderes methodisches Vorgehen.

Dabei steht das Lernen voneinander im Vordergrund: Schülerinnen und Schüler werden zu Experten, insbesondere im Bereich Mündlichkeit, jedoch nur bedingt im schriftlichen Bereich, da bei den Muttersprachlern nur wenige die Schriftsprache sicher beherrschen. Im Sachfachbereich relativieren sich die Unterschiede insofern, als Fachvokabular sowie die entsprechenden Inhalte von allen gleichermaßen gelernt werden müssen.

Realschulen

In Realschulen wird das Fach überwiegend als Wahlfach angeboten, jedoch besteht auch in diesem Schultyp die Tendenz, Spanisch als zweite Fremdsprache zu unterrichten. Es ist zu erwarten, dass die Entwicklung, die das Fach Spanisch an Gymnasien und Gesamtschulen bereits durchlaufen hat, auch an den Realschulen zu verzeichnen sein wird, woraus sich ein erhöhter Lehrerbedarf ergibt. Das methodische Vorgehen ist vergleichbar mit dem ab Klasse 6/7 an Gymnasien und Gesamtschulen, das heißt, dass auch hier vielfältige Übungsmöglichkeiten und spielerische Lernformen gefragt sind. Angesichts der Besonderheiten dieses Schultyps wird sich der Spanischunterricht vermutlich von den anderen Schulformen durch stärker auf das Berufsleben ausgerichtete Inhalte unterscheiden.

Berufliche Schulen

An den berufsbildenden Schulen ist Spanisch traditionell stark vertreten. Im Schuljahr 2007/08 gab es eine Zunahme um 7,1 Prozent gegenüber 2006/07. An den Berufsfachschulen hat Spanisch inzwischen das Französische vom zweiten Platz verdrängt (BÄR 2004: 108). Der Unterricht an diesem Schultyp orientiert sich, wie Spanischunterricht allgemein, stark am gemeinsamen europäischen Referenzrahmen, jedoch stehen berufsfeldbezogene Inhalte im Vordergrund. Da der Unterricht sich in der Regel bei einem Stundenvolumen von zwei Stunden nur über zwei Jahre erstreckt, werden lediglich Grundlagen geschaffen, auf welche die Lernenden bei Bedarf später aufbauen können.

1.3 Ein besonderer Lerngegenstand

Eine Weltsprache

Lehrkräfte, die Spanisch an Schulen, Universitäten und anderen Lernorten unterrichten, vermitteln eine Sprache, die von rund 329 Millionen Menschen als Muttersprache in der Welt gesprochen wird: auf der Iberischen Halbinsel, in 19 mittel- und südamerikanischen Ländern, auf den Philippinen und in anderen ehemaligen Kolonien sowie aufgrund der hohen Zahl von eingewanderten *hispanohablantes* zunehmend in den USA (vgl. Kap. 9.1). Die Spanisch sprechende Bevölkerung in Spanien macht derzeit lediglich 10 % der gesamten *hispanohablantes* in der Welt aus.

Die spanische Sprache ist dadurch gekennzeichnet, dass sie in ihrem Wortschatz außer der Kultur der Iberischen Halbinsel zugleich die Kultur der indigenen Völker Lateinamerikas transportiert. Neben dem Wortschatz, der sich aus dem Vulgärlatein entwickelt hat, stehen Wörter, die aufgrund des Einflusses der arabischen Sprache durch die auf der Halbinsel jahrhundertelang ansässigen Mauren Bestandteil des Spanischen geworden sind (zum Beispiel viele Wörter, die mit *al-* beginnen: *alfiler, alfombra, alféizar, alcantarrilla* usw.). Zahlreiche andere Wörter, deren Ursprung in Lateinamerika liegt, wie *tomate, chocolate* usw., sind selbstverständlicher Bestandteil des Spanischen – und nicht nur dieser Sprache; sie bezeichnen Dinge des „Alltags", ohne dass den Benutzern deren Herkunft immer bewusst wäre.

Nach der *conquista* und der späteren Einwanderung von Europäern nach Mittel- und Südamerika haben sich dort Sprachvarianten durch Sprachvermischung herausgebildet, die sich vom *castellano* der Iberischen Halbinsel unterscheiden. Durch den anhaltenden Boom der lateinamerikanischen Literatur und Musik, der in den 70er Jahren begonnen hat, sowie nicht zuletzt durch die große Zahl von hispanoamerikanischen Einwanderern nach Spanien seit Ende des 20. Jahrhunderts sind wiederum zahlreiche Varianten in das *castellano* der Halbinsel eingedrungen (Beispiele: *decolar – decolaje por despegar, despegue del avión, hablar bonito*).

Der Variantenreichtum des Spanischen stellt eine Besonderheit im Vergleich zu den anderen Schulfremdsprachen dar.

Vor diesem Hintergrund stellt sich für die Unterrichtenden die Frage, welches Spanisch sie unterrichten und welche sprachlichen Formen sie als „korrekt" zulassen dürfen. Die Antwort auf den Umgang damit erwächst aus der veränderten Haltung der Real Academia Española (RAE), welche inzwischen alle lateinamerikanischen Varianten als gleichberechtigt anerkannt hat und eng mit den lateinamerikanischen Sprachenakademien zusammenarbeitet. Auf der Homepage der RAE heißt es in der *presentación:*

La Real Academia Española y las veintiuna Academias que con ella integran la Asociación de Academias de la Lengua Española trabajan mancomunadamente al servicio de la unidad del idioma tratando de mejorar y actualizar un diccionario de carácter panhispánico.

Der Zugang zu diesem und anderen Wörterbüchern ist einfach über diese Homepage zu erreichen. Bei Zweifeln können die entsprechenden Termini eingegeben werden; umgehend wird das Wort in seinen verschiedenen Bedeutungen erklärt. Steht das Wort nicht im Wörterbuch der RAE, so wird man auf andere verwiesen. Die Homepage kann kostenfrei bei sprachlichen Unsicherheiten von Lehrkräften und Lernenden konsultiert werden und stellt eine wertvolle Hilfe im Unterrichtsalltag dar.

Themenvielfalt

Die spanischsprachige Welt impliziert, speziell mit Blick auf Hispanoamerika, eine Fülle von Themen, die unmöglich alle im Unterricht abgedeckt werden können. So ist für die Schulfremdsprache Spanisch das exemplarische Vorgehen kennzeichnend. Dabei erhebt sich immer wieder die Forderung nach angemessener Berücksichtigung der hispanoamerikanischen

Länder gegenüber dem Übergewicht der Darstellung Spaniens, z. B. in den gängigen Lehrwerken. Aus der Sicht der Schulbuchmacher, Unterrichtenden und Lernenden liegt es nahe, sich vornehmlich der Iberischen Halbinsel zuzuwenden, nicht zuletzt deshalb, weil eine Reise oder ein Studienaufenthalt dort im Bereich des Möglichen liegt. Allerdings nimmt der Austausch einzelner Schülerinnen und Schüler mit Altersgenossen aus lateinamerikanischen Ländern stetig zu. Aus Sicht der hispanoamerikanischen Länder wird dank ihres zunehmenden Selbstbewusstseins von den Unterrichtenden erwartet, dass sie den Ländern in Übersee möglichst umfassend im Unterricht Platz einräumen.

In der angemessenen Berücksichtigung spanischer und hispanoamerikanischer Themen liegt eine große Herausforderung, aber auch ein Teil der in der Vielfalt begründeten Attraktivität des Fachs.

Die den Spanischunterricht charakterisierende thematische Vielfalt wird in jüngster Zeit jedoch teilweise eingeschränkt durch die Einführung des Zentralabiturs mit seiner in etlichen Ländern vorgegebenen Obligatorik, welche in der Oberstufe häufig wenig Raum lässt für die Arbeit an aktuellen oder die Schülergruppen besonders interessierenden Themen. Damit geht etwas von der Schülerzentrierung verloren, die den Spanischunterricht von jeher ausgezeichnet hat. Daraus ergibt sich für die Unterrichtenden die Aufgabe, durch geschicktes methodisches Vorgehen einen Interessenausgleich zwischen diesen beiden gegenläufigen Aspekten herbeizuführen, beispielsweise durch Anleitung zu Formen des selbstständigen Arbeitens, etwa Internetrecherchen und Präsentation von Themen durch die Lernenden in Referaten, Expertenrunden usw.

1.4 Besondere Anforderungen

Aus den bisherigen Ausführungen ergeben sich spezifische Anforderungen an Spanischlehrkräfte.

Umfassende Fachkompetenz

Die weite Verbreitung des Spanischen und der Kontakt mit anderen Sprachen haben Folgen – nicht nur für die Entwicklung der Sprache als solcher, sondern auch für den Unterricht.

Spanischunterricht erfordert ein umfassendes Sprach- und Kulturwissen sowie landeskundliche Kenntnisse und setzt – methodisch gesehen – das Bewusstsein voraus, dass Spanischunterricht von Anfang an „Sprach- und Sachunterricht" ist.

Die Variationsbreite des Spanischen bedeutet im Unterricht für die Lehrkräfte oftmals, dass sie abwägen müssen, welche lexikalischen, aber auch grammatischen Varianten sie zulassen, beispielsweise wenn diese von Austauschschülern nach einem Südamerikaaufenthalt eingebracht werden, was die Korrekturarbeit nicht selten erschwert.

Spanischlehrkräfte müssen sprachliche Flexibilität zeigen.

Als Beispiel sei das nach der Schülergrammatik falsch gesetzte *pretérito simple* genannt, das in Lateinamerika oft statt des *pretérito perfecto* benutzt wird, oder Ausdrücke, die nach dem Lehrbuch falsch, aber in bestimmten Ländern üblich sind, z. B. *estar en la casa* (mex.) statt *estar en casa*. Es stellt sich die Frage, ob eine Differenzierung bei der Korrektur zwischen deutsch- oder anderssprachigen Lernenden und solchen, die in Hispanoamerika die Sprache ganz oder teilweise erworben haben, vorgenommen wird.

Im Spanischunterricht muss Transparenz über derartige sprachliche Entscheidungen geschaffen werden.

Bewusstheit für Mehrsprachigkeitsdidaktik

Spanisch als eine romanische Sprache bietet sich in besonderem Maße als Grundlage für das Erlernen weiterer romanischer Sprachen an. War der traditionelle Spanischunterricht noch so angelegt, als finge der Erwerb der neuen Sprache bei null an, so rekurriert der moderne Spanischunterricht auf die Tatsache, dass die Lernenden bereits ein latentes Sprachwissen mitbringen, das es zu nutzen gilt. Dieses Sprachwissen ist umso umfangreicher, je mehr andere Fremdsprachen zuvor erlernt wurden.

Im Spanischunterricht können und sollen die Lehrkräfte auf Vorwissen zurückgreifen, das sowohl aus der Mutter- bzw. Herkunftssprache wie aus der ersten bzw. aus weiteren Fremdsprachen vorhanden ist.

Die Lehrkräfte müssen Bewusstsein – bei sich selbst und bei den Lernenden – dafür entwickeln, dass die Kenntnisse über Wortbildungsmechanismen (Funktion von Vor- und Nachsilben, Wortverwandtschaften, Internationalismen) bzw. über Ähnlichkeiten grammatischer Strukturen (z. B. Verlaufsform im Englischen und Spanischen) nicht nur die Motivation fördern, sondern auch einen schnelleren Lernfortschritt ermöglichen. Da die Lehrwerke erst allmählich beginnen, entsprechende Vorschläge zu machen, liegt es an den Unterrichtenden, das Vorwissen in ihren Unterricht zu integrieren und entsprechende Aufgaben zu entwerfen. Der Rückgriff auf die vorher gelernten Sprachen hat zudem einen retroaktiven Effekt, indem diese Sprachen wie auch die Muttersprache gefestigt werden. Gleichzeitig ermöglicht ein Vorgehen im Sinne der skizzierten Mehrsprachigkeitsdidaktik, dass Türen zu weiteren, insbesondere romanischen Fremdsprachen geöffnet werden. Wenn die Unterrichtenden im Spanischunterricht der zweiten Fremdsprache vorgreifend etwa auf Parallelitäten im Französischen hinweisen, kann der zuvor erwähnte Disput über die Sprachenfolge im Sinne der Mehrsprachigkeitsdidaktik entschärft werden. Das bewusst gemachte und vertiefte Sprachwissen erleichtert den – auch eigenständigen – Erwerb weiterer Fremdsprachen.

> Die Vermittlung von methodischem Wissen und Strategien hat im Spanischunterricht einen hohen Stellenwert.

Umfangreiches Methodenrepertoire

Die häufig überdurchschnittlich großen Spanischkurse stellen die Unterrichtenden vor die Herausforderung, verstärkt Formen des autonomen Lernens und Arbeitens einzusetzen (Partner- und Gruppenarbeit, Lernzirkel, Tandem usw.), um beispielsweise im Bereich Mündlichkeit eine angemessene Sprechzeit für alle zu gewährleisten. Der Umgang mit Heterogenität und den unterschiedlichen Motivationslagen stellt zudem in hohem Maße die Anforderung, binnendifferenzierend zu arbeiten und Formen des sozialen und partnerschaftlichen Lernens den Vorzug zu geben, sodass sich die Schülerinnen und Schüler auch untereinander weiterhelfen und Schwächere von Stärkeren profitieren. Diese erweitern dadurch ihre soziale Kompetenz. Nicht zuletzt erfordert das Unterrichtsangebot auf den verschiedenen Stufen ein Bewusstsein für die jeweiligen Besonderheiten und die entsprechenden Maßnahmen.

> Spanischlehrkräfte müssen über ein breites Methodenrepertoire verfügen und flexibel sein, um den Besonderheiten des Fachs gewachsen zu sein.

Dazu gehört auch, je nach Unterrichtsangebot den Gebrauch des Deutschen differenziert zu reflektieren und einzusetzen. Da die Lernenden in der Regel mehr verstehen, als sie ausdrücken können, kann in bestimmten Situationen im Anfängerunterricht der dritten oder spät beginnenden Fremdsprache auch das Deutsche verwendet werden. So wird etwa bei der Betonung der rezeptiven Fertigkeiten in der Oberstufe der Muttersprache ein größerer Raum gegeben werden müssen, als ihr im Zuge der „aufgeklärten Einsprachigkeit" – und auch bei früherem Lernbeginn – zugestanden wird, damit die Wiedergabe von Verstandenem sich nicht auf die wortwörtliche Reproduktion von Wörtern und Wortfolgen beschränkt, was nicht unbedingt ein Verstehensnachweis ist.

Oft entscheiden sich Schülerinnen und Schüler für Spanisch (bei gleichzeitiger Nicht- oder Abwahl einer anderen Fremdsprache wie Französisch oder Latein) in der Annahme, dass das Erlernen von Spanisch leicht sei. Diese Vermutung erweist sich im Anfängerunterricht sowie hinsichtlich Aussprache und Orthografie als richtig und ist daher der Lernmotivation sowie einer relativ steilen Progression förderlich. Allerdings droht diese Motivation bei fortschreitendem Lernprozess leicht verloren zu gehen.

> Für die Unterrichtenden stellt sich ab dem zweiten Lernjahr die Herausforderung, die hohe Anfangsmotivation angesichts komplexerer sprachlicher Phänomene aufrechtzuerhalten.

Motivierung ist auch gefragt, wenn Spanisch als zusätzliche Sprache gewählt und daher wieder abgegeben werden kann. Da der Unterricht in solchen Fällen oftmals in unattraktiven Randstunden stattfindet, stellen die Lernenden mitunter hohe Ansprüche an das Motivationspotenzial der Lehrkräfte. Hier ist methodisches Geschick gefordert. Dazu beizutragen ist Anliegen der folgenden Kapitel.

1.5 Literatur

Zu Kapitel 1.1

BERNECKER, WALTHER L.: Zur Entwicklung des Spanischen in der Bundesrepublik Deutschland. In: Hélène Martínez/Marcus Reinfried (Hrsg.): Mehrsprachigkeitsdidaktik gestern, heute und morgen. Festschrift für Franz-Joseph Meißner zum 60. Geburtstag, Tübingen: Gunter Narr Verlag, S. 151–165.

CHRIST, INGEBORG (2003): Spiegelungen des Spanischunterrichts in Hispanorama. In: Hispanorama 100, S. 14–24.

CHRIST, INGEBORG (2007): Spanischunterricht im Zeichen der Regulierung des Bildungswesens. Am Beispiel zentraler Aufgabenstellungen im Abitur. In: Werner Altmann/Ursula Vences (Hrsg.): Por España y el mundo hispánico. Festschrift für Walther L. Bernecker. Berlin: edition tranvia, S. 567–588.

Zu Kapitel 1.2

Der Bericht *El mundo estudia español* des Ministerio de Educación y Ciencia mit den aktuellen Zahlen ist im Internet abrufbar.

Zu Kapitel 1.4

BÄR, MARCUS (2004): Europäische Mehrsprachigkeit durch rezeptive Kompetenzen: Konsequenzen für Sprach- und Bildungspolitik. Aachen: Shaker Verlag.

BÄR, MARCUS, ET AL. (2005): Spanischunterricht einmal anders beginnen. Erfahrungen mit einem vorgeschalteten Intercomprehensionsmodul. In: Hispanorama 110, S. 84–93.

JAHN, RAINER (1998): Spanischunterricht im Konzept der Mehrsprachigkeitsdidaktik. In: Franz-Josef Meißner/Marcus Reinfried (Hrsg.): Mehrsprachigkeitsdidaktik. Konzept, Analysen, Lehrerfahrungen mit romanischen Fremdsprachen. Tübingen: Gunter Narr Verlag, S. 131–138.

REIMANN, DANIEL (2014): Kontrastive Linguistik *revisited* oder: Was kann Sprachvergleich für Linguistik und Fremdsprachenvermittlung heute leisten? In: ders. (Hrsg.): Kontrastive Linguistik und Fremdsprachendidaktik Iberoromanisch–Deutsch. Tübingen: Gunter Narr Verlag, S. 9–35.

Themenheft Mehrsprachigkeit (2015): Der fremdsprachliche Unterricht Spanisch 51.

VENCES, URSULA (2006): Türen öffnen für Mehrsprachigkeit. Praktische Vorschläge für den Spanischunterricht. In: Hélène Martínez/Marcus Reinfried (Hrsg.): Mehrsprachigkeitsdidaktik gestern, heute und morgen. Festschrift für Franz-Joseph Meißner zum 60. Geburtstag. Tübingen: Gunter Narr Verlag, S. 321–337.

2. Zeitgemäß unterrichten

Wolfgang Steveker

Der moderne Spanischunterricht ist ein methodisch vielfältiger Unterricht, der an didaktischen Prinzipien und Bildungsstandards ausgerichtet ist. Als konstitutive didaktische Prinzipien gelten Lernerorientierung, Handlungsorientierung sowie Prozessorientierung. Überregionale Bildungsstandards für das Fach Spanisch gibt es bisher nicht, daher werden die Kompetenzerwartungen für Spanisch in der Regel aus dem Gemeinsamen europäischen Referenzrahmen für Sprachen (GeR) und den Bildungsstandards der Kultusministerkonferenz für die erste Fremdsprache (Englisch/Französisch) abgeleitet.

2.1 Lernerorientierung

Lernerorientierter (lernerzentrierter, schülerorientierter, schülerzentrierter) Unterricht ist, wie der Name sagt, *an den Lernenden orientiert*: Er wertschätzt sie und nimmt sie als Personen ernst, indem er, wo immer möglich, an ihre Interessen, ihre Fähigkeiten und ihren Wissensstand anknüpft und auf ihre bevorzugten Lernwege sowie ihr individuelles Lerntempo Rücksicht nimmt. Schüleraktivitäten bilden dabei den Kern des Unterrichtsgeschehens. Ziel solchen Unterrichts ist es, alle Lernenden kognitiv zu aktivieren und sie zum selbstgesteuerten (eigenständigen, selbstregulierten, autonomen) Lernen zu befähigen; zentral ist dabei der Erwerb und der Einsatz von methodischen Kompetenzen bzw. Lernstrategien. Die Forderung nach Lernerorientierung folgt aus Erkenntnissen der Hirnforschung und der pädagogischen Psychologie, nämlich dass Lehren nicht zwangsläufig Lernen bewirkt. Lernen ist demnach ein individueller Aneignungsprozess, der in erster Linie autonom, also vom Lerner selbst (und nur bedingt vom Lehrer) gesteuert wird. Lernerorientierung kann folglich vor allem durch eine Öffnung des Unterrichts, das heißt durch die Übertragung von Unterrichtsanteilen auf die Schülerinnen und Schüler erreicht werden.

2.1.1 Öffnung des Unterrichts

Hilbert Meyer definiert „Offenen Unterricht" so:

Als Offener Unterricht werden alle Varianten eines ziel-, inhalts- und methodendifferenzierten Unterrichts mit einer Betonung der Selbstregulation und mit hohen Anteilen an Projekt-, Gruppen- und Freiarbeit bezeichnet (MEYER 2004: 8).

Für die Unterrichtsorganisation bringt dieser Ansatz große Veränderungen mit sich (vgl. SOMMERFELDT 2003: 5f.): Standardsituationen sind nicht mehr Frontalunterricht und Plenumsgespräch, sondern Einzel-, Partner- und Kleingruppenarbeit. Lernweg, Lernmethode und Lerntempo sind nicht mehr grundsätzlich vorgegeben, sondern können (zumindest zum Teil) von den Lernenden bestimmt werden, was eine Ausrichtung des Unterrichts auf die Ausbildung von Lernstrategien voraussetzt. Der Lernerfolg wird von den Schülern durch Selbstevaluationsinstrumente eigenständig überprüft.

Die Lehrkraft ist in einem solchen Szenario nicht mehr Dreh- und Angelpunkt der Aktivitäten, sondern gelangt in die Rolle eines Lerncoaches; sie gibt lediglich einen Zeitrahmen vor, berät, erläutert und überprüft auf Anfrage bzw. gibt gezielt individuelle Hilfestellungen, wenn sie bei einzelnen Lernenden Probleme beobachtet.

Offener und gelenkter Unterricht schließen einander nicht aus, sondern ergänzen sich zu einem vielfältigen Unterrichtsangebot. Denn eine „gute Balance" (HELMKE 2009: 259) der Unterrichtsformen, abgestimmt auf die Bedürfnisse der jeweiligen Lerngruppe, ist nach den Erkenntnissen der empirischen Unterrichtsforschung ein wichtiges Merkmal effektiven Unterrichts (vgl. HELMKE 2009: 259–267, MEYER 2004: 74–85). Es haben sich zur Öffnung des Spanischunterrichts in diesem pragmatischen Sinn als besonders praxistauglich erwiesen:

- ■ **Dezentrale Übungs- und Gesprächsformen**: Ein hoher Grad an Lerneraktivierung wird erreicht, wenn sprachliche Übungen dezentral in Partnerarbeit stattfinden und Gespräche aus dem Plenum in Kleingruppen verlagert werden. Eine Vielzahl von Übungs- und Unterrichtsarrangements mit diesem Ziel (z. B. Tandembögen, Kommunikationskärtchen, Kugellager, Marktplatz, Schreibkonferenzen, Fließbandkorrektur) werden in den Kapiteln 3.4 und 3.5 im Detail vorgestellt.
- ■ **Kooperative Lernformen**: Mit dem Begriff „kooperatives Lernen" wird eine Vielzahl von Varianten offenen Unterrichts bezeichnet, die in Kleingruppenarbeit nach präzisen Regeln ablaufen (Gruppenpuzzle, Gruppenrallye, Skriptkoordination u. a.). Sie zeichnen sich dadurch aus, dass die Gruppenmitglieder individuell Verantwortung für den Erfolg der Gruppe übernehmen und daher konstruktiv zusammenarbeiten. Die einzelnen Verfahren werden weiter unten im Abschnitt „Kooperatives Lernen" vorgestellt.
- ■ **Handlungsorientierte Lernformen** (z. B. Projektarbeit, Simulation): Handlungsorientierte Unterrichtsphasen bringen Lernende in lebensnahe oder quasi authentische Kommunikationssituationen und münden in ein Produkt (vgl. dazu Kap 2.2).

- **Stationenlernen** (Lernen an Stationen, Lernzirkel): Beim Stationenlernen wird ein von der Lehrkraft in Teilbereiche unterteiltes Thema an verschiedenen Positionen im Klassenraum, den „Lernstationen", mit didaktisch aufbereitetem Arbeitsmaterial und Aufgabenstellungen präsentiert. Dieser Parcours umfasst in der Regel Pflicht- und Wahlstationen. Die Lernenden haben Entscheidungsmöglichkeiten hinsichtlich der Zeiteinteilung, der Reihenfolge der Bearbeitung, der Sozialform sowie des Lernstils. Sie kontrollieren selbstständig ihre Ergebnisse anhand ausliegender Lösungsvorschläge. Orientierung im Parcours bietet ihnen ein Laufzettel, der einen Gesamtüberblick über alle Stationen enthält. Praxisbeispiele finden sich im Heft 2 („Lernen an Stationen") der Zeitschrift *Der fremdsprachliche Unterricht Spanisch*, 2003.
- **Lerntheke** (Angebotstisch): Eine Lerntheke ist eine Lernumgebung, in der alle Materialien zu einem Thema auf einer Art „Theke" (z.B. der Fensterbank) im Klassen- oder Kursraum ausliegen. So wird es jedem Lernenden ermöglicht, sich seinen Bedürfnissen entsprechend Themen- oder Übungsmaterial zu verschaffen, das er im Anschluss in seinem eigenen Lerntempo selbstständig bearbeiten kann. In einem solchen Szenario wird den Lernenden viel Selbstständigkeit abverlangt: Jeder Lernende bedient sich an der Lerntheke selbst und wählt idealerweise nur die Texte oder Übungen aus, die er tatsächlich benötigt (Praxisbeispiel in SCHINKE/STEVEKER 2010).

Generell gilt: Mit der Qualität der Materialien steht und fällt der Erfolg der vorgestellten Unterrichtsverfahren, denn das hohe Maß an Lernerautonomie erfordert, dass das Material selbsterklärend, mit Lösungen versehen und übersichtlich gestaltet ist. Für die Lehrkraft bedeutet dies, dass sie zwar im Unterrichtsgeschehen entlastet wird, dafür aber im Vorfeld viel Zeit in die Materialerstellung und die Formulierung klarer Arbeitsaufträge investieren muss.

2.1.2 Kooperatives Lernen

Von kooperativem Lernen spricht man, wenn mindestens zwei (höchstens fünf oder sechs) Lernende nach festen Regeln zusammenarbeiten, wobei sie voneinander und miteinander lernen und dabei Verantwortung für den Arbeitsprozess sowie das gemeinsame Ergebnis übernehmen. Folgende Merkmale machen das kooperative Lernen aus (vgl. HELMKE 2009: 211f.):
- **Positive Abhängigkeit:** Die Lernenden sind gegenseitig verantwortlich für den Erfolg des Arbeitsprozesses und müssen daher koordiniert zusammenarbeiten. Jeder Lernende hat sicherzustellen, dass die anderen

Gruppenmitglieder seinen Beitrag verstehen und damit weiterarbeiten können. Es ist empirisch nachgewiesen, dass kooperatives Lernen vor allem aufgrund dieser wechselseitigen Verantwortung effektiv ist (vgl. MEYER 2004: 82f.).

- **Individuelle Verantwortlichkeit**: Jedes Gruppenmitglied bringt einen individuellen Beitrag in die Arbeit und das Ergebnis ein, der erkennbar sein muss (und somit auch bewertet werden kann).
- **Gegenseitige Unterstützung**: Positive Abhängigkeit bedingt gegenseitige Unterstützung der Lernenden – wie einander etwas erklären, etwas vormachen, nachfragen usw.
- **Kooperative Arbeitstechniken**: Die Lernenden müssen die Gruppe arbeitsfähig halten, indem sie sich kooperativ zeigen, d. h. Gruppenregeln aufstellen und einhalten, Spannungen bewältigen und so ein möglichst vertrauensvolles Arbeitsklima schaffen.
- **Reflexion**: Die Lernenden reflektieren den Arbeitsprozess. Sie diskutieren, welche Verhaltensweisen gestärkt werden sollten und welche störend gewirkt haben, ob die Gruppenregeln eingehalten und das gesteckte Ziel erreicht wurden.

Auf der Grundlage der genannten Merkmale sind eine Reihe von Verfahren des kooperativen Lernens entwickelt worden, die sich auch im Spanischunterricht bewährt haben.

- **Gruppenpuzzle** (Expertenpuzzle, Expertenmosaik): Ein Gruppenpuzzle kann immer durchgeführt werden, wenn sich ein Thema in sinnvolle und klar abgrenzbare Bereiche unterteilen lässt. Die Lehrkraft teilt die Lerngruppe in mindestens drei gleich große *Stammgruppen* ein – die Anzahl ergibt sich aus der Menge der Teilaspekte, in die das Thema zerlegt wurde. Jede Gruppe bearbeitet Material zu ihrem Teilbereich, klärt offene Fragen und notiert Stichpunkte zur Präsentation. Danach werden Expertengruppen gebildet, die sich aus je einem Mitglied jeder Stammgruppe zusammensetzen, in denen sich diese Experten nun gegenseitig ihren Teilbereich vorstellen und

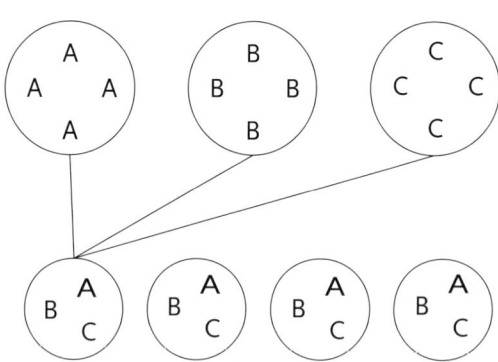

erläutern. Abschließend finden sich die Stammgruppen wieder zusammen, um die Ergebnisse der Expertenrunden zu vergleichen, auszuwerten, im Plenum zu präsentieren oder durch einen kreativen Auftrag weiter zu verarbeiten.

■ **Gruppenarbeit mit Rollenzuweisung**: Effektiv arbeiten auch Gruppen zusammen, in denen eine klare Rollenverteilung herrscht. Für den Spanischunterricht hat es sich bewährt, folgende Rollen zu vergeben: *Gruppenleiter* (der den Arbeitsprozess steuert und für die Einhaltung der Gesprächsregeln sorgt), *Zeitwächter* (der auf die Einhaltung des Zeitrahmens achtet und für notwendige Pausen sorgt), *Sprachwächter* (der die Verwendung der Zielsprache einfordert [Oberstufe]), *Protokollant* (der die Ergebnisse der Arbeit festhält und im Plenum vorstellt), *Prozessbeobachter* (der der Gruppe während und nach der Arbeit spiegelt, welche Verhaltensweisen für den Arbeitsprozess förderlich bzw. störend sind).

Tipp: Kärtchen mit unterschiedlichen Symbolen, die diese Funktionen darstellen, können die Rollenzuweisung erleichtern. Der Prozessbeobachter kann zudem ein Quadrat mit vier Feldern verwenden, auf dem er eine Münze o. Ä. jeweils in das Feld schiebt, auf dem sich die jeweilige Gruppenaktivität gerade bewegt, z. B. *Arbeit am Thema/Störung/Pause/Seitengespräch*.

■ **Gruppenrallye**: Es wird zunächst der Lernstand jedes Lernenden in einem bestimmten Bereich (inhaltlich oder sprachlich) durch einen Test festgestellt, danach finden sich die Lernenden zu heterogenen Kleingruppen zusammen. Für jede Kleingruppe wird das durchschnittliche Testergebnis ermittelt, danach arbeiten die Gruppen anhand ausliegenden Materials an einer Verbesserung oder Vertiefung ihrer Kenntnisse. Durch einen abschließenden Test wird überprüft, wie erfolgreich die Gruppen gearbeitet haben. Das bedeutet: Zur Notenfindung dienen nicht die Einzelergebnisse, sondern die Gruppenergebnisse.

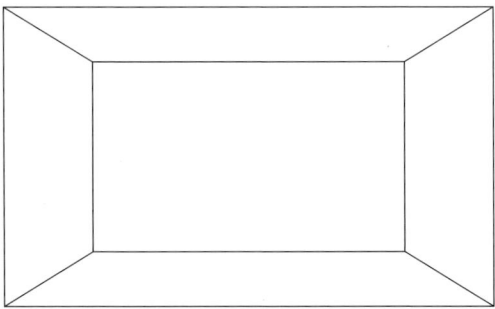

- **Platzdeckchen-Methode** (nach dem *Think-Pair-Share*-Prinzip): Die Lernenden finden sich in Vierergruppen zusammen und setzen sich um ein „Platzdeckchen" (s. Grafik S. 27). Jedes Gruppenmitglied notiert in seinem Segment Gedanken zu einem gegebenen Arbeitsauftrag *(Think)*, danach wird das Deckchen in einem Takt von etwa zwei Minuten insgesamt drei Mal im Uhrzeigersinn weitergedreht, sodass jedes Gruppenmitglied die Notizen der anderen lesen (und ggf. schriftlich ergänzen oder kommentieren) kann *(Pair)*. Die Gruppe entscheidet anschließend gemeinsam, welche Ideen als Gruppenergebnis in der Mitte notiert und präsentiert werden *(Share)*. Das ***Think-Pair-Share***-Prinzip ist als Grundform des kooperativen Lernens auch in vielen anderen Arrangements möglich. Die einfachste Variante ist, dass die Lernenden zunächst in Einzelarbeit über einen Impuls nachdenken, sich dann in einem Murmelgespräch mit einem Tandempartner austauschen und anschließend in der Lerngruppe diskutieren.
- **Skriptkooperation**: Bei der Skriptkooperation erschließen die Lernenden zu zweit einen Text, den sie zuvor gemeinsam in Abschnitte eingeteilt haben. Beide lesen nun den ersten Abschnitt; A erklärt seinem Gegenüber den Inhalt. B hört aktiv zu, stellt Rückfragen, macht auf Fehler oder Auslassungen aufmerksam usw. Wenn beide sich sicher sind, dass sie den Abschnitt verstanden haben, wird mit vertauschten Rollen (B erläutert, A stellt Fragen) der nächste Abschnitt erarbeitet. Dieses Vorgehen wird fortgesetzt, bis der gesamte Text erschlossen ist.
- *Trade-a-problem:* Dieses Verfahren ist geeignet zum Erzielen eines anspruchsvollen Ergebnisses bei komplexen Aufgabenstellungen, die mehrere Probleme implizieren. Diese werden entweder von der Lehrkraft vorgegeben oder von den Gruppen erarbeitet und auf dem Arbeitsbogen (s. S. 29) festgehalten. Es gibt so viele Arbeitsbögen (= Probleme) wie Gruppen. Der Bogen mit dem zu lösenden Problem wird dann „verschickt": Die erste Gruppe entwirft im ersten Feld einen Lösungsvorschlag. Auf ein Zeichen hin werden die Bögen zur nächsten Gruppe weitergereicht, die ihrerseits – und ohne die Lösung der ersten Gruppe zu berücksichtigen – einen Lösungsvorschlag entwickelt und ihn im zweiten Feld notiert. Dieser Vorgang wird fortgesetzt, bis der Bogen wieder bei der Ursprungsgruppe angekommen ist, die die gesammelten Lösungen sichtet und daraus einen optimalen Lösungsvorschlag ableitet, der dann im Plenum präsentiert wird.

2.1 Lernerorientierung 29

Tarea / problema a solucionar:

_____

Respuesta equipo 1:

Respuesta equipo 2:

Solución :_____

Respuesta equipo 3:

Respuesta equipo 4:

Quelle: Thüringer Institut für Lehrerfortbildung, Lehrplanentwicklung und Medien (Thillm)

2.1.3 Individualisierung und individuelle Förderung

Ein Leitgedanke der Lernerorientierung ist es, eine Individualisierung des Lernens zu erreichen, um das Leistungspotenzial der einzelnen Lerner voll ausschöpfen bzw. auf Über- oder Unterforderung reagieren zu können. Oft spricht man auch von Binnendifferenzierung, innerer Differenzierung oder Umgang mit Heterogenität. Der Einsatz der oben beschriebenen Verfahren des offenen Unterrichts stellt nun per se schon eine binnendifferenzierende Maßnahme dar, da der einzelne Lerner mit seinen Bedürfnissen und Fähigkeiten im Zentrum des Unterrichtsgeschehens steht; eine Abstimmung auf die individuellen Lernvoraussetzungen wird dabei – je nach Verfahren – über eine oder mehrere der folgenden Maßnahmen erreicht (vgl. STEVEKER 2010: 4 f.):

- **Abstimmung auf das Vorwissen**: Die Unterrichtsgestaltung ermöglicht den Schülerinnen und Schülern, gezielt an ihren Kenntnisstand anzuknüpfen; je nach Lernvoraussetzungen werden den Lernern unterschiedliche Materialien zur Verfügung gestellt (z. B. Lerntheke, Lernen an Stationen).
- **Anpassung der Lernziele**: Lernende mit geringeren oder unvollständigen Kenntnissen sind angehalten, ihre Lücken zu schließen und ein Basisniveau zu erreichen; Lernern mit solidem oder hohem Kenntnisstand werden anspruchsvollere Ziele angeboten (z. B. handlungsorientierte Lernformen, Lerntheke, Lernen an Stationen).
- **Abstimmung auf das Lerntempo**: Langsame Lerner erhalten mehr Zeit als schnelle, d. h. im Idealfall, dass jeder Lerner die Zeitspanne zur Verfügung hat, die er zur Reaktion auf einen Impuls, zur Bearbeitung einer Aufgabe oder zum Erreichen eines Lernziels benötigt (z. B. dezentrale Übungs- und Gesprächsformen, kooperative Lernformen, Lernen an Stationen, Lerntheke).
- **Abstimmung auf den Lerntyp**: Der Unterricht macht den verschiedenen Lernertypen – sprich: dem visuellen, dem auditiven, dem haptischen und dem intellektuellen Lerner – Angebote (z. B. handlungsorientierte Lernformen).

Wenn zusätzlich Diagnoseinstrumente eingesetzt werden, kann die Individualisierung noch effektiver, nämlich als **individuelle Förderung** gestaltet werden. Individuelle Förderung meint, dass das Unterrichtsangebot passgenau auf das Vorwissen und die Kompetenzen der einzelnen Lerner – wie groß und heterogen die Lerngruppe auch sei – zugeschnitten wird. Diese Ziele erfordern zwingend ein zyklisches Vorgehen im Unterricht, und zwar:
- (a) Eingangs eine Diagnose des Lernstandes,
- (b) eine individuelle Förderphase,

- (c) abschließend eine Wiederholung des Tests, um den Effekt der Förderung einzuschätzen.

Bei Anwendung dieses Dreischritts verlaufen

die Lernprozesse der Schüler einer Klasse [...] nicht mehr im gleichen Takt (gleichschrittig), sondern je nach Art und Ausmaß der im Test diagnostizierten Kompetenzdefizite wird (a) unterschiedliches Material und werden (b) unterschiedliche Methoden angeboten, um die Lücken zu schließen (HELMKE 2009: 148).

Im Spanischunterricht sind insbesondere diejenigen offenen Unterrichtsformen, bei denen die Lernenden ohnehin überwiegend in Einzelarbeit lernen (Lerntheke, Lernen an Stationen) zur individuellen Förderung geeignet, sofern sie um Diagnosewerkzeuge ergänzt werden. Die bisher veröffentlichten Praxisberichte sind im Heft 28 „Individualisierung" der Zeitschrift *Der fremdsprachliche Unterricht Spanisch* (2010) versammelt. Daraus stammen auch die folgenden Beispiele.

Beispiel 1: Individualisierung von Übungsphasen (Sekundarstufe I)

Die Tabelle auf Seite 32 zeigt ein Arrangement, das es erlaubt, das Übungsangebot eines Lehrwerks für die individuelle Förderung der Schüler zu nutzen.

Folgendes Vorgehen im Unterricht wird vorgeschlagen:

Der grammatische Stoff einer Lehrbuchlektion [...] ist nicht als solcher ausgewiesen, sondern wird kommunikativen Zielen untergeordnet (Spalte 1) [...]. Mithilfe der zweiten und dritten Spalte kann jeder Lerner dann zügig seinen individuellen Lernstand feststellen – vermag ich schon auf Spanisch „etwas zu zeigen", „jemanden vorzustellen" usw.? – um sich dann im Falle von Schwierigkeiten über die Angebote der vierten Spalte ein individuelles Übungsprogramm zusammenzustellen. In dieser Spalte sollten möglichst nur Übungen angeführt werden, bei denen die Schülerinnen und Schüler selbst ihre Ergebnisse kontrollieren können, also Übungen, die mit Lösungen gegeben werden (z.B. Autocontrol-Übungen und Tandembögen). Auch die Übungen aus dem Cuaderno de actividades können Schüler eigenständig überprüfen, wenn die Lehrerfassung des Heftes ausliegt (STEVEKER 2010: 6).

Dieses Prozedere erlaubt es jedem Lernenden, seine Wissenslücken zu diagnostizieren und sodann gezielt Übungsmaterial auszuwählen. Jeder Lernende bearbeitet folglich nur die Felder, die er bei seinem Lernstand „braucht"; er kann dabei sein eigenes Lerntempo verwenden. Auch die Anzahl der Übungen, die er für seinen Lernerfolg für nötig erachtet, bestimmt er selbst. Abschließend kann er durch erneute Bearbeitung der Spalte 2 seinen (idealerweise vorhandenen) Lernfortschritt überprüfen.

hier : *knicken*

1. In dieser *unidad* hast du gelernt ...	2. Klappt es? Überprüfe deinen Lernstand.	3. Lösungen	4. Noch Probleme? Dann versuche Folgendes:
etwas zu zeigen und jemanden vorzustellen	Was sagst du, wenn du dein Spanischbuch vorzeigen willst? Stelle einem imaginären Gegenüber deinen Freund Pedro, seine Schwester Raquel und deren Freundinnen María und Eva vor.	Mira, **este** es mi libro de español. Este es Pedro. Y **esta** es su hermana Raquel. Y **estas** son María y Eva.	Tandembogen *En una fiesta* Autocontrol 1
Eigenschaften anzugeben	Übersetze: Meine Schwester ist sympathisch, aber manchmal sehr neugierig. Ich wohne in einem kleinen und hübschen Stadtviertel.	Mi hermana es **simpática**, pero a veces muy **curiosa**. Vivo en un barrio **pequeño** y **bonito**. (Achtung: Adjektive nachstellen!)	Autocontrol 4 Autocontrol 5 CdA, p. 11, ej. 4 Resumen 2
zu fragen und zu sagen, ob etwas vorhanden ist	Übersetze: Gibt es hier ein Hotel? In Madrid gibt es eine Universität.	¿**Hay** un hotel por aquí? En Madrid **hay** una universidad.	Autocontrol 6 CdA, p. 13, ej. 2
die Lage von Dingen zu erfragen und anzugeben	Frage, wo die Spanischbücher sind, und gib dann deren Lage an.	¿Dónde **están** mis libros? – **Están en / encima de** la mesa. Y muchos **están debajo de** la mesa.	Autocontrol 4 Autocontrol 6 CdA, p. 16, ej. 5 CdA, p. 13, ej. 3

2.1 Lernerorientierung 33

Beispiel 2: Lerntheke zur individuellen Förderung der Schreibkompetenz (Sekundarstufe II)

Eine praxiserprobte Lerntheke zur individuellen Förderung der Schreibkompetenz im Bereich der persönlichen Stellungnahme *(comentario)* einschließlich eines kriterienorientierten Diagnosebogens stellen SCHINKE/ STEVEKER (2010) vor. Hier ist exemplarisch eines der fünf Kriterien des Bogens abgebildet, das auf vier Qualitätsstufen beschrieben wird:

Kriterium 3: Satzbau	
Anforderungen nicht erfüllt	In meiner Stellungnahme *fehlen Satzverknüpfungen*, d. h., ich reihe überwiegend Hauptsätze aneinander.
Anforderungen im Ansatz erfüllt	Meine Stellungnahme verfügt über einen *überwiegend einfachen Satzbau*, d. h., ich verwende zur Satzverknüpfung vor allem grundlegende Konjunktionen wie *y, porque, pero, por eso*. Konkret verwende ich z. B.: ....
Anforderungen erfüllt	Meine Stellungnahme verfügt über einen *variablen Satzbau*. Ich verwende neben grundlegenden Konjunktionen (z. B. *y, porque, pero, por eso*) auch ☐ weitere Konjunktionen, wie z. B. *aunque, para que, puesto que, como, así que, hasta que, ...* ☐ Infinitivkonstruktionen (z. B. Modalverben, *debería + inf.*). Konkret verwende ich z. B.: ....
Anforderungen übertroffen	Meine Stellungnahme weist einen *komplexen Satzbau* auf. Ich verwende auch: ☐ komplexe Konjunktionen (z. B. *en vista de que, a pesar de que, el hecho de que, a no ser que*) ☐ komplexe Infinitivkonstruktionen (z. B. *obligar a, negarse a + inf.*) ☐ Nebensatzverkürzungen durch das *gerundio* und den Infinitiv *(al + inf., por + inf.)* Konkret verwende ich z. B.: ....

Nach Verfassen ihres *comentario* diagnostizieren die Lernenden zunächst ihre Schreibkompetenz, indem sie mithilfe des Diagnosebogens für jedes Kriterium ihr Niveau feststellen. Um Fehlurteilen entgegenzuwirken, notieren sie dabei ganz konkret die Ausdrücke, die sie zu ihrer Einschätzung geführt haben. Danach beginnt die Förderphase: Zu jeder Qualitätsstufe finden die Lernenden an der Lerntheke ausführliches Trainingsmaterial, wie etwa die folgende Übung, die der Stufe „Anforderungen erfüllt" im Bereich „Satzbau" zugeordnet ist. Ziel ist es, das Niveau „Anforderungen übertroffen" zu erreichen:

Satzbau		
Anforderungen erfüllt	→	Anforderungen übertroffen
Ziel: Stilverbesserung durch Nebensatzverkürzung		
Tarea 1: Transforma las frases utilizando *al (+ inf.), por (+ inf.), para (+ inf.)*.		
1. Muchos indígenas son discriminados sólo porque son indígenas. 2. Hay indígenas que organizan festivales y conciertos. De esta manera, pretenden llamar la atención sobre sus tradiciones. 3. Cuando llegaron los conquistadores, se dieron cuenta de que el Tinku se celebraba por todos los Andes. 4. Mucha gente critica el Tinku ya que es muy violento.		
Tarea 2: Combina las frases utilizando el *gerundio*.		
5. Los indígenas intentan conservar sus costumbres. Organizan festivales y encuentros culturales. 6. Tres millones de indígenas sobreviven en la capital, la Ciudad de México, de la manera siguiente: lavan platos, hacen el pino en los semáforos y venden artesanía. 7. Juan y Jorge pretenden montar un negocio. De esta manera quieren salir de la miseria. 8. Los indígenas esperan mejorar sus condiciones de vida. Por eso luchan por sus derechos.		
Tarea 3: Trata de mejorar el estilo de tu comentario utilizando *al (+ inf.), por (+ inf.), para (+ inf.)* y el *gerundio*.		

Ziel der Förderphase ist es, dass die Lernenden ihren ursprünglichen *comentario* überarbeiten und sich dabei in mindestens drei der fünf Kriterien um je eine Stufe verbessern. Abschließend wird der Eingangstest wiederholt, um den Lernfortschritt zu überprüfen.

2.2 Handlungsorientierung

Handlungsorientierter Spanischunterricht zielt auf die Entwicklung von Handlungskompetenz für die außerschulische Wirklichkeit ab. Methodisch wird dieses Ziel verfolgt, indem die Lernenden das Spanische möglichst im Rahmen sinnhafter, lebensnaher Situationen bzw. Aufgabenstellungen erleben und verwenden. Handlungsorientierter Spanischunterricht ist daher stets inhaltsorientiert – insofern, als er Einblick gibt in die Lebenswirklichkeiten spanischsprachiger Gesellschaften (vgl. Kap. 7), und ganzheitlich – insofern, als er nicht nur den Verstand, sondern auch Gefühle und Sinne anspricht. Besonders wichtig ist Handlungsorientierung im Hinblick auf die Motivation der Lernenden, denn erfolgreiches Lernen verlangt nach Sinnhaftigkeit:

Nur das, was wir als sinnvoll wahrnehmen und für uns selbst als nützlich einschätzen, lernen wir bereitwillig. Eine Unterrichtsgestaltung, die den Schülerinnen und Schülern zeigt, wie sie mit der fremden Sprache in konkreten Handlungsszenarien umgehen können, weckt und erhält daher Lernmotivationen (DOFF/KLIPPEL 2007: 270).

Die Forderung nach Sinnhaftigkeit sprachlichen Handelns bedingt, dass der Ausgangspunkt handlungsorientierter Unterrichtsphasen in der Regel authentisches Material ist (Bilder, Lieder, Anzeigen, Gedichte, literarische Texte, Zeitungsartikel, Blogs, Webseiten, Mitschnitte usw.), das die Lernenden zur inhaltlichen und sprachlichen Auseinandersetzung anregt und somit echte Schreib- und Sprechanlässe bietet. Das Ziel der sich aus dem Material ergebenden Aufgabenstellungen (sogenannte Lernaufgaben, span. *tareas*, engl. *tasks*) ist die Erstellung von Handlungsprodukten, die im Idealfall über die Grenzen der Schule hinauswirken bzw. Verwendung finden, z. B. ein Leserbrief, ein Blog, eine Geschichte, ein Standbild, eine Collage, ein Plakat, eine Zeitungsmeldung, ein Interview, eine Inszenierung, eine Diskussion, eine *fotonovela*, eine Broschüre, ein Faltblatt, ein Prospekt, ein Reiseführer oder ein Bericht. Die spanische Sprache wird in handlungsorientierten Unterrichtsphasen in erster Linie als Kommunikationsmedium verwendet, sodass der Gesichtspunkt des korrekten Sprachgebrauchs in den Hintergrund tritt. Angezeigt ist daher eine deutlich höhere Fehlertoleranz als beim formalen Üben.

Im handlungsorientierten Unterricht erleben die Schülerinnen und Schüler die spanische Sprache also immer im Rahmen einer sinnhaften, realitätsnahen Aufgabe. Dieser Grundsatz kann in der Praxis von Stunde zu Stunde in unterschiedlichem Maße realisiert werden. Normalerweise klingt er vor

allem in Transferphasen an, wenn Übungen und Aufgaben, Schreib- und Sprechanlässe
- situativ eingebettet sind,
- den Schülerinnen und Schülern Freiräume für das Einbringen eigener Ideen und Erfahrungen lassen,
- den Alltag und die Lebenswelt der Schülerinnen und Schüler einbeziehen.

Es ist aber auch möglich, dass die Arbeit an einer handlungsorientierten Lernaufgabe für eine begrenzte Zeit die gesamte Unterrichtsorganisation bestimmt; in diesem Fall spricht man in der Regel von einem Projekt. Die folgenden Unterrichtsverfahren sind bewährt:
- **Projektarbeit**: Projektarbeit hat zum Ziel, eine Brücke zwischen Schule und Außenwelt zu schlagen. Am Anfang steht stets eine zwischen Lehrkraft und Lernenden vereinbarte *Projektidee*, die dann gemeinsam in einen *Projektplan* – also Absprachen zum zeitlichen Ablauf des Projekts, Gruppenbildung und Zuteilung von Unterthemen, Definition des Zielprodukts, Aufstellen von Arbeitsregeln usw. – umgesetzt wird. Die einzelnen Projektteams erarbeiten dann in einer *Arbeitsphase* eigenständig ihr jeweiliges Unterthema anhand selbst gestellter oder von der Lehrkraft gegebener Aufgaben. Die Arbeit mündet immer in eine Zusammenführung der Gruppenergebnisse und eine *Präsentation* des gemeinsamen Abschlussprodukts einschließlich einer Evaluation. Die Ergebnisse werden möglichst über den schulischen Rahmen hinaus öffentlich gemacht (vgl. hierzu auch die Kapitel 6.2.5 und 7.3.2).
Es lassen sich folgende Typen von Projekten unterscheiden (vgl. Doff/ Klippel 2007: 278f.): *Begegnungsprojekte*, bei denen die Lernenden Muttersprachlern tatsächlich begegnen (z.B. das weiter unten beschriebene „Sprachdorf", Interviews während einer Studienfahrt oder eines Schüleraustausches); *Korrespondenzprojekte*, in denen die Lernenden per Briefkontakt oder virtuell via E-Mail oder im Chat mit Muttersprachlern in Kontakt treten; *Rechercheprojekte*, bei denen die Lernenden verfügbare Informationsquellen zur Projektidee nutzen (wie Bibliotheken, das Internet usw.) und ihre Ergebnisse als Produkt gestalten (Wandzeitung, Reiseführer, Broschüre, Plakat, Webseite, PowerPoint-Präsentation usw.); *Textprojekte*, bei denen die Lernenden auf der Grundlage authentischer – in der Regel literarischer – Texte eigene Textprodukte gestalten und öffentlich machen bzw. inszenieren (z.B. Theater, Drehbuch, Verfilmung, *fotonovela*, Hörspiel usw.). Sinnfällige Praxisbeispiele finden sich

im Heft 10 „Projektlernen" der Zeitschrift *Der fremdsprachliche Unterricht Spanisch*, 2005.
- **Arbeit mit kompetenzorientierten Lernaufgaben**: Leupold (2008) hat das Prinzip der Handlungsorientierung mit dem Gebot der Standard- bzw. Kompetenzorientierung verbunden und das Modell der kompetenzorientierten Lernaufgaben vorgestellt (vgl. dazu Kap. 2.4).
- **Globalsimulation**: Eine Globalsimulation bringt Lernende in quasi authentische Kommunikationssituationen. Sie besteht darin, eine fiktive Lebenswelt mit fiktiven Figuren zu schaffen, die auf eng begrenztem Raum (z. B. *una isla, una casa de alquiler, un parador, un circo*) zusammen sind und daher miteinander in Kontakt treten. Die Ausgangssituation wird zunächst vom Lehrer als Regisseur initiiert, die Handlung kann aber später auch den Impulsen und Ideen der Teilnehmer spontan folgen. Eine Globalsimulation *En el parador* kann sich über mehrere Wochen erstrecken und z. B. wie folgt verlaufen: Die Lernenden erschaffen zunächst auf der Grundlage authentischer Broschüren o. Ä. in Gruppenarbeit das Hotel; sie erfinden einen Namen, bestimmen die Lage (Küste, Bergregion, Stadtzentrum, am Jakobsweg) und beschreiben die Angebote (Pool, Sauna, Restaurant usw.). Dann bestimmt jeder Lernende seine Identität, wobei es Hotelangestellte (vom Direktor bis zum Zimmermädchen) und verschiedene Gäste geben sollte. Im Anschluss beginnt die Interaktionsphase: Die Gäste reisen an, checken an der Rezeption ein und essen im Hotelrestaurant, es gibt einen Cocktailabend oder ein Lampionfest, ein Ausflug wird geplant, ein Werbe-Faltblatt des Hotels verfasst usw. Die Lehrkraft kann auch Überraschungsmomente einbringen, z. B. ein ungenießbares Essen, die Ankunft eines hohen Gastes oder einen Diebstahl.
- **Sprachdorf**: Eine Variante der Globalsimulation ist das sogenannte Sprachdorf: Nachdem die Lernenden sich in einer längeren Projektphase vorbereitet haben, gehen sie durch ein fiktives spanisches Dorf (= in der Schule verteilte Stationen mit Muttersprachlern) und sprechen die Bewohner an, um bestimmte Anliegen zu erledigen. Sie holen z. B. eine Auskunft im Fremdenverkehrsamt ein, fragen um Rat oder kaufen eine Arznei in der Apotheke, wollen den Weinkeller besichtigen oder benötigen Flickzeug für ihr Fahrrad. Auf einem Kontrollzettel, den die Lernenden mitführen, halten die Muttersprachler fest, ob die Lernenden ihr Kommunikationsziel an der entsprechenden Station erreicht haben (Praxisbeispiel in Hinz 2010).

Ein Spanischunterricht, der ausschließlich über eine Abfolge von Lernaufgaben organisiert wird (aufgabenorientierter Unterricht, span. *enfoque por tareas*, engl. *task-based learning*), wird in der fachdidaktischen Diskussion zwar positiv beurteilt (vgl. GRÜNEWALD/KÜSTER 2009: 116–120), hat aber bisher noch kaum Eingang in die Schulpraxis gefunden, denn es ist weder geklärt, wie mehrere aufeinanderfolgende *tareas* zu einem sinnvollen Curriculum verbunden werden können, noch liegen empirische Befunde über die Wirksamkeit aufgabenorientierten Unterrichts vor. Eine praxistaugliche Abschwächung des Modells wird in Kapitel 2.4 vorgestellt.

2.3 Prozessorientierung

Im lernerorientierten Unterricht ist es wesentlich, dass die Schülerinnen und Schüler durch den Erwerb und das bewusste Training von Lernstrategien befähigt werden, ihren Lernprozess so weit wie möglich eigenständig zu steuern. Lernstrategien sind definiert als „Verhaltensweisen und Denkvorgänge, die Lernende gezielt zur Verbesserung des Lernens und des Wissenserwerbs einsetzen" (HELMKE 2009: 205). Es gibt mittlerweile eine Vielzahl von Klassifizierungsmodellen für Lernstrategien. Für den Spanischunterricht scheint die folgende Unterteilung sinnvoll, auch wenn die verschiedenen Strategien zum Teil nur schwer voneinander abzugrenzen sind.

Erschließungsstrategien (Entschlüsselungsstrategien) sind zum Verstehen von Sprache wichtig:
- Die Bedeutung unbekannter Wörter aus dem Kontext erschließen (vgl. Kap. 3.2),
- unbekannte Wörter über vorhandene Sprachkenntnisse entschlüsseln (vgl. Kap. 3.2),
- Wortbildungsmechanismen erkennen (vgl. Kap. 3.2),
- das ein- und zweisprachige Wörterbuch verwenden.

Kompensationsstrategien (Kommunikationsstrategien) werden eingesetzt, um die Kommunikation trotz sprachlicher Defizite oder Verständnisschwierigkeiten aufrechtzuerhalten:
- Beim Lesen und Hören aus dem situativen oder sprachlichen Kontext heraus Erwartungen entwickeln; intelligent raten (vgl. Kap. 3.2 und 3.3),
- auf Mimik, Gestik, Körperhaltung achten bzw. diese Signale einsetzen,
- nachfragen, um Klärung oder Wiederholung bitten,
- beabsichtigte Äußerungen vereinfachen bzw. umformulieren,

- das Gespräch auf „sichere" (sprachlich beherrschbare) Themen lenken,
- Sachverhalte oder Begriffe umschreiben,
- Begriffe definieren.

Gedächtnisstrategien (Konsolidierungsstrategien) erhöhen die Behaltensleistung:
- Lernvokabular an Bild- oder Tonassoziationen, Handlungen, Merkverse, Eselsbrücken o.Ä. knüpfen,
- Vokabeln in semantischen Feldern und im Satzkontext lernen (vgl. Kap. 3.7),
- auswendig lernen,
- Lernstoff in Intervallen wiederholen.

Auch **Organisationstechniken** zählen zu den Lernstrategien. Zu nennen sind unter anderem:
- Informationen zusammenfassen (Wichtiges von Unwichtigem trennen),
- Schlüsselwörter suchen und markieren,
- Informationen strukturieren (über Skizzen, Mindmaps usw.),
- Texte gliedern und Oberbegriffe finden,
- Notizen machen.

Kontrollstrategien (metakognitive Strategien) beziehen sich auf die Planung und Kontrolle des eigenen Lernfortschritts. Beispiele sind:
- Arbeitsschritte planen (z.B. bei der Erstellung von Schreibprodukten, vgl. Kap. 3.5),
- typische Fehlerbereiche erkennen, individuelle Fehlerquellen feststellen, Fehler vermeiden (vgl. Kap. 3.5),
- eine Lernkartei, einen Karteikasten, ein Portfolio o.Ä. anlegen (vgl. Kap. 3.7),
- Lernergebnisse selbst überprüfen (vgl. Kap. 8.7).

Im Spanischunterricht kann in der Regel auf prozedurales Wissen zurückgegriffen werden, das bereits durch andere Fächer (v.a. durch die erst- und/oder zweitgelernte Fremdsprache) vermittelt wurde. Viele der genannten Strategien werden die Lerner daher im Unterricht bereits unbewusst oder automatisch anwenden (z.B. Organisationstechniken), andere müssen explizit erläutert und trainiert werden. Welche Strategien thematisiert und reflektiert werden, hängt folglich in erster Linie vom Wissensstand der Schülerinnen und Schüler ab.

2.4 Standardorientierung

Bildungsstandards formulieren Kompetenzen, die die Lernenden zu einem bestimmten Zeitpunkt entwickelt haben sollen. Für die Lerner einer Fremdsprache sind damit Fähigkeiten gemeint, die sie in die Lage versetzen, in fremdsprachlicher Umgebung in komplexen Situationen erfolgreich handeln zu können. Diese Fähigkeiten beziehen sich laut den Standards, die die Kultusministerkonferenz für die erste Fremdsprache (Englisch/Französisch) für den mittleren Schulabschluss formuliert hat (vgl. KMK 2004: 8), auf die folgenden Bereiche:

- **Kommunikative Kompetenzen**
  - Sprachliche Fertigkeiten: Lesen, Hören, Sprechen, Schreiben, Sprachmitteln
  - Verfügung über die sprachlichen Mittel: Grammatik, Wortschatz, Rechtschreibung, Aussprache, Intonation
- **Methodische Kompetenzen**
- **Interkulturelle Kompetenzen**

Überregional anerkannte Standards für die zweite und/oder dritte Fremdsprache (und damit das Fach Spanisch) gibt es bisher nicht (Stand: 2010), daher werden Kriterien für Spanisch in der Regel aus dem Gemeinsamen europäischen Referenzrahmen für Sprachen (Europarat 2001) abgeleitet, der für die vier sprachlichen Fertigkeiten Hören, Lesen, Sprechen, Schreiben Kompetenzerwartungen auf sechs Niveaustufen (A1, A2, B1, B2, C1, C2) definiert. Hier sei exemplarisch die Kompetenzstufe B1 („selbstständige Sprachverwendung") dargestellt:

Hören	
B1	Ich kann die Hauptpunkte verstehen, wenn klare Standardsprache verwendet wird und wenn es um vertraute Dinge aus Arbeit, Schule, Freizeit usw. geht. Ich kann vielen Radio- oder Fernsehsendungen über aktuelle Ereignisse und über Themen aus meinem Berufs- oder Interessengebiet die Hauptinformation entnehmen, wenn relativ langsam und deutlich gesprochen wird.
Lesen	
B1	Ich kann Texte verstehen, in denen vor allem sehr gebräuchliche Alltags- oder Berufssprache vorkommt. Ich kann private Briefe verstehen, in denen von Ereignissen, Gefühlen und Wünschen berichtet wird.

2.4 Standardorientierung 41

Sprechen

B1	An Gesprächen teilnehmen: Ich kann die meisten Situationen bewältigen, denen man auf Reisen im Sprachgebiet begegnet. Ich kann ohne Vorbereitung an Gesprächen über Themen teilnehmen, die mir vertraut sind, die mich persönlich interessieren oder die sich auf Themen des Alltags wie Familie, Hobbys, Arbeit, Reisen, aktuelle Ereignisse beziehen.	Zusammenhängendes Sprechen: Ich kann in einfachen, zusammenhängenden Sätzen sprechen, um Erfahrungen und Ereignisse oder meine Träume, Hoffnungen und Ziele zu beschreiben. Ich kann kurz meine Meinungen und Pläne erklären und begründen. Ich kann eine Geschichte erzählen oder die Handlung eines Buches oder Films wiedergeben und meine Reaktionen beschreiben.

Schreiben

B1	Ich kann über Themen, die mir vertraut sind oder mich persönlich interessieren, einfache, zusammenhängende Texte schreiben. Ich kann persönliche Briefe schreiben und darin von Erfahrungen und Eindrücken berichten.

Ob und in welchem Grad ein Lerner eine angestrebte Kompetenz entwickelt hat, wird jeweils am Ende eines Lehr- und Lernprozesses festgestellt (Outputorientierung). Anders als Lehrpläne und Richtlinien beschreiben Bildungsstandards also nicht, was *durchgenommen* werden soll, sondern was die Lernenden am Ende *können* sollen.

2.4.1 Kompetenzorientierter Unterricht

Die Ausrichtung an Bildungsstandards hat weitreichende Konsequenzen für den Spanischunterricht. Es gilt, den Unterricht von den angestrebten Kompetenzen aus „rückwärts" zu entwickeln. Sollen die Schüler beispielsweise in die Lage versetzt werden, „die meisten Situationen [zu] bewältigen, denen man auf Reisen im Sprachgebiet begegnet" (eine der Beschreibungen des GeR im Bereich Sprechen auf der Stufe B1), so gilt es, daraus die notwendigen Unterrichtssituationen zu entwickeln: *en la oficina de turismo; hostal y recepción; en la ventanilla de la estación de ferrocarril; en el bar o restaurante; en el estanco; en la consulta del médico y la farmacia* usw., und wiederum daraus die zur Bewältigung der einzelnen Situationen erforderlichen sprachlichen Mittel sowie das benötigte Strategie- und Methodenwissen abzuleiten. Ein solches Planen „vom Ziel aus" hat Auswirkungen auf jeden Unterrichtsschritt bis hin zur Formulierung sprachlicher Übungen:

Eine Aufgabe, die aus einer Liste von Infinitiven besteht, die mit der Überschrift „Formad imperativos" versehen wird, [entspricht] der herkömmlichen Aufgabenformulierung, nämlich dem grammatischen Input. Eine outputorientierte Formulierung wäre hingegen: „Dad órdenes en las siguientes situaciones", samt einer Auswahl von verbalen oder visuellen Impulsen (SOMMERFELDT 2007: 6).

Um den Fremdsprachenunterricht so konzipieren zu können, hat LEUPOLD (2008) den handlungsorientierten Lernansatz des *enfoque por tareas* an die schulische Realität angepasst und unter dem Begriff der „kompetenzorientierten Lernaufgaben" in die fachdidaktische Diskussion eingebracht.

2.4.2 Kompetenzorientierte Lernaufgaben

Einen kompetenzfördernden Unterricht zu gestalten bedeutet, die Schüler durch inhaltlich anspruchsvolle Aufgaben (*tareas*, *tasks* oder Lernaufgaben) auf die Anforderungen realer Kommunikation vorzubereiten, jedoch ohne dabei eine sinnvolle Progression und sprachliches Üben zu vernachlässigen. Denn es sei

nicht möglich, den Lerner von Anfang an mit einer komplexen Lernaufgabe zu konfrontieren. So läuft man Gefahr, die Lerner zu frustrieren. Für die tägliche Unterrichtsarbeit scheint somit eine Abfolge sinnvoll, die zwar das ideale sprachlerntheoretische Konzept [des enfoque por tareas, WS] abschwächt, die aber durch das Prinzip der Lernerorientierung und die Praxis begründet und legitimiert wird. [...] Zwischenschritte mit gestuften Anforderungen sind notwendig (LEUPOLD 2008: 5 f.).

Eine solche Lernaufgabe hat ihren Ausgangspunkt immer in einem oder mehreren authentischen Texten und wird den Lernenden zu Beginn der entsprechenden Unterrichtssequenz als Ziel- bzw. Endprodukt vorgestellt. Somit können sie auch an der Planung der sich aus der Aufgabe ergebenden Zwischenschritte beteiligt werden: Welche inhaltlichen, methodischen (und ggf. interkulturellen) Kenntnisse muss ich besitzen, um die Lernaufgabe bewältigen zu können? Welche sprachlichen Strukturen muss ich beherrschen? Aus dieser Planungsphase ergibt sich dann ein **Lernaufgabenparcours**, ein gangbarer und plausibler Weg zur Bewältigung der Aufgabe:

2.4 Standardorientierung 43

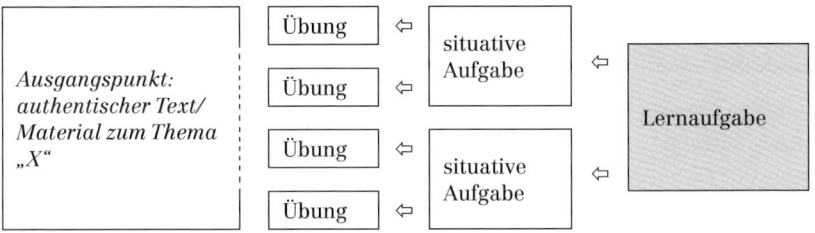

Lernaufgabenparcours, adaptiert nach LEUPOLD **(2008: 7). Die Pfeile geben das Vorgehen bei der Unterrichtsplanung, nicht die Durchführungsschritte, an**

Die gestuften Anforderungen des Parcours definiert LEUPOLD (2008: 6 f.) so:

Lernaufgaben
- fordern in ihrer Bearbeitung den Einsatz verschiedener Kompetenzen,
- sind offen und bieten den Lernenden Entscheidungsmöglichkeiten,
- erlauben es den Lernenden, in freier Form sprachlich zu agieren,
- sind prozessorientiert und münden in ein Produkt samt Präsentation,
- beziehen möglichst die Erfahrung und Wirklichkeit der Lernenden mit ein.

Situative Aufgaben
- betten sprachliches Handeln in den situativen Rahmen der Lernaufgabe ein und geben so den Inhalten eine Bedeutung.

Übungen
- sind formbezogen, d. h., sie trainieren bestimmte sprachliche Strukturen oder methodische Fertigkeiten.

Die Arbeit an kompetenzorientierten Lernaufgaben ermöglicht die integrative Entwicklung kommunikativer Kompetenzen, denn der Lerner erwirbt Fertigkeiten immer im größeren Sinnzusammenhang der Aufgabe (und nicht etwa isoliert); eine solche transparente Lernumgebung weist für den Lerner ein hohes Motivationspotenzial auf. Welche Aufgaben in Freiarbeit und welche im gelenkten Unterricht bearbeitet und wie sie überprüft werden, kann im konkreten Fall variieren; der handlungsorientierte Charakter des Parcours verlangt aber sicherlich auch dezentrale Phasen, in denen die Lernenden interagieren oder selbstständig arbeiten.
Die Organisation des Unterrichts über Lernaufgaben ist – natürlich mit Einschränkungen – auch bei der Arbeit mit einem Lehrbuch möglich. Das Lehrbuch *Encuentros, Edición 3000* (Cornelsen 2010) bietet unter der Rubrik „Punto final" zu jeder Lektion eine solche *tarea* an. Auch *¡Adelante!* (Klett 2010) ist aufgabenorientiert angelegt.

2. Zeitgemäß unterrichten

Beispiel 1: Lernaufgabe zum Thema „El debate lingüístico en Cataluña" (Sekundarstufe II)

Ausgangspunkt der *tarea* (und damit der Einstieg in die Unterrichtssequenz) ist ein Drehbuchauszug aus dem Film *Una casa de locos* (frz. Originaltitel: *L'auberge espagnole*). Die Protagonisten sind Xavier, ein französischer Student, und seine belgische Kommilitonin Isabelle, die beide ein Jahr als Gaststudenten in Barcelona verbringen. Die folgende Szene, die den Schülern als Text vorliegen und auch im Film gezeigt werden sollte, trägt sich in einem Hörsaal der Universität von Barcelona zu.

> *Catedrático:* Molt bé. Bon dia a tothom. Avui parlarem del futur del sistema capitalista global.
> *Isabelle:* Por favor, señor. Perdone. ¿Pero podría dar la clase en castellano?
> *Xavier:* ¡Ah, sí! ¡Sí!
> *Catedrático:* Lo siento, señorita, pero no podrá ser. La mayoría de los estudiantes son catalanes, o sea que no creo que tenga que cambiar de idioma.
> *Isabelle:* Somos más de 15 estudiantes de Erasmus que no hablamos catalán y para usted no es un problema hablar español.
> *Catedrático:* Mire, yo la entiendo perfectamente, señorita, de verdad, perfectamente. Pero usted me tendría que entender a mí también. Estamos en Cataluña y aquí el catalán es idioma oficial. Si usted quiere hablar español se va a Madrid o a Latinoamérica.
> *Unos estudiantes se ríen, otros protestan. Xavier y Isabelle parecen frustrados. El catedrático sigue hablando en catalán.*

aus: *Punto de vista* (Cornelsen 2006), S. 214. Auf der Video-DVD des Lehrwerks ist der entsprechende Filmausschnitt verfügbar.

Das Verhalten des Universitätsprofessors fordert Schüler der Oberstufe, die ggf. selbst einen längeren Auslandsaufenthalt ins Auge gefasst oder schon durchgeführt haben, sicherlich zu einer (vermutlich ablehnenden) Reaktion heraus. Als Lernaufgabe bietet sich daher die Durchführung einer Podiumsdiskussion an:

> *Sois estudiantes (catalanes y extranjeros) y catedráticos de la Universidad de Barcelona y vais a organizar* **una mesa redonda** *con el tema „El uso de las lenguas catalana y castellana en nuestra universidad". Al preparar la discusión, informaos a fondo sobre el debate lingüístico en Cataluña y las respectivas normas, posiciones y opiniones. (La discusión se grabará en video y se evaluará.)*

2.4 Standardorientierung 45

Lernaufgabe (tarea):
Sois estudiantes (catalanes y extranjeros) y catedráticos de la Universidad de Barcelona y vais a organizar **una mesa redonda** con el tema „El uso de las lenguas catalana y castellana en nuestra universidad".

⇩ ⇩ ⇩ ⇩ ⇩

Situative Aufgabe 1:
Eres estudiante de Erasmus y acabas de llegar a Barcelona. El uso de las lenguas te llama la atención, así que decides informarte sobre la situación lingüística en Cataluña.
z. B. Stationenlernen (div. Bilder, Karten, Auszug aus der span. Verfassung von 1978 und aus katalanischen Sprachgesetzen, Sachtexte aus dem Internet, z. B. zur katalanischen Identität, aus Lehrwerken, z. B. aus *Punto de vista*, S. 214, 216–221, 223)

Situative Aufgabe 2:
Infórmate sobre el uso de las lenguas en el sistema educativo (escuelas, universidad).
z. B. Lektüre einer Reportage (z. B. aus *ECOS* 2/94)

Situative Aufgabe 3:
Infórmate sobre las diferentes posiciones y opiniones.
z. B. Analyse von Zeitungstexten (z. B. aus *FU Spanisch* 25, S. 32 und S. 35, *Punto de vista*, S. 222)
z. B. Rezeption von Leserbriefen
z. B. Auszüge aus einer Parlamentsdebatte (z. B. zur Reforma del Estatuto Catalán 2006)

Situative Aufgabe 4:
Comenta el uso de las lenguas en la universidad (desde tu perspectiva de estudiante de Erasmus / estudiante catalanista / catedrático etc.)
z. B. Verfassen eigener Leserbriefe / Blogs / Podcasts / eines „Klassischen" *comentario*
z. B. Simulation von Diskussionen auf dem Flur der Uni o. Ä.

⇩ ⇩ ⇩ ⇩ ⇩ ⇩ ⇩ ⇩ ⇩

Übungen zum thematischen Wortschatz

ggf. Übungen zu Lesestrategien

Übungen zum thematischen Wortschatz

Übungen zur Sachtextanalyse (z.B. zur Anlage der Analyse, zum Erkennen der Lesermanipulation; Beispiel in *FU Spanisch* 25, S. 30 f.)

Wortschatzübungen (z. B. zum Metavokabular der Sachtextanalyse. Beispiel in *FU Spanisch* 25, S. 34)

Wortschatzübungen: Vokabular zur Meinungsäußerung, zur Bewertung von Informationen, zur Strukturierung

Schreibschablonen (z. B. zu Leserbrief, *comentario*)

grammatische Übungen, z. B. *subjuntivo*

Übungen zu Kommunikationsstrategien (z. B. um Klärung bitten, nachfragen, jdn. unterbrechen usw.)

Ausgangspunkt:
Drehbuchauszug und Filmszene aus „Una casa de locos"
(*Punto de vista*, S. 214)

Im Zentrum der Kompetenzschulung steht hier neben den sprachlichen Fertigkeiten Hören und Sprechen vor allem der Erwerb interkultureller Kompetenz. Gemeinsam mit den Schülerinnen und Schülern können – soweit möglich – aus der Aufgabe nun die Inhalte der anstehenden Unterrichtsreihe abgeleitet werden.

- **situative Aufgaben**: Wissensaufbau zum Thema (z. B. in Form eines Stationenlernens); Perspektivenwechsel, persönliche Stellungnahme, Tagebuch- oder Blogeintrag, Rezeption und Analyse verschiedener Haltungen (etwa in Leserbriefen oder Zeitungsartikeln)
- **Übungen**: Einstudieren von Vokabular zur Meinungsäußerung, zur Argumentation und zur Interaktion, Wiederholung des *subjuntivo* o.Ä.

Beispiel 2: **Lernaufgabe zur Kriminalgeschichte „*Soñar un crimen*" (zweites Lernjahr)**

Der Einband der für das Ende des ersten oder das zweite Lernjahr geeigneten kurzen Kriminalgeschichte „*Soñar un crimen*" von Rosana Acquaroni Muñoz (HUEBER 2006) kann Ausgangspunkt folgender *tarea* sein:

Sois comisarios de policía. Después de la investigación de este crimen redactáis el informe policíaco. El informe debe contener:
- *un resumen de los acontecimientos,*
- *retratos de las personas implicadas en el crimen,*
- *una evaluación del crimen.*

Trabajad en grupos de 4 personas.

Quelle Umschlagbild: Santillana Educación S.L.

Hier sind es in erster Linie die Fertigkeiten Leseverstehen und Schreiben, die geschult werden. Nachdem die Lernenden anhand des Einbandes Hypothesen zum Ablauf des geschehenen (oder nur geträumten?) Verbrechens

aufgestellt haben, werden die Lernaufgabe vorgestellt und der Lernaufgabenparcours entwickelt. Als situative Aufgaben sind geeignet:
- *Eres comisario de policía y empiezas a investigar el crimen. Infórmate sobre los acontecimientos y toma apuntes (=¡Lee la novela!).*
- *Luego investigas a los personajes. Apunta lo que sabes de ellos. Compara tus resultados con los de tus colegas.*
- *Discutid: ¿Quién es el/la responsable del crimen?*

Methodische Übungen zu Lesestrategien (vgl. Kap. 3.2) sind sicherlich angebracht; sprachliche Übungen können sich auf die kohärente Darstellung von Handlungsabläufen (z. B. in Bezug auf Konnektoren wie *primero, además, después, porque, aunque, mientras, por eso* usw.) oder auf den Wortschatz zur Meinungsäußerung *(A mi juicio, Laura es responsable del crimen porque...)* beziehen.

Das Vorgehen im Unterricht ist variabel: Entweder werden die ersten Kapitel des Buches gemeinsam im Unterricht erarbeitet, und die Lernenden lesen danach selbstständig weiter, oder aber sie lesen die gesamte Geschichte in einer längeren Projektphase eigenständig. Dazu kann es sinnvoll sein, den Lernenden zu den einzelnen Kapiteln Lesehilfen *(verdadero-falso-*Bögen o. Ä.) an die Hand zu geben. Zu *Soñar un crimen* sind solche Lesehilfen auf den Webseiten des Hueber-Verlags abrufbar. Wann und ob die methodischen und sprachlichen Übungen eingestreut oder ob sie vorweggenommen werden, kann die Lehrkraft je nach Leistungsstand der Lerngruppe festlegen, auch eine individuelle Beratung leseschwacher Schülerinnen und Schüler ist denkbar.

2.5 Literatur

Allgemein zum Thema „Zeitgemäß unterrichten"

GRÜNEWALD, ANDREAS/KÜSTER, LUTZ (Hrsg.) (2009): Fachdidaktik Spanisch. Tradition – Innovation – Praxis. Seelze: Klett-Kallmeyer.

HELMKE, ANDREAS (2009): Unterrichtsqualität und Lehrerprofessionalität. Diagnose, Evaluation und Verbesserung des Unterrichts. Seelze: Klett-Kallmeyer.

LEUPOLD, EYNAR (2002): Französisch unterrichten. Grundlagen – Methoden – Anregungen. Seelze-Velber: Kallmeyer.

MEYER, HILBERT (2004): Was ist guter Unterricht? Berlin: Cornelsen Scriptor.

Zu Kapitel 2.1

LÜNING, MARITA (2008): Kooperatives Lernen. In: Prinzipien und Methoden des Spanischunterrichts, Sonderheft FU Spanisch, S. 135–139.

SCHINKE, SIMONE/STEVEKER, WOLFGANG (2010): Die Lerntheke – eine effektive Methode zur Individualisierung des Unterrichts. In: Der fremdsprachliche Unterricht Spanisch, Heft 28, S. 12–19.

SOMMERFELDT, KATHRIN (2003): Lernen an Stationen. In: Der fremdsprachliche Unterricht Spanisch, Heft 2, S. 4–11.

SOMMERFELDT, KATHRIN (2005): Projektlernen – eine echte Alternative. In: Der fremdsprachliche Unterricht Spanisch, Heft 10, S. 4–10.

STEVEKER, WOLFGANG (2010): Individualisierung im Spanischunterricht. In: Der fremdsprachliche Unterricht Spanisch, Heft 28, S. 4–10.

Themenheft Kooperatives Lernen (2014): Der fremdsprachliche Unterricht Spanisch 51.

Zu Kapitel 2.2

DOFF, SABINE/KLIPPEL, FRIEDERIKE (2007): Englischdidaktik. Berlin: Cornelsen Scriptor.

HINZ, MARKUS (2010): Das „Sprachdorf" – projektorientierte Freiarbeit. In: Der fremdsprachliche Unterricht Spanisch, Heft 28, S. 20–27.

Zu Kapitel 2.3

Themenheft Estrategias (2011): Der fremdsprachliche Unterricht Spanisch 35.

Zu Kapitel 2.4

EUROPARAT (2001): Gemeinsamer europäischer Referenzrahmen für Sprachen: Lernen, lehren, beurteilen. Deutsche Fassung im Internet abrufbar.

[KMK] Sekretariat der Ständigen Konferenz der Kultusminister der Länder in der Bundesrepublik Deutschland (2004): Bildungsstandards für die erste Fremdsprache (Englisch/Französisch) für den Mittleren Schulabschluss. München: Luchterhand.

LEUPOLD, EYNAR (2008): A chaque cours suffit sa tâche? Bedeutung und Konzeption von Lernaufgaben. In: Der fremdsprachliche Unterricht Französisch, Heft 96, S. 2–8.

SOMMERFELDT, KATHRIN (2007): Standards – oder: ¿No hay bien que por mal no venga? In: Der fremdsprachliche Unterricht Spanisch, Heft 19, S. 4–11.

Themenheft Lernaufgaben (2013): Der fremdsprachliche Unterricht Spanisch 41.

3. Kommunikative Kompetenz schulen

Wolfgang Steveker

3.1 Ziele und Bereiche des Sprachunterrichts

Ziel des Sprachunterrichts ist es, die Lernenden durch systematische Entwicklung und Förderung der kommunikativen Kompetenz zu kompetenten Teilhabern an Kommunikation auf Spanisch zu machen. Zur kommunikativen Kompetenz zählen die sprachlichen Fertigkeiten Leseverstehen, Hör- bzw. Hör-/Sehverstehen, Sprechen und Schreiben sowie die Verfügung über die sprachlichen Mittel (Grammatik und Wortschatz). Seit der Veröffentlichung des Gemeinsamen europäischen Referenzrahmens für Sprachen (Europarat 2001) wird auch das Sprachmitteln als sprachliche Fertigkeit definiert. Die kommunikative Kompetenz wird im Sprachunterricht im Hinblick auf zu erreichende Kommunikationsziele entwickelt und geschult. Hören und Sprechen sind mündliche Fertigkeiten, Lesen und Schreiben schriftliche. Aus Sicht der Lernenden sind zudem zwei Verarbeitungsweisen zu unterscheiden, und zwar rezeptives Sprachverstehen (Lesen und Hören) sowie produktive Sprachäußerung (Sprechen und Schreiben). Die Aktivität der Sprachmittlung ist eine Mischform, die sowohl rezeptive als auch produktive Abläufe beinhaltet.

Zur Schulung der sprachlichen Fertigkeiten

Der Leitgedanke des Sprachunterrichts ist es, die sprachlichen Fertigkeiten möglichst gleichgewichtig und integrativ zu schulen. Die Forderung nach einer gleichgewichtigen Schulung ergibt sich aus der vergleichbaren Bedeutung, die alle Fertigkeiten für eine Teilnahme an Kommunikation auf Spanisch innehaben: Lesen und Schreiben sind zentrale Kulturfertigkeiten, Hören und Sprechen Grundvoraussetzung jeder direkten sprachlichen Interaktion. Die Fertigkeiten werden zwar in der fachdidaktischen Diskussion getrennt betrachtet (daher auch die Unterteilung dieses Kapitels), im Unterrichtsgeschehen aber möglichst integrativ, d.h. miteinander verbunden geschult. Nieweler begründet dieses Vorgehen sehr anschaulich mit Blick auf das Mitteilungsbedürfnis der Lernenden:

Es ist für die Lerner unbefriedigend, [zum Beispiel] bei der Lesekompetenz auf der Verstehensebene stehenzubleiben: Sie wollen sich auch über den gelesenen Text austauschen, darüber reden bzw. schreiben. Im Fremdsprachenunterricht sollte es [daher] stets um eine integrierte Schulung der Grundfertigkeiten gehen und nicht nur um isoliertes Üben oder Überprüfen (2008: 40).

Lesen und Hören führen bei einer integrativen Kompetenzschulung also stets auch zur Sprachproduktion, zum Schreiben und Sprechen über den gelesenen bzw. gehörten Text. Dazu ist natürlich – je nach Aufgabenformat und Kenntnisstand der Lernenden – die Verfügung über bestimmte sprachliche Mittel sowie Strategie- und Methodenwissen (z. B. zur Erstellung bestimmter Gesprächs- oder Textsorten) notwendige Voraussetzung.

Zur zielgerichteten Verknüpfung rezeptiver und produktiver Fertigkeiten sind spezielle Aufgabenformate entwickelt worden, die sogenannten Lernaufgaben (vgl. Kap. 2.4). Im Folgenden werden die Fertigkeiten einzeln diskutiert.

3.2 Schulung des Leseverstehens

Wann lesen wir? In der Regel nur, wenn uns der Text „signifikant" erscheint, er also für uns wichtige Informationen enthält oder aber unseren Interessen entgegenkommt, uns anrührt, uns unterhält, spannend ist. Dabei lesen wir nicht vom ersten bis zum letzten Wort mit der gleichen Intensität – oft suchen wir eine bestimmte Information und lesen einen Text daher quer, bei Erzähltexten lesen wir manche Passagen oder Kapitel ganz genau, andere im Schnellverfahren, wieder andere lesen wir zweimal, weil sie uns so gut gefallen haben, oder überspringen sie, weil sie uns für den Fortgang der Handlung unwichtig erscheinen. Vielleicht bleiben wir an irgendeiner Stelle an einem Fremdwort hängen, das wir nicht verstehen (z. B. „signifikant"), können es aber aus dem Kontext oder über unsere Kenntnis anderer Sprachen herleiten (z. B. über span. *significar*). In anderen Fällen wiederum erkennen wir es als unwichtig für das Gesamtverstehen und lesen einfach darüber hinweg. Diese Prozesse laufen in der Muttersprache weitgehend automatisiert ab, müssen im Fremdsprachenunterricht aber gezielt trainiert werden, um negativen Leseerfahrungen vorzubeugen. Denn signifikant für die Lernenden sind vor allem authentische Texte, die wegen ihres erhöhten Anforderungsniveaus aber die Gefahr bergen, ungeübte Leser zu frustrieren. Dabei kann die Lektüre authentischer Texte, wenn sie kognitiv – d. h. unter bewusster Anwendung von Lesestilen und Entschlüsselungstechniken – gelesen werden, den Lernenden echte Erfolgserlebnisse verschaffen und für nachhaltige Motivation sorgen.

Lesestile

Man unterscheidet üblicherweise drei Lesestile, die mit unterschiedlichen Erschließungstechniken und daher im Unterricht mit verschiedenen Übungsformen einhergehen:
- globales Lesen (auch: überfliegendes Lesen, *skimming*),
- selektives Lesen (auch: suchendes/kursorisches Lesen, *scanning*),
- detailliertes Lesen (auch: totales/intensives/analytisches Lesen).

In der didaktischen Diskussion werden diese Lesearten zum Teil noch weiter unterteilt; für die Schulpraxis ist die Auffächerung in die genannten drei Stile ausreichend. Die Stile sind nicht kategorisch zu trennen, sie werden vielmehr oft nach- oder nebeneinander bei demselben Lesevorgang eingesetzt.

Globales Lesen

Beim globalen Lesen verschafft sich der Leser einen groben Überblick darüber, wovon ein Text handelt. Er liest die Überschrift, nimmt textumgebende Elemente wie Bilder wahr und liest die einleitenden Sätze einzelner Absätze. Wecken der Text oder einzelne Passagen sein Interesse, so liest er im Detail weiter. Auf diese Weise lesen wir etwa beim Frühstück die Aufmacher der Tageszeitung, um zu sehen, ob für uns interessante – also „signifikante" – Inhalte dabei sind.

Globales Lesen geht mit dem sogenannten *top-down-processing* einher, bei dem sich der Leser dem Text auf der Grundlage seines Vor- und Weltwissens (z. B. über die Textsorte, den Veröffentlichungsort, den situativen Kontext) nähert und so erste Sinnzuweisungen vornimmt. Wollen wir z. B. einen Text aus der spanischen Klatschrevue *Hola* lesen, neben dem das Königspaar in Paradeuniform abgebildet ist, so haben wir ganz bestimmte Vorerwartungen an seinen Inhalt, die wir aus unserer Erfahrung mit diesem Zeitschriftentyp und unserem Wissen um das spanische Königshaus schöpfen. Zur Förderung der Lesekompetenz muss die Lehrkraft diese Vorerwartungen an einen Text bewusst machen und den Lernern aufzeigen, wie sie sie für die Erschließung nutzen können.

Selektives Lesen

Selektives Lesen meint, dass der Leser einen Text auf der Suche nach einer bestimmten Information überfliegt, etwa nach einem Eigennamen, einer Uhrzeit, einem bestimmten Schlüsselwort. Hat er eine entsprechende Stelle gefunden, liest er die umgebenden Passagen in der Regel im Detail.

Detailliertes Lesen

Ziel des detaillierten Lesens ist es, einen Text (oder einzelne Passagen) möglichst in allen Einzelheiten zu verstehen. Dazu muss er auf Wort-, Satz- und Textebene exakt rezipiert und erschlossen werden. Auf diese Weise lesen wir eine Gebrauchsanweisung oder ein Rezept. Dieser Lesestil korreliert mit dem sogenannten *bottom-up-processing*, d. h. der Entschlüsselung eines Textes ausgehend von seinen kleinsten Einheiten (also in aufsteigender Reihenfolge den einzelnen Buchstaben, den Wortbildungselementen, den Wörtern, den Wortverbindungen, den Sätzen usw.). In der Muttersprache läuft der *bottom-up*-Prozess überwiegend automatisiert ab, sodass der Leser seine Aufmerksamkeit auf die textumgebenden Elemente, die Diskursstruktur usw. richten kann. In der Fremdsprache stört diese Art der Entschlüsselung den Verstehensprozess aber oft erheblich, da die Worterkennung noch Probleme verursacht und die gesamte Aufmerksamkeit des Lesers einnimmt. Entsprechend ist immer wieder zu beobachten, dass Schülerinnen und Schüler sich mithilfe des Wörterbuchs mühsam von Wort zu Wort (d. h. linear) vorarbeiten, dem so Gelesenen aber kaum einen Sinn zuweisen können.

Um Lesekompetenz im Bereich des detaillierten Lesens wirksam zu fördern, muss es einerseits das Anliegen der Unterrichtenden sein, das Wort-für-Wort-Lesen zu unterbinden, andererseits den *bottom-up*-Prozess zu erleichtern, indem sie Techniken zur Worterkennung im Spanischen vermitteln. Da Spanisch in der Regel als dritte oder vierte Fremdsprache gelernt wird, kann dabei auf Sprach- und Strategiewissen aus zuvor erlernten Systemen zurückgegriffen werden.

Erschließungstechniken

Vor dem Lesen

Zur Unterstützung des *top-down-processing* eignen sich die folgenden Übungsformen:
- **Vorwissen zur Textsorte und ihrer Merkmale aktivieren**: Ist der Text ein Artikel oder eine Reportage einer überregionalen Tageszeitung, ein Artikel eines Boulevardblattes, ein Leserbrief, ein Blog, ein literarischer Kurztext, ein Romanausschnitt, eine Rezension, eine Stellungnahme, ein Enzyklopädieeintrag? Welche Erwartungen verknüpfe ich als Leser mit der Textsorte?
- **Hypothesen zum Inhalt aufgrund der Darbietungsform des Textes aufstellen**: Wie ist der Text gestaltet? Wie wirken Schriftart und Schriftgrö-

ße? Wie dominant sind die Bilder? Wirkt die Machart insgesamt seriös, reißerisch, wissenschaftlich?
- **Voraussagen zum Inhalt treffen** durch das Bilden von Assoziationen zum Titel, zu Illustrationen und zu Bildern.
- **Schnelle Hypothesen aufstellen**: Der Text liegt 30 Sekunden lang vor, dann drehen die Lernenden das Blatt um und stellen eine Hypothese zum Inhalt auf.
- **Leseerwartung aufbauen** anhand von Schlüsselwörtern oder einzelnen Sätzen aus dem Text, Zwischenüberschriften oder grafischen Elementen.
- **Die zentralen Informationen ermitteln anhand von Titel, Untertitel und Vorspann** (bei Zeitungstexten): *¿Qué? ¿Quién? ¿Cuándo? ¿Dónde? ¿Por qué?*

Beim Lesen
Folgende Arbeitstechniken sind zur Unterbindung des linearen Lesens geeignet:
- **Verstehensinseln bilden**: Statt sich an unverständlichen Wörtern oder Passagen aufzuhalten, markieren die Lernenden alle Passagen, die sie auf Anhieb verstehen. Dabei können sie im Text nach oben und unten springen und schwierig anmutende Begriffe oder ganze Sätze zunächst überlesen. Die so entstehenden Verstehensinseln sind Ausgangspunkt für die weitere Erschließung.
- **Stolpersteine überlesen lernen**: Die Lernenden sollten das Überlesen unverständlicher Begriffe an Beispielsätzen explizit trainieren. Zur Verdeutlichung dieser Arbeitstechnik sei hier der Beginn der Kurzgeschichte *Ola de frío en Madrid* von Juan Madrid wiedergegeben (zitiert nach: *La otra cara de Madrid,* Cornelsen, 2008, S. 7), der auch für fortgeschrittene Lerner gleich eine ganze Reihe kaum entschlüsselbarer Begriffe enthält (hier gerade gedruckt): *Al viejo se le* contrajeron *los músculos cuando vio* refulgir *la navaja a la luz de la* hoguera. Se replegó *hacia la* pared y empezó a respirar ruidosamente. Der globale Sinn der Passage erschließt sich auch dann, wenn man die hervorgehobenen Wörter vernachlässigt. So ist es offensichtlich, dass ein alter Mann seine Muskeln spürt, als er in einem Lichtschein ein Messer sieht, sich dann Richtung Wand bewegt und schwer zu atmen beginnt. Dass seine Muskeln *verkrampften*, er das Messer im Scheine eines *Feuers aufleuchten* sah und Richtung Wand *zurückwich*, ist für das Gesamtverstehen relativ unerheblich.

Der Verbesserung der Worterkennung dienen die folgenden Strategien:
- **Herleiten des Wortsinns aus dem Kontext**: Die „Macht" des Kontextes kann Schülern vor Augen geführt werden, wenn schwierig anmutende Wörter aus einem Text geschwärzt oder durch Lücken ersetzt werden, die die Schüler dann wiederum mit einem im gegebenen Kontext sinnvollen Begriff füllen. Hier nochmals ein Auszug aus *Ola de frío en Madrid* (ebd., S. 9): *[El viejo] metió la mano en el bolsillo y su mano seca ~ la navaja. Era una buena navaja, ~ y larga, mejor que la de su oponente.* Die Lücken füllt der Leser nahezu automatisch mit *ergriff* und *scharf* oder *spitz*, und in der Tat stehen im Original die Begriffe *empuñó* und *afilada*, die den Lernern als isolierte Vokabeln wahrscheinlich unbekannt gewesen wären.
- **Vorhandenes Sprachwissen nutzen**: Zum Herleiten des Sinns vieler Wörter können die Lernenden Kenntnisse aus zuvor gelernten Fremdsprachen (Lateinisch, Französisch, Englisch), ihrer Muttersprache oder dem Spanischen selbst nutzen. Im ersten Satz einer weiteren Kurzgeschichte von Juan Madrid, *Inspección de guardia*, ist dies gleich bei mehreren Begriffen möglich (ebd., S. 11): *A Mariano Sánchez le llamaban en la comisaría* (dt. Kommissar[iat]) *"el Sevilla". Era un policía* (Internationalismus) *bajo, con tendencia* (Internationalismus) *a engordar* (span. gordo) *y con una enorme* (Internationalismus) *fuerza* (engl./frz. *force*, lat. *fortis*, span. *fuerte*) *en los brazos* (frz. *le bras*). Diese Erschließungsstrategie sollte wiederholt eingeübt werden, da gerade das Spanische als in der Regel dritt- oder viertgelernte Fremdsprache eine Vielzahl transparenter Wörter bereithält.
- **Wortbildungsmechanismen bewusst machen**: Wenn Lernenden Wortstämme von Vor- und Nachsilben zu trennen wissen, ist die Entschlüsselung des Wortsinns in der Regel einfacher. Im obigen Beispiel ist *engordar* viel deutlicher als Derivat von *gordo* zu erkennen, wenn es in die Morpheme *en-gord-ar* zerlegt wird. Zur Bewusstmachung dieser Entschlüsselungstechnik eignet sich das Einüben häufig auftretender Wortbildungsmuster, z. B. die Bildung von Substantiven mithilfe der Nachsilbe *-miento*: *conocer – conocimiento, descubrir – descubrimiento*; die Negierung mithilfe der Vorsilbe *des-*: *conocer – desconocer, contento – descontento*; die Adjektivbildung mit *-able*: *plegar – plegable, razón – razonable*. Eine gute Übung ist auch die Aufstellung von Wortreihen in Tabellenform:

3.2 Schulung des Leseverstehens

sustantivo (cosa)	sustantivo (persona)	adjetivo	verbo
?	el conquistador	?	?
?	?	?	solucionar
el sueño	?	?	?
?	?	trabajador/a	?

Die Lehrkraft kann den Lesevorgang weiter erleichtern, wenn sie **lektürebegleitende Hilfen** gibt, zum Beispiel:
- Wahr-Falsch-Fragen zum Textinhalt (*¿verdadero o falso?*), wobei falsche Informationen unter Angabe der Belegstelle richtiggestellt werden müssen,
- Multiple-Choice-Fragen zum Textinhalt,
- Sammelfragen zu Merkmalen eines Sachverhaltes oder Eigenschaften einer Figur (Typ: *¿Qué llegas a saber de X?*),
- Fragen am Text entlang, entweder auf Spanisch oder auf Deutsch,
- Darbietung von Textabschnitten in falscher Reihenfolge und Rekonstruktion,
- Lesetagebuch.

Tipp: Meiner Erfahrung nach hat sich zur Lektüre authentischer Texte folgende Vorgehensweise als besonders effektiv und motivierend erwiesen:
- Annäherung an den Text durch Aktivierung von Vorwissen (zu Textsorte, Darbietungsform, Machart oder Bildung von Assoziationen zu Titel bzw. Zwischenüberschriften und Illustrationen).
- Erster Lesedurchgang: Markieren aller verstandenen Passagen (Verstehensinseln), Überlesen von Stolpersteinen.
- Zweiter Lesedurchgang: Entschlüsselung des Umfelds der Verstehensinseln durch Herleiten aus dem Kontext und Nutzung von Sprachwissen.
- Dritter Lesedurchgang (falls nötig): Nutzung des zweisprachigen Wörterbuchs.

Gelesen wird mit dem Stift in der Hand; dabei wird für jeden der drei Lesedurchgänge eine andere Farbe verwendet. Nach wiederholtem Training sind oft schon nach den ersten beiden Durchgängen fast alle Passagen farblich markiert – ein echtes Erfolgserlebnis für die Lernenden.

Das **selektive Lesen** lässt sich gezielt trainieren, wenn die Lernenden Suchaufträge erhalten, die sie innerhalb eines knapp bemessenen Zeitrahmens erledigen müssen. Sehr motivierend sind Aufgabenformate mit Wettbewerbscharakter, z. B. „Rallyes" durch einen Text. Zur Veranschaulichung mag das folgende Beispiel zur Kriminalgeschichte *Soñar un crimen* von ROSANA ACQUARONI MUÑOZ (HUEBER, 2007) dienen:

Lectura contra reloj
Laura y Carlos están de vacaciones en Marbella. Lee el diario de Carlos del 17, 19 y 20 de agosto y haz las tareas siguientes:
- *Apunta cinco actividades típicas de las vacaciones de Laura y Carlos.* [1 minuto; 5 puntos]
- *¿Quién va a llegar a Marbella mañana?* [10 segundos; 1 punto]
- *¿Con qué palabras describe Carlos a su amigo?* [1 minuto; 3 puntos]
- *Carlos recuerda "malos momentos". ¿Qué pasó?* [1 minuto; 3 puntos]

Die Lehrkraft gibt zu jeder Aufgabe das Start- und Endsignal; die Aufgaben werden nacheinander bearbeitet. Um die Aufträge auszuführen, überfliegen die Schüler den Text auf der Suche nach Schlüsselwörtern *(vacaciones, amigo, malos momentos)* und Eigennamen (auf die Frage *¿Quién?*) und vernachlässigen dabei ausdrücklich alle anderen Informationen. Für richtige Ergebnisse gibt es Punkte.

Tipp: Dieses Aufgabenformat ist auch zur motivierenden Erstbegegnung mit Lehrwerkstexten geeignet.

Nach dem Lesen
Lesen ist im System Schule kein Selbstzweck, sondern führt im Sinne einer integrativen Kompetenzschulung immer zum Schreiben und Sprechen über den gelesenen Text. Hier bietet sich eine Fülle von Aufgabenformaten mit ganz unterschiedlichen Komplexitätsgraden an: Zusammenfassung, Analyse, persönliche Stellungnahme, Leserbrief, Rezension, Perspektivwechsel durch Verfassen eines Tagebuch- oder Blogeintrags, Füllen von Leerstellen, innerer Monolog, Um- oder Weiterschreiben, künstlerische Verarbeitung zentraler Aspekte als Zeichnung oder Skizze, Kugellager- oder Podiumsdiskussion, Vertonung, Inszenierung, Verfilmung (vgl. dazu auch Kap. 6).

3.3 Schulung des Hörverstehens

Auch beim Hörverstehen unterscheidet man zwischen globalem, selektivem und detailliertem Verstehen (vgl. Abschnitt „Lesestile"). Und auch in

3.3 Schulung des Hörverstehens

einer Hörsituation erlaubt es uns der situative Kontext, auf der Grundlage unseres Vor- und Weltwissens Erwartungen zu entwickeln, die das Verstehen erleichtern *(top-down-processing)*: Hört man auf einer Geburtstagsfeier mehrfach einen bestimmten Gruß, so wird es sich wohl um eine Glückwunschformel handeln; hören wir eine Durchsage am Flughafen, so erwarten wir ganz bestimmte Inhalte. Darüber hinaus geht gesprochene Sprache – zumindest bei direkter Teilnahme an einem Gespräch – mit einer Reihe das Verstehen unterstützender visueller Hilfen einher: Gestik, Mimik, Blick, Körperhaltung.

Das *bottom-up-processing* aber – also das Entschlüsseln einer Aussage aus gehend von ihren kleinsten Einheiten – ist beim Hören ungleich schwieriger als beim Lesen. Es fällt ungeübten Hörern nicht leicht, im Redefluss des Gegenübers Wort- und Satzgrenzen zu erkennen, zudem stören (sowohl in der Lebenswirklichkeit als auch bei Hörsituationen im Klassenraum) oft Hintergrund- und Nebengeräusche den Verstehensprozess. Es kommt noch hinzu, dass muttersprachliche Sprecher in der Regel nicht die standardisierte Hochsprache, sondern regional gefärbte Aussprache- und Wortschatzvarianten verwenden und beim spontanen Sprechen vielfach nachlässig artikulieren, oft sogar ganze Silben „verschlucken". Pastor Villalba fasst die Ziele der Hörverstehensschulung vor diesem Hintergrund wie folgt zusammen:

preparar psicológicamente al alumnado para situaciones en las que no comprendan en su totalidad lo que oigan; exponerles a una lengua natural y ejercitarles en la predicción del sentido general de lo que oyen; entrenarles sistemáticamente en la identificación y selección de los aspectos más relevantes del mensaje, para ayudarles a captar el significado general de éste (PASTOR VILLALBA 2005: 6).

Hauptziel der Hörverstehensschulung ist es demnach, dass die Lernenden bei einmaligem Hören den Kern einer Aussage sowie für ihre Absicht wichtige Informationen erfassen können. Zu diesem Zweck ist die systematische Erarbeitung individueller Hörstrategien von Anfang an unverzichtbar, außerdem ist es zu Beginn sicherlich unerlässlich, den Lernenden didaktisch aufbereitete Erschließungshilfen (Arbeitsblätter) an die Hand zu geben und mehrere Hördurchgänge einzuplanen.

Als Lerner steht man in Hörsituationen aufgrund der Flüchtigkeit des gesprochenen Wortes unter großem Druck. Wollen die Spanischlehrkräfte diesem Druck begegnen, so ist sicherlich das Schaffen häufiger und vielfältiger Hörgelegenheiten in einem möglichst angstfreien Ambiente angezeigt.

Die Lehrkraft kann zu einer entspannten Atmosphäre beitragen, wenn sie:
- auf bereits bekannte Hörstrategien hinweist (z. B., dass es nicht um ein totales Verstehen geht);
- eine unmissverständlich formulierte Höraufgabe stellt, aus der der anzuwendende Hörstil – global, selektiv, detailliert – klar hervorgeht;
- mitteilt, wie oft und mit welchen Unterbrechungen sie den Text vorspielen wird;
- (beim Hörsehverstehen:) auf die sinnstiftende Wirkung visueller Elemente hinweist;
- bei Bedarf den Lernenden Erschließungshilfen an die Hand gibt.

Vor dem Hören

Folgende Verfahren eignen sich zur Aktivierung des Vor- und Weltwissens (*top-down-processing*) und zur sprachlichen Vorbereitung auf den Hörtext:
- **Sich über Bilder auf die Hörsituation einstimmen:** Über Bilder (z. B. des Schauplatzes der Hörsituation: Bahnhof, Klassenzimmer) oder ein Unterrichtsgespräch das Vorwissen der Lernenden aktivieren.
- **Hypothesenbildung:** Anhand von Bildern, Schlüsselwörtern oder einzelnen Sätzen aus dem Text Hypothesen zum Textinhalt bilden lassen und so Hörerwartung aufbauen.
- **Schlüsselwörter einführen:** Einführung der neuen Begriffe, die für das Verstehen der zentralen Botschaft unerlässlich sind.
- **Bekanntes Vokabular in Erinnerung rufen:** Wiederholung bekannter Wörter zur Hörsituation (und ggf. Anschrieb, z. B. in Form eines Vokabelnetzes).

Beim Hören

Erschließungshilfen
Folgende Übungstypen sind als Erschließungshilfen bewährt:
- **Freie Höraufträge:** Beispielsweise die Textsorte bestimmen, die Kommunikationssituation bestimmen, den Handlungsort erkennen, das Thema erschließen, die Haltung der Sprecher zu einem Sachverhalt bestimmen, Verstandenes notieren, Schlüsselwörter herausfiltern, die wichtigsten Informationen oder Hauptaussagen notieren usw. Die Aufgaben sind so zu formulieren, dass sie nicht schon aus dem allgemeinen Weltwissen heraus beantwortet werden können. Idealerweise können sie durch mehrere Antwortelemente beantwortet werden, z. B. *¿Qué se dice en cuanto a los datos personales del personaje?* (fünf verschiedene Antwortelemente möglich: Name, Alter, Wohnort, Berufswunsch,

Freunde, von denen mindestens drei herausgehört werden sollen). Ein solches Vorgehen, das individuelle Hörleistung honoriert und auf das totale Verstehen verzichtet, hilft Frust zu vermeiden.

- **Multiple-Choice-Bögen** und *Verdadero-falso*-**Bögen**: Die Arbeitsblätter sind so gestaltet, dass zeitsparend notiert werden kann, z. B. durch Ankreuzen (ja/nein – falsch/richtig). Bei der Konzeption dieser Übungen ist zu beachten, dass die anzukreuzenden Optionen so formuliert sind, dass sie nicht bereits Elemente der Antwort beinhalten. Sie sollten das Erfragte mit anderen Worten als im Hörtext umschreiben.
- **Handlungsbezogene Verfahren**: etwas malen oder eine Zeichnung vervollständigen, Schilder oder Gegenstände hochhalten, bestimmte Bewegungen machen, mit den Fingern etwas anzeigen.
- **Reorganisationsübungen**: Bilder, Schlüsselwörter oder Textteile in die richtige Reihenfolge bringen.
- **Zuordnungsübungen**: Bilder mit dem Gehörten vergleichen, das zur Hörsituation passende Bild auswählen (z. B. Wetterkarte), Personen oder Gegenstände auf Bildern identifizieren, Informationen verschiedenen Bildern oder Illustrationen zuordnen.
- **Ergänzungsübungen**: Lückentexte ergänzen, Tabellen zu Inhaltsfragen (*¿Dónde? ¿Cuándo? ¿Quién? ¿Qué? ¿Por qué?*) vervollständigen, einen Weg auf der Karte verfolgen.

Welcher Übungstyp gewählt wird, ist abhängig vom Ziel der Höraufgabe und dem Kenntnisstand der Lerngruppe; zum Teil sind die Formate auch kombinierbar oder auf mehrere Hördurchgänge aufteilbar. Bei der Durchführung von Übungen, die das Notieren von Ergebnissen erfordern, ist sicherzustellen, dass die Pausen zwischen den Hörschritten ausreichen. Ein gleichzeitiges Hören und Notieren von Ergebnissen des Hörvorgangs ist kontraproduktiv, da über dem Festhalten des Verstandenen der Fortgang des Hörens gestört wird.

Hörverstehensstrategien

Mit steigendem Lernstand ist es ratsam, die Erschließungshilfen nach und nach abzubauen, denn in authentischen Kommunikationssituationen stehen sie nicht zur Verfügung. Stattdessen sollten die Lernenden über die Schulung von Kompensationsstrategien in die Lage versetzt werden, selbstständig Hörtexte zu erschließen.

- **Auf der Basis von Vor-/Weltwissen „voraushören" bzw. intelligent raten**: Das Antizipieren von Aussagen kann trainiert werden, wenn die Lehrkraft Hörtexte (willkürlich oder nach sinnvollen Einschnitten) stoppt und die Lernenden auf der Grundlage des situativen und sprachlichen Kontextes Hypothesen über den Fortgang anstellen. Dies kann auf Deutsch erfolgen, da das Strategietraining – nicht die Sprachproduktion – im Vordergrund steht.

- **Stolpersteine überhören lernen**: Die Lernenden müssen das Überhören unverständlicher Passagen explizit trainieren, indem sie sich auf Verstandenes konzentrieren und es zu Sinnzusammenhängen kombinieren.
- **Sinngebung durch akustische und visuelle Elemente**: etwa Hintergrundgeräusche, Intonation, Stimmlage, emotionale Färbung einer Aussage, Gestik, Mimik, Körperhaltung.
- **Kontexterschließung, Anwendung von Worterkennungstechniken und Kenntnis von Wortbildungsmechanismen** (vgl. dazu weiter oben das Kapitel „Schulung des Leseverstehens").
- **Vergewisserung/Nachfrage/Bitte um Wiederholung usw.**: In authentischen Kommunikationssituationen besteht oft die Möglichkeit des Nachfragens; den Schülerinnen und Schülern müssen die entsprechenden Redemittel bekannt sein. Um Hemmungen abzubauen, sollte das Nachfragen in Rollenspielen trainiert werden.

Nach dem Hören

Hörtexte bieten, wie Lesetexte, vielfältige Möglichkeiten zur Weiterarbeit (vgl. Abschnitt „Nach dem Lesen"). Zur Nachbereitung des Hörverstehens gehört zudem neben der Überprüfung der Ergebnisse auch die Besprechung der individuell eingesetzten Hörstrategien: „Was hat dir bei der Beantwortung der Frage X geholfen?" Die eingesetzten Strategien werden gesammelt und können dann der gesamten Lerngruppe bei weiteren Hörübungen zur Verfügung stehen.

3.4 Schulung des Sprechens

Der Gemeinsame europäische Referenzrahmen verknüpft die Förderung der Sprechfertigkeit mit klaren Zielen: Sie soll die Lernenden befähigen, in der Zielsprache „an Gesprächen teilzunehmen" (dialogisches Sprechen) und „zusammenhängend zu sprechen" (monologisches Sprechen). Im wirklichen Leben sprechen wir allerdings nur dann, wenn wir etwas wissen oder wenn wir etwas mitteilen wollen. Daher muss es das Anliegen der Unterrichtenden sein, im Unterricht möglichst oft Situationen zu schaffen, in denen die Lernenden ein Mitteilungsbedürfnis verspüren oder es zumindest als sinnvoll empfinden, sich zu äußern. Dies ist der Fall, wenn Sprechanlässe

3.4 Schulung des Sprechens

- auf die Bewältigung grundlegender kommunikativer Situationen zielen (z. B. über andere sprechen, lästern und loben, über Vorlieben, Abneigungen oder Absichten sprechen, berichten, was man erlebt hat, die Uhrzeit erfragen und nennen, etwas bestellen),
- an die Interessen oder die Lebenswelt der Schülerinnen und Schüler anknüpfen (z. B. über aktuelle Filme und Lieder, über Freizeitaktivitäten, den Wohnort, die eigene Familie oder den Lebensraum „Schule" sprechen),
- spannend, provokant, berührend oder sonstwie emotional anregend sind (z. B. authentische Unterrichtsgegenstände, die zu einer persönlichen Stellungnahme herausfordern),
- aus einem Informationsdefizit resultieren, das die Lernenden befriedigen wollen (sie also etwas in Erfahrung bringen wollen).

Ganz simpel verstanden umfassen solche Sprechanlässe zunächst alle typischen Redeintentionen, die immer wieder am Lernort „Klassenraum" auftreten, d. h. das *español para el aula*. Wenn Schülerinnen und Schüler zu spät kommen, ihre Hausaufgaben vergessen haben, auf die Toilette gehen oder einfach nur um Wiederholung einer Äußerung bitten wollen, dann sollten sie in die Lage versetzt werden, diese elementaren kommunikativen Bedürfnisse auf Spanisch auszudrücken (siehe Abschnitt „Spanisch im Klassenraum").

In der Spracherwerbsphase sind vor allem das Einüben kommunikativer Grundsituationen und der zu ihrer Bewältigung notwendigen sprachlichen Mittel probate Anlässe zum Sprechen. Wenn dabei dezentrale, interaktive Übungsformen eingesetzt werden, z. B. Tandembögen, Kurzumfragen oder Flussdiagramme, können alle Lernenden gleichzeitig die Gelegenheit zum Sprechen erhalten. Je nach Aufgabenformat und Konzeption findet dabei eine mehr oder minder starke Steuerung der Lernenden statt (siehe Abschnitt „Gesteuertes Sprechen").

Ziel der Sprechförderung muss es natürlich sein, mit der Zeit über das gesteuerte zu einem frei(er)en Sprechen zu gelangen. Geeignete Methoden und Verfahren zu diesem Zweck sind beispielsweise Kommunikationskärtchen, Klausurbogentechnik, Murmelgespräch und Kurzvortrag, die sich allesamt dadurch auszeichnen, dass sie durch eine gründliche Vorbereitung (relativ) freie Gesprächsbeiträge möglich machen (siehe Abschnitt „Freies Sprechen ermöglichen").

Freies Sprechen ist immer mitteilungsbezogen. Interaktive Gesprächsformen, wie z. B. Kugellagergespräch, Podiumsdiskussion und Aquarium, erlauben einen lebendigen Austausch von Meinungen und Informationen und haben zudem den Vorteil, dass alle Lernenden zugleich zusammenhängend sprechen (siehe Abschnitt „Interaktive Gesprächsformen").

Spanisch im Klassenraum

Relativ einfach ist es, Spanisch zur Verkehrssprache im Klassenraum zu machen. Die wichtigsten Floskeln des *español para el aula* sind:
- *¿Cómo se dice / se escribe / se pronuncia ... en español?*
- *Perdón, no comprendo la palabra X. ¿Qué significa?*
- *¿Puedo hablar alemán, por favor?*
- *Perdón, no te he entendido. ¿Puedes hablar más despacio?*
- *¡Otra vez, por favor! ¿Puedes repetirlo, por favor?*
- *¿Puedo ir al baño, por favor?*
- *¡Más alto, por favor!*
- *No tengo papel / boli / mi libro / mi carpeta / mi cuaderno.*
- *Perdón, no tengo los deberes porque ... (ayer estuve enfermo,-a / los he olvidado / ...)*
- *Perdón, he llegado tarde porque ... (se me han pegado las sábanas / el autobús ha llegado tarde / he perdido el autobús / ...)*
- *En la línea X hay un error.*
- *¿Hasta cuándo tenemos que (hacer los deberes / leer el texto / ...)?*
- *¿Cuándo tenemos el examen / el test de vocabulario?*

Die Lehrkraft sollte von Beginn des Spracherwerbs an hartnäckig auf dem Gebrauch dieser Redemittel bestehen. Zur Unterstützung von Lernern im ersten Lernjahr (für die einige der oben genannten Sätze grammatisch noch zu komplex sind) hat es sich als sinnvoll erwiesen, große Bögen im Klassenraum aufzuhängen, auf denen die Redemittel verzeichnet und sukzessive erweitert werden. Von Beginn an sollten zudem klassenraumtypische Handlungsanweisungen grundsätzlich auf Spanisch gegeben und zur Semantisierung mimisch unterstrichen werden, z. B.: *¿Me haces el favor de abrir/cerrar la ventana? Enciende/Apaga la luz, por favor. ¿Puedes ir a buscar un retroproyector, por favor?*

Gesteuertes Sprechen

Gesteuertes Sprechen findet in der Regel dezentral und simultan in Partnerarbeit statt. Ziel ist das Einüben sprachlicher Grundmuster, um „in kommunikativen Grundsituationen situationsgerecht und spontan reagieren zu können" (SPENGLER 2006: 28). Die Lernenden sind dabei nicht der unmittelbaren Kontrolle der Lehrkraft ausgesetzt, sondern helfen und korrigieren

3.4 Schulung des Sprechens

sich in Eigenverantwortung gegenseitig. Dabei werden alle Lernenden zugleich aktiviert und können in ihrem eigenen Rhythmus arbeiten.

Beispiel für Tandembögen:

[RIN-RIN! Es ist Freitagnachmittag und dein Handy klingelt!] Du meldest dich.	*¿(Sí,) diga?*
Hola, soy yo, [X].	Du sagst Hallo und wer du bist.
Du erwiderst den Gruß und fragst, wie es geht.	*Hola, [X], ¿que tal?*
Bien, gracias. Oye, ¿ya tienes planes para el fin de semana?	Dir geht es gut, danke. Du fragst deine/n Gesprächspartner/in (Oye, ¿ ...?), ob er/sie schon Pläne für das Wochenende habe.
Du hast noch keine Pläne. Dann fragst du deine/n Gesprächspartner/in, was/ er sie heute Abend mache.	*Todavía no (tengo planes). (Y tú,) ¿qué haces hoy por la noche?*
Primero tengo que hacer los deberes, pero luego/después quiero salir.	Du sagst, dass du erst die Hausaufgaben machen müssest, aber danach ausgehen wollest.
Du auch!	*¡Yo también!*
(Pues/Entonces,) ¿adónde vamos?	Du fragst, wohin ihr gehen sollt.
Du schlägst vor, ins Kino zu gehen.	*¿(Por qué no) vamos al cine?*
Vale. ¿Qué película quieres ver?	Das findest du okay. Du fragst, welchen Film er/sie sehen wolle.
Du willst „[aktueller Kinofilm deiner Wahl]" sehen.	*Quiero ver "[X]".*
Vale. ¿Cuándo (quedamos) y dónde quedamos?	Du bist einverstanden und fragst, wann und wo ihr euch treffen sollt.
Um halb neun vor dem Kino.	*A las ocho y media delante del cine.*
Vale. ¡Hasta luego / Hasta ahora!	Du bist einverstanden und verabschiedest dich: Bis gleich!
Du erwiderst die Verabschiedung.	*¡Hasta luego / Hasta ahora!*

■ **Tandembögen:** Das bekannteste Verfahren des gesteuerten Sprechens ist das Lernen mit Tandembögen. Bei dieser Übungsform falten die Lernenden ein vorbereitetes Arbeitsblatt in der Mitte, halten es dann zwischen sich und ergänzen abwechselnd Sätze, reagieren auf Fragestimuli oder realisieren einfache Sprechakte, die auf Deutsch umschrieben werden (z. B.: *Du begrüßt dein Gegenüber und fragst, wie es ihm geht.*). Dabei hat der Tandempartner auf „seiner" Seite des Bogens jeweils die Lösung vor Augen und hilft bei Bedarf. Bedingung für das Gelingen dieses Verfahrens ist es, dass der Tandempartner selbstständig die Äußerungen seines Gegenübers berichtigen kann, es also auf jeden Stimulus eine relativ eindeutige Lösung gibt; daher kommt das Üben mit Tandembögen vor allem für geschlossene Übungstypen in Frage.

Das Beispiel auf Seite 63 zeigt einen Tandembogen zur Automatisierung einfacher Sprechakte. Kommunikatives Ziel ist die Bewältigung einer typischen Situation des täglichen Lebens: eine Verabredung treffen. Die Arbeit mit diesem Bogen schafft eine Phase, in der alle Schülerinnen und Schüler mehrere Minuten lang gleichzeitig in der Zielsprache sprechen.

■ **Flussdiagramme:** Auch das Aufgabenformat des Flussdiagramms ist zur mündlichen Bearbeitung zu zweit geeignet. Bei diesem Übungstyp wird die Sprachproduktion durch lose aneinandergereihte Satzfragmente gesteuert, die durch Bindestriche verbunden sind; ggf. können diese Impulse auch auf Deutsch gegeben werden. Im Idealfall verfügt der Partner über eine Musterlösung wie im folgenden Arrangement zum Unterrichtsthema „Horoskope". Ziel ist das Training des *futuro simple*.

A: *Mi vida amorosa, ¿cómo será?* (**Conocerás** a un chico guapo / una chica guapa en una discoteca. Te **gustará** mucho. **Bailaréis, beberéis** algo y **charlaréis** hasta muy tarde. ¡Al final te **dará** / le **darás** / os **daréis** un beso! **Serás** muy feliz... Un año después, **os casaréis y tendréis** cinco hijos.)	B: *[tú] conocer – chico/-a guapo/-a – discoteca. Gustarte – mucho. [vosotros] bailar – beber algo – charlar – hasta muy tarde. ¡Al final – beso! [tú] ser – muy feliz. Un año después – [vosotros] casarse – cinco hijos.*

■ **Drillübungen** (vgl. SPENGLER 2006): Ganz ähnlich kann mit mündlichen Strukturübungen umgegangen werden, z. B. Frage-Antwort-Muster, in denen jeweils nur ein kleines Phänomen zu verändern ist. Diese Übungen können die Schülerinnen und Schüler parallel in Partnerarbeit erledigen. Wenn sie mithilfe des Tageslichtprojektors durchgeführt werden, ist auch eine gegenseitige Kontrolle möglich. Dazu werden die Impulse der Übung mit ihren Lösungen an die Wand projiziert. Die Lernenden sitzen

im Klassenraum paarweise so, dass jeweils nur einer der beiden die Projektionsfläche sehen kann. Einer trägt nun seinem Partner die Impulse der Übung vor und dieser antwortet. Beispiel:
¿Has hecho ya la maleta? – Sí, ya la he hecho.
¿Has visto a mi hermano? – Sí, lo he visto.
¿Conoces ya a María? – Sí, ya la conozco.
¿...? usw.
Anhand der Lösungen auf der Projektionsfläche überprüft der Impulsgeber die Antworten seines Gegenübers und korrigiert sie bei Bedarf. Nach einem Durchgang werden die Plätze gewechselt, und die Übung wird erneut durchgeführt.

Tipp: Drillübungen können auch in der Form eines Tandembogens angelegt werden; auch dann ist eine gegenseitige Kontrolle möglich.

■ **Kurzumfragen**: Sehr bewährt ist der Einsatz von Kurzumfragen zum kommunikativen Training der Verbgrammatik. Die Schülerinnen und Schüler erhalten dazu einen vorgefertigten Bogen, etwa wie im folgenden Beispiel, das die Lernenden dazu anhält, über Aktivitäten des Vortags zu sprechen. Sprachliches Übungsziel ist das Training unregelmäßiger Verben im *pretérito indefinido*.

¿Qué hiciste ayer?	*tú*	....	....	....
ir al colegio	O	O	O	O
ir a la piscina	O	O	O	O
estar en el cine	O	O	O	O
dar un paseo	O	O	O	O
dar un beso a mi novio/-a	O	O	O	O
leer un libro	O	O	O	O
hacer los deberes	O	O	O	O
hacer deporte	O	O	O	O
tener que ir al médico	O	O	O	O
tener un examen	O	O	O	O
no hacer nada	O	O	O	O
tener una idea genial	O	O	O	O
ver la television	O	O	O	O
salir con mis amigos	O	O	O	O
....	O	O	O	O
....	O	O	O	O

Nachdem die Schülerinnen und Schüler ihre eigenen Aktivitäten markiert haben (Spalte *tú*), fragen sie verschiedene Klassenkameraden und kreuzen deren Antworten wiederum auf ihrem Bogen an. Es entsteht so eine Phase, in der sich alle Lernenden im Klassenraum mit wechselnden Partnern ausschließlich auf Spanisch unterhalten: *¿Qué hiciste ayer? – Después del colegio hice deporte y vi un poco la televisión. ¿Y tú? – Pues yo...* Dieses Verfahren kann auch zur Übung anderer Zeiten des Verbs, z. B. des *futuro inmediato (¿Qué vas a hacer mañana?)*, des *futuro simple (¿Qué harás la semana que viene?)*, des *pretérito perfecto (¿Qué has hecho esta semana?)* sowie der Modalverben *(¿Qué quieres / tienes que / piensas hacer esta tarde?)* eingesetzt werden, wobei die anzukreuzenden Optionen an das jeweilige Thema angepasst werden müssen.

Tipp: Gesteuertes Sprechen findet fast immer in Partnerarbeit statt. Damit diese Kooperationsform produktiv ist, ist es wichtig, dass sich die Partner Sympathie oder zumindest ein Grundvertrauen entgegenbringen. Das Verabredungs- oder **Rendezvous-System** erlaubt es, Paare zu bilden, die diese Voraussetzungen erfüllen. Dazu „verabreden" sich die Schülerinnen und Schüler am Anfang des Schuljahres mit vier oder fünf verschiedenen Mitschülern aus der Klasse oder dem Kurs zu verschiedenen Uhrzeiten, und zwar mit dem ersten um 9 Uhr, mit dem zweiten um 10 Uhr, mit dem dritten um 11 Uhr usw.; diese Termine halten sie schriftlich auf einem Kärtchen oder der ersten Seite ihres Heftes fest. In der Regel finden sich für die früheste Verabredung Paare, die sich sehr sympathisch sind (oft beste Freunde oder Freundinnen), und auch für die weiteren Termine tun sich Schüler zusammen, die sich mögen. Die „Verabredungen" gelten für einen längeren Zeitraum (z. B. ein Halbjahr oder ein Schuljahr).

Bei Beginn einer jeden Partnerarbeit kann die Lehrkraft nun den „Termin" vorgeben: *Ahora vais a trabajar en pareja con vuestra cita de las 11 horas.* So kann schnell und ohne organisatorischen Aufwand erreicht werden, dass Partnerarbeit immer mit verschiedenen Partnern stattfindet. Da sich zur frühesten Uhrzeit tendenziell Paare mit großem gegenseitigem Vertrauen treffen, kann dieser „Termin" gut für privatere Inhalte – etwa das gegenseitige Vorlesen von Tagebucheinträgen o. Ä. – genutzt werden.

Freies Sprechen ermöglichen

Die im Folgenden vorgestellten Verfahren sollen veranschaulichen, wie die Lernenden vom gesteuerten Sprechen nach und nach zu frei(er)en Redebeiträgen geführt werden können.

- **Kommunikationskärtchen** (Partnerkarten): Zur Hinführung zum frei(er)en Sprechen sind Kommunikationskärtchen besonders geeignet. Je nach Konzeption können sie eine starke Lenkung der Lernenden beinhalten und ähneln dann den oben beschriebenen mündlichen Drillübungen, wie es z. B. im folgenden Beispiel der Fall ist (sprachliches Ziel: Üben des Superlativs):

TARJETA DE CONVERSACIÓN 1 [hablar de intereses]

Habla con un/a compañero/-a de clase. Sigue el modelo:
asignatura/fácil → *La asignatura más fácil para mí es biología. ¿Y para ti?*
asignatura/difícil – deporte/interesante – profesor a/ buena – libro/divertido – cantante/malo – lengua/fácil – estilo de música/... – serie (f.) de televisión/... – .../...

Die unten stehenden Kärtchen hingegen geben lediglich einen Impuls (sowie zum Teil Leitfragen oder andere kleinere Hilfen) vor, sodass die Schülerinnen und Schüler ihre Gesprächsbeiträge selbst formulieren müssen. Sie verlangen folglich ein freieres Sprechen, auch wenn sie sich natürlich in Bereichen bewegen, die zuvor im Unterricht gefestigt und eingeübt wurden. Zum Teil werden mit ihrer Hilfe schon wirklichkeitsnahe Mitteilungsbedürfnisse befriedigt (z. B. das Sprechen über Erlebnisse des vorherigen Abends oder über Vorhaben, siehe die *tarjetas de conversación* 4 und 5).

TARJETA DE CONVERSACIÓN 2 [presentarse]

Preséntate a un/a compañero/-a de clase.
Habla sobre los aspectos siguientes: tu nombre – tu edad – el lugar donde vives – tu familia – tu colegio – el deporte que haces – el instrumento que tocas – la música que escuchas – ...

TARJETA DE CONVERSACIÓN 3 [hablar de un día típico]

Habla con un/a compañero/a de clase y hazle preguntas:
¿Cómo pasas un día típico?
¿Cuándo te levantas? ¿...? ¿Te duchas todos los días? ¿...? ¿A qué hora vas al colegio? ¿...? ¿Cuándo regresas? ¿...? ¿Cuándo y dónde comes? ¿...? ¿Qué haces por la tarde? ¿...? ¿Cuándo te acuestas?

TARJETA DE CONVERSACIÓN 4 [hablar de planes]

Habla con un/a compañero/-a de clase.
¿Qué pensáis hacer esta tarde / esta noche?
Utilizad el futuro inmediato: *voy a ir, voy a hacer* …

TARJETA DE CONVERSACIÓN 5 [hablar del día anterior]

Habla con un/a compañero/-a de clase.
¿Qué hicisteis ayer por la tarde?
Utiliza el pretérito indefinido: *hablé, escribí, comí, fui, estuve, hice, di, tuve* …

Illustration: Carsten Märtin, Oldenburg

Kommunikationskärtchen sind in der Spracherwerbsphase variabel einsetzbar. Sie können zu einer typischen Übungsform des Unterrichts gemacht werden, indem die Lernenden regelmäßig (z.B. zu Beginn jeder Doppelstunde) von einem Stapel ein Exemplar ziehen und sich dann einen Konversationspartner suchen. Dieser Stapel wird im Lauf eines Schuljahres immer umfangreicher; er enthält immer alle bis dahin im Unterricht verwendeten Kärtchen (in mehrfacher Ausführung). So können bisher behandelte Inhalte gefestigt werden. Voraussetzung ist, dass die Lehrkraft zu möglichst jeder im Unterricht thematisierten Kommunikationssituation ein Kärtchen anlegt (und nach Möglichkeit laminiert). Da man die *tarjetas* aber wiederholt und über Jahre hinweg verwenden kann, lohnt sich dieser Aufwand.

- **Rollenspiel**: In Rollenspielen können Kommunikationssituationen des Alltags simuliert werden (z.B. Einkauf, Wegbeschreibung, Restaurantbesuch). Wichtig ist, dass die Lehrkraft im Vorfeld die zur Bewältigung der Situation notwendigen Redemittel bereitstellt oder wiederholen lässt.
- **Murmelgespräch**: Das Murmelgespräch sollte ein Grundelement aller Interaktionsprozesse im Fremdsprachenunterricht sein. Es dient der Selbstvergewisserung der Lernenden nach einem Impuls (z.B. der Erstbegegnung mit einem authentischen Text, dem Erteilen einer Aufgabe, dem Stellen einer Frage usw.) und hilft, Redebeiträge vorzubereiten.

Nachdem die Schüler sich zunächst alleine mit einer Aufgabe beschäftigt haben *(think)*, stellen sie sich in einer Murmelphase in Partnerarbeit gegenseitig ihre Ergebnisse vor, vergleichen und kommentieren, stellen Nachfragen usw. *(pair)*. Sie gewinnen so Sicherheit für den mündlichen Abgleich der Ergebnisse im Plenum oder in einer Gruppe *(share)*.

- **Stichwortzettel**: Stichwortzettel *(chuletas)* sind in den verschiedensten Sprechsituationen eine Stütze. Die auf ihnen verzeichneten sprachlichen Hilfen bieten den Schülern Halt und fördern den Abbau von Sprechhemmungen.
- **Klausurbogentechnik**: Die Klausurbogentechnik ist eine Methode zur Vorbereitung längerer Redebeiträge. Die Lernenden knicken dazu ein Blatt in der Mitte wie bei einem Klausurbogen und formulieren ihren Beitrag in der linken Spalte zunächst schriftlich aus. In der rechten Spalte notieren sie anschließend ein Exzerpt ihres Textes, d. h. wichtige Schlag- und Schlüsselwörter, kurze Satzfragmente, Symbole oder Redemittel, die sie in ihrem Vortrag unbedingt verwenden möchten. Die Loslösung vom geschriebenen Text erfolgt dann in mehreren Etappen: Zunächst lesen sich die Lernenden in Partnerarbeit ihre Texte vor, danach falten sie den ausformulierten Text nach hinten und versuchen, ihren Beitrag anhand der Stichworte der rechten Spalte vorzutragen. Es ist aber durchaus erlaubt, noch einmal schnell den Bogen herumzudrehen und sich im Fließtext zu vergewissern. Im letzten Schritt wagen die Lernenden ein gänzlich freies Sprechen (je nach individuellem Bedarf mit oder ohne Hilfe der Stichworte). Für jeden einzelnen Vortrag sollte der Partner gewechselt werden.
- **Kurzvortrag/*charla de un minuto:*** Von Beginn der Spracherwerbsphase bis zur Oberstufe ist der Kurzvortrag ein probates Mittel, um zusammenhängendes Sprechen zu üben. Vier Bedingungen sind an diese Methode geknüpft:
  1. Das Thema ist (gegebenenfalls innerhalb eines thematischen Schwerpunktes) frei wählbar.
  2. Der Vortrag muss eine klare Struktur aufweisen, also aus einer Einleitung, einem Hauptteil und einem Schluss bestehen.
  3. Die festgelegte Redezeit von einer (zwei, drei) Minute(n) sollte nicht überschritten werden.
  4. Der Redner darf sich bei Bedarf auf einen knappen Stichwortzettel stützen.

Zur Vorbereitung können die Lernenden ihre Vorträge zunächst in Partnerarbeit oder im Kugellager einstudieren.

Interaktive Gesprächsformen

Erst nach vielfältigem Üben kann erwartet werden, dass auch die freie Rede im Unterrichtsgeschehen sowie der längere Schülervortrag gelingen. Daher gilt es, im Unterricht Gesprächsformen zum Standard zu machen, die allen Lernern eine hohe individuelle Sprechzeit zukommen lassen und es ihnen ermöglichen, zusammenhängend zu sprechen. Das Plenumsgespräch ist dazu wenig geeignet.

- **Kugellagergespräch**: Das Kugellager ist ein Arrangement im Klassenraum, in dem die Schülerinnen und Schüler einen Innen- und einen Außenkreis mit gleicher Personenzahl bilden, sodass immer zwei Schüler einander gegenübersitzen oder -stehen. Nach einem Gespräch zwischen den Partnern rückt der Außenkreis einen Platz weiter, sodass sich neue Pärchen bilden, die wiederum in ein Gespräch eintreten usw. Eine direkte Kontrolle der Lernenden durch die Lehrkraft findet nicht statt. Das Kugellager ist auf allen Klassenstufen zur Förderung der Sprechkompetenz vielfältig einsetzbar. Es hilft Sprechhemmungen abzubauen, kann zum Austausch von Informationen oder Meinungen, zur Vorbereitung von Redebeiträgen im Plenum (z. B. eines Kurzvortrags), zur Hinführung zum freien Sprechen, zum Üben des lauten Vorlesens, zum Einüben von Redesituationen (etwa mithilfe von Kommunikationskärtchen), zur gegenseitigen Präsentation und Kontrolle von Hausaufgaben usw. durchgeführt werden.
- **Marktplatz** (Wandelgespräch, Omniumkontakt, Sprechmühle): Der Marktplatz ist eine für alle Jahrgänge geeignete freie Variante des Kugellagers. Dabei gehen die Lernenden zu Musik durch den Raum, um auf ein Signal hin stehen zu bleiben und sich mit einem nahe stehenden Gesprächspartner über eine vorgegebene Frage, ein Thema oder eine Aufgabe zu unterhalten. Mögliche Einsatzfelder dieser Gesprächsform sind das Training kommunikativer Grundsituationen (z. B. sich vorstellen), die Vorbereitung einer Kurzpräsentation, die Wiederholung oder Sicherung von Lerninhalten sowie ein Informations- oder Meinungsaustausch.
- **Podiumsdiskussion**: Diese Gesprächsform ist vor allem für fortgeschrittene Lerner geeignet. Die Schüler vertreten bei einer Podiumsdiskussion verschiedene konträre oder sich ergänzende Ansichten zu einem Thema, das zur Diskussion anregt. Die Form der Durchführung ist in der Regel ein „runder Tisch" mit einem oder mehreren Moderatoren und verschiedenen Gästen (denen ggf. ein Souffleur zur Seite gestellt wird). Zur Vorbereitung auf eine Podiumsdiskussion gehört die detailgenaue Ausarbeitung der eigenen Position oder einer Rolle und die Vergegenwärtigung

der für die Diskussion notwendigen Redemittel, um auf Gesprächspartner einzugehen zu können.

- **Aquarium/*Fish bowl*:** Auch das Aquarium ist eine Form der Diskussion, die sich an fortgeschrittene Lerner richtet. Es wird ein Innenkreis mit fünf Stühlen gebildet, auf denen vier Diskutanten Platz nehmen; ein Stuhl bleibt frei. Alle übrigen Lernenden bilden einen äußeren Stuhlkreis. Die vier Teilnehmer in der Mitte diskutieren nun stellvertretend für die Gesamtgruppe über ein Thema. Während der Diskussion haben die Teilnehmer aus dem Außenkreis die Möglichkeit, sich auf den freien Stuhl in der Mitte zu setzen, um neue Aspekte bzw. Argumente einzubringen. Sie erhalten sofort Rederecht. Danach kehren sie in den Außenkreis zurück. Die Vorbereitung auf ein Aquariumsgespräch erfolgt wie bei der Podiumsdiskussion.

Umgang mit Fehlern im Mündlichen

Die Schulung der Sprechfertigkeit zielt auf erfolgreiches Sprachhandeln auf Spanisch ab. Diese Zielsetzung geht mit einem veränderten didaktischen Blick auf den Fehler einher: Es kommt nicht auf eine sprachlich fehlerfreie Äußerung an, sondern darauf, ob Kommunikation gelingt, d. h., ob die Botschaft vom Gesprächspartner verstanden wird. Für die Unterrichtenden bedeutet das zuallererst, dass eine deutlich größere Fehlertoleranz angezeigt ist – es sind im Grunde nur solche Fehler zu korrigieren, die das erfolgreiche Kommunizieren be- oder verhindern. Sprechen in der Fremdsprache ist oft mit Hemmungen und Ängsten verknüpft – die Angst vor dem Nichtverstandenwerden, vor peinlichen Momenten sitzt bei manchen Lernern tief. Zudem sind viele Schülerinnen und Schüler durch ihre Unterrichtserfahrung so geprägt, dass sie glauben, eine möglichst fehlerfreie Leistung erbringen zu müssen. Daher ist bei der Korrektur neben einer größeren Zurückhaltung auch Behutsamkeit angezeigt. Lernende sollten beim Sprechen prinzipiell nicht unterbrochen werden, eine Korrektur kommunikativ wichtiger Fehler kann im Anschluss an eine Sprechphase gebündelt ohne direkten Rückbezug auf die Verursacher erfolgen. Wünschenswert ist zudem ein positives Unterrichtsklima, in dem Fehler generell produktiv, also als eine Chance zur Verbesserung, gesehen werden.

Modellfunktion der Lehrkraft

Selbst wenn viele dezentrale Übungs- und Gesprächsformen eingesetzt werden: Sprachliches Vorbild der Lernenden ist und bleibt die Lehrkraft. Sie sollte das Spanische nicht nur im Plenumsgespräch und bei Klassenraumsituationen verwenden, sondern auch beim spontanen Interagieren mit den Lernern, z. B. indem sie für den schulischen Kontext wichtige idiomatische Wendungen gebraucht; etwa *no pasa nada* oder *no es para tanto* zur Beruhigung, *¡(no tengo) ni idea!* bei Ahnungslosigkeit, *¡no me digas!* zum Ausdruck von Erstaunen, *¡ánimo!* bzw. *¡anímate!* zum Ansporn, *te toca a ti* beim Aufrufen eines Schülers, *a otra cosa, mariposa* zum Wechseln des Themas usw. Ziel ist es, dass solche Formulierungen mit der Zeit von den Lernern übernommen werden.

Aufgeklärte Einsprachigkeit

Natürlich gibt es auch Situationen, in denen der Gebrauch der Zielsprache wenig Sinn ergibt, etwa wenn die Lernenden eine auf Spanisch erklärte Aufgabe oder Regel nicht verstehen oder aber über eine Methode reflektieren sollen. Hier greift das Prinzip der aufgeklärten Einsprachigkeit: Wo die Kommunikation in der Zielsprache an ihre Grenzen stößt, kann und muss auf die Muttersprache zurückgegriffen werden.

3.5 Schulung des Schreibens

Schreiben ist, wie das Sprechen, im wirklichen Leben immer mitteilungsbezogen; wir schreiben, um *uns* mitzuteilen oder um *anderen* etwas mitzuteilen. Um im Spanischunterricht Motivation und Freude am Schreiben zu bewirken, sollten wir daher möglichst oft Schreibanlässe schaffen, die von den Lernern als sinnhaft empfunden werden, also ein kommunikatives Bedürfnis befriedigen. Dies ist natürlich insbesondere der Fall, wenn der Schreibanlass tatsächlich authentisch ist (im Rahmen einer Brieffreundschaft mit einem spanischen Partner, einer elektronischen Korrespondenz während der Vorbereitung eines Schüleraustausches, in einem Chat/Online-Forum, zum Einholen von Informationen von einem spanischen Fremdenverkehrsamt usw.), aber durchaus auch, wenn der Schreibauftrag
- auf die Bewältigung grundlegender schriftlich-kommunikativer Situationen zielt (z. B. Briefe oder E-Mails schreiben, eine SMS verfassen);
- dazu auffordert, persönliche Wünsche, Vorstellungen, Erlebnisse, Eindrücke, Gefühle mitzuteilen (z. B. Tagebucheinträge, Blogs, Twitter-Beiträge, persönliche Porträts, Lieblingsrezepte);
- provokant oder berührend ist und daher zu einer Reaktion herausfordert (z. B. Leserbriefe, Rezensionen, Filmkritiken);
- der Interpretation authentischer – meist literarischer – Unterrichtsgegenstände dient (z. B. in Form einer Analyse oder Stellungnahme) oder

dabei auf den persönlichen Ausdruck und die Entfaltung der Fantasie zielt (etwa durch kreativitätsorientierte Schreibaufträge vor, während und nach einer Lektüre: einen Klappentext schreiben, Schlüsselwörter zu einer Handlung verbinden, Leerstellen füllen, ein Interview mit einer Romanfigur führen, einen Text weiter- oder umschreiben, die Perspektive ändern).

Schreibaufträge sollten im Spanischunterricht immer eine direkte oder zumindest für die Lernenden erkennbare Anbindung an eine konkrete Textvorlage (im Sinne eines erweiterten Textbegriffes) haben und deren Antizipation, Verarbeitung oder Bewertung beinhalten. Ohne einen solch klaren Bezug kann Schreiben in den Augen der Lernenden schnell zum Aktionismus geraten: Wenn ihnen wiederholt nicht deutlich wird, warum sie etwas zu Papier bringen, werden sie schnell die Freude an der schriftlichen Sprachäußerung verlieren.

Schreiben als Prozess

Das Schreiben im schulischen Kontext unterscheidet sich vom Sprechen vor allem darin, dass es kontrollierter abläuft und in der Regel mit vor- und nachbereitenden Phasen einhergeht. Diesen Prozess gilt es für eine effektive Schreibschulung zu systematisieren und den Lernern immer wieder bewusst zu machen. Es werden in der Regel drei Schreibetappen unterschieden:
- Planung/*planificación*
- Texterstellung/*redacción*
- Überarbeitung/*revisión*

Im Folgenden werden die Verfahren der Schreibschulung nach diesen Etappen geordnet vorgestellt.

Planung

In der Planungsphase sammeln die Lernenden Ideen für ihr Schreibvorhaben und ordnen sie unter Berücksichtigung des Adressaten („An/Für wen schreibe ich?") und der geplanten Textsorte.
Folgende Verfahren eignen sich zum Generieren und Sammeln von Ideen:
- **Brainstorming/*torbellino de ideas*:** Die Lernenden nennen oder notieren spontan alle Begriffe und Aspekte, die ihnen zu einem Thema oder Schlüsselwort in den Sinn kommen. Es ist sinnvoll, es den Lernern in dieser Phase auch zu gestatten, kleine Zeichnungen oder Symbole sowie Wörter auf Deutsch zu Papier zu bringen, um den Gedankenfluss nicht

durch Sprachprobleme zu hemmen. Die sprachliche Umformung kann im Anschluss mithilfe der Lehrkraft oder des Wörterbuchs geschehen.

- **Ideenstern**: Die Lernenden setzen sich zu viert um ein in der Mitte liegendes DIN-A3-Blatt, das durch ein großes Kreuz in vier gleich große „Kuchenstücke" eingeteilt ist. In der Mitte ist das Thema oder ein Schlüsselwort verzeichnet. Die Lernenden notieren nun in einer kurzen Zeitspanne – aller Erfahrung nach ist eine Minute ausreichend – in ihrem Feld alle Assoziationen, die sie zu diesem Schlüsselwort haben. Auf ein Zeichen der Lehrkraft hin wird das Blatt dann um 90 Grad gedreht; die Lernenden kommentieren oder ergänzen die Notizen ihres Sitznachbarn, dessen spontane Ideen sie nun vor sich sehen. Dieses Vorgehen wird so lange wiederholt, bis jeder Lerner wieder sein Ausgangsfeld vor Augen hat. Auch bei dieser Methode sollte die Lehrkraft darauf hinweisen, dass Zeichnungen und Begriffe auf Deutsch notiert werden dürfen.
- **Den ersten Gedanken notieren**: Jeder Lerner notiert auf einem Folienschnipsel den ersten Gedanken, der ihm auf ein Stichwort hin in den Sinn kommt. Danach erfolgt eine Sammlung der Ideen über den Tageslichtprojektor.

Sobald die Stoffsammlung abgeschlossen ist, werden die Ideen geordnet sowie für das Schreibvorhaben unbrauchbare Gedanken aussortiert. Wie das geschieht, hängt auch vom Adressaten des Schreibvorhabens und der geplanten Textsorte ab. Soll ein Tagebucheintrag geschrieben werden, so gilt es eher, persönliche Gefühle und Erfahrungen herauszufiltern (der Adressat ist der Schreiber selbst); ist die geplante Textsorte hingegen eine Zeitungsmeldung, so gilt es, Fakten und Ergebnisse zu verarbeiten, die einer breiten Öffentlichkeit präsentiert werden sollen.

- **Markieren und Verbinden**: Für das Schreibvorhaben geeignete Ideen werden farblich markiert und mit Pfeilen oder Strichen zueinander in Bezug gesetzt.
- **Hierarchisierung**: Der Lerner organisiert seine Ideen nach Relevanz für das Schreibvorhaben in einer hierarchischen Struktur, z. B. durch Hinzufügen von Ordnungszahlen, Markieren durch Pluszeichen oder Häkchen.
- **Zuordnung zu Spiegelstrichen/Überschriften**: Die Ideen werden strukturiert, indem sie Spiegelstrichen oder Überschriften zugeordnet werden.
- **Mindmap**: Die Ideen werden mittels einer Mindmap übergeordneten Aspekten (den Ästen der Mindmap) zugewiesen und zudem durch Pfeile/Symbole miteinander verbunden. Diese Ordnungsform erlaubt es über ihre Struktur, bereits in der Planungsphase einen recht genauen „Fahrplan" für die Texterstellung zu entwerfen.

Zur sprachlichen Vorbereitung ist zudem oft eine Zusammenstellung des themenspezifischen Vokabulars angezeigt, etwa in Form eines Vokabelnetzes. Wichtig ist es, den Lernern immer wieder vor Augen zu führen, dass die in die Planung eines Schreibvorhabens investierte Zeit sinnvoll ist, da sie den folgenden Schreibvorgang erheblich erleichtert.

Texterstellung
Im Anschluss an die Planungsphase verfassen die Lernenden ihren Text. Dabei sollten ihnen – an den jeweiligen Lernstand angepasste – Hilfen zur Verfügung gestellt werden, damit sie sprachliche Ausdrucksmöglichkeiten für ihre Schreibabsichten finden.

Escribir una carta al director

---

1. Empieza la carta con un saludo inicial: *Señor/a director/a, ...*
2. Explica a qué artículo / carta / autor te refieres:
    - *He leído con mucho interés su artículo "XX" del DÍA de MES de 20XX y quisiera comentarlo.*
    - *Le escribo en relación con el artículo "XX" del DÍA de MES de 20XX (en el que...)*
    - *Respecto a la carta en la que X explica / dice / afirma que...*
3. En la carta,
    - expresa tu opinión de manera clara y amable. *(No) entiendo por qué..., A pesar de que no estoy de acuerdo con..., No veo la diferencia entre...*
    - utiliza el condicional: *yo diría que, me gustaría, deberíamos, sería importante que ...*
    - intenta hacer preguntas y preguntas retóricas: *¿Qué pasaría si...? ¿Por qué (no)...? ¿Para qué...? ¿De qué se quejan, pues? ¿Desde cuándo es...? ¿No es lo más importante? ¿No sería mejor / más lógico / más importante...?*
4. Al final, resume tu opinión / tu postura ante el problema (e indica consecuencias posibles).
5. Termina tu carta con un saludo final: *Atentamente, ...*

- **Schreibschablonen**: Viele Textsorten gehorchen einem relativ starren Muster, das mit bestimmten sprachlichen Strukturen einhergeht. Von Beginn an sollte die Lehrkraft daher gemeinsam mit den Lernern Arbeitsblätter mit Struktur- und Schreibhilfen für die wichtigsten Textsorten entwickeln oder diese zur Verfügung stellen. Diese Schablonen können im Lauf der Zeit verfeinert und erweitert werden, um sie dem wachsenden Sprachstand der Lernenden anzupassen. Mithilfe von Sprachschablonen können persönliche E-Mails und Briefe, Leserbriefe, Erzähltexte, Bildbeschreibungen, die „klassischen" Textsorten der Oberstufe (Resümee, Analyse, persönliche Stellungnahme) eingeführt und systematisch geschult werden. Das Beispiel auf Seite 75 zeigt eine solche Schablone zur Abfassung eines Leserbriefs (für fortgeschrittene Lerner). Ideal ist es, wenn die Schablone nach Schreibabsichten gegliedert ist. Siehe hierzu die folgende Schablone, die ebenfalls der Abfassung eines Briefes dient. Der Schreiber kann zudem unter Ausdrucksmöglichkeiten gemäß seinem Sprachstand wählen:

Escribir una carta / un e-mail

Quieres...	una carta / un e-mail formal	una carta / un e-mail personal
dar el saludo inicial	Estimado/-a Señor/a [X]: Estimados Señores/-as: *(Al director de un periódico:)* Señor/a Director/a:	Querido/-a [X]: Hola [X]:
empezar la carta	Por / Con la presente quisiera... Tengo el agrado de dirigirme a usted(es) para... Le(s) escribo para solicitar información sobre... Le(s) escribo en respuesta a su carta del 28 de marzo...	¿Qué tal? ¿Qué tal te va la vida? Te mando esta carta / este e-mail para ...
despedirte	Quedo a la espera de sus noticias. En espera de sus noticias, ... Dándole(s) las gracias por anticipado, ...	Esto es todo por ahora. No se te olvide contestarme. Escríbeme pronto.
dar el saludo final	Le(s) saluda atentamente, ... (Muy) atentamente, ... Reciba un cordial saludo, ...	Un abrazo, ... Un beso, ...

Basisschablone zur Abfassung eines Briefes, geordnet nach Schreibabsichten (aus: Punto de vista, Cornelsen 2006, S. 235)

- **Mustertexte**: Bewährt hat sich auch das Schreiben nach Modell. Die Lehrkraft stellt während der Etappe der Texterstellung Mustertexte zur Verfügung (bzw. analysiert sie gemeinsam mit der Lerngruppe), die den Lernern in puncto Aufbau, Adressatenbezug, Textkohärenz und Sprachverwendung Orientierung bei der Abfassung ihrer eigenen Produkte geben.

3.5 Schulung des Schreibens

- **Übungen zur Verbesserung des Ausdrucks:** Die Erstellung eigener Texte sollte von Anfang an durch gezielte Übungen in den Bereichen Wortwahl, textsortenspezifisches Vokabular sowie Satzbau und Textkohärenz begleitet werden. Die Lernenden können für eine präzisere **Wortwahl** sensibilisiert werden, wenn sie in Mustertexten den jeweils genaueren Begriff auswählen, zum Beispiel: *El botellón es / representa un gran problema para mucha gente. Para los jóvenes españoles es bastante fácil tener / conseguir alcohol puesto que en las tiendas hay poco control.* Eine anspruchsvollere Variante ist es, die präziseren Begriffe über dem Text in einem Kästchen anzugeben oder sie durch Arbeit mit dem Wörterbuch finden zu lassen.

Viele Textsorten erfordern zudem ein **spezifisches Vokabular**, das erarbeitet bzw. bei Bedarf reaktiviert werden muss. Ideal ist dabei eine Unterteilung in Qualitätsstufen wie im folgenden Beispiel, das Redemittel zur Strukturierung einer Stellungnahme umfasst:

expresiones simples	expresiones más diferenciadas	expresiones de estilo elevado
primero además	en primer lugar en segundo lugar en tercer lugar (etc.) otro aspecto importante es aparte de eso	conviene añadir que
	por un lado… por otro lado en cambio al contrario mientras que	es cierto que… pero no sólo … sino también
por ejemplo	un ejemplo acertado es	tomemos el ejemplo de
en fin	en resumen en conclusión	en síntesis en resumidas cuentas

Darüber hinaus sind **Übungen zu Satzbau und Textkohärenz** ein probates Mittel zur Unterstützung des Schreibprozesses, z.B. zu Konnektoren *(enlaces)* und Objektpronomina, Strukturwörtern, zum Gebrauch des *gerundio*, zu Verbalperiphrasen und zur Nebensatzverkürzung durch *al + inf., por + inf.* usw.

Überarbeitung

Sobald der erste Entwurf vorliegt, beginnt die Revision in Einzel-, Partner- oder Gruppenarbeit. Dabei ist zu beachten, dass die Lerner

nicht mit den eigenen Texten [...] beginnen, sondern zunächst fremde Texte [...] überarbeiten, um die notwendige Distanz zum Schreibprodukt zu erhalten. Aber natürlich wirkt sich die Revisionstätigkeit bei fremden Texten auch auf das Schreiben und die Überarbeitung eigener Texte positiv aus: Die Lerner setzen sich mit vielen Aspekten des Schreibens auseinander, sie wenden die erworbenen Kenntnisse bewusster an und schreiben insgesamt disziplinierter. Für die fremdsprachliche Richtigkeit ist von Bedeutung, dass sie stärker auf Fehlerquellen achten und dass der Behaltenseffekt um ein Vielfaches höher ist als bei traditionellen Berichtigungen (CASPARI 2004: 12).

Folgende Verfahren sind zur Überarbeitung von Schreibprodukten geeignet:

- **Gegenseitiges Korrekturlesen** (vgl. STEVEKER/ZERCK 2006): Jeweils zwei Autoren tauschen ihre Texte aus und lesen sie nach einem zuvor festgelegten inhaltlichen oder sprachlichen Kriterium Korrektur. Variante: Die Lehrkraft sammelt alle Texte ein und teilt sie willkürlich zur Überarbeitung wieder aus.
- **Lektorieren** (vgl. BLUME 2007: 184): Der linke und/oder der rechte Sitznachbar unterziehen das Produkt einer kritischen Prüfung. Sie loben gelungene Aspekte und machen bei Bedarf Vorschläge zur Überarbeitung.
- **Fließbandkorrektur** (Textkarussell): Vier oder fünf Schülerinnen und Schüler setzen sich an einem Gruppentisch zusammen; jeder erhält ein anderes Überarbeitungskriterium (z. B. überprüft Lerner 1 die Angleichung der Adjektive, Lerner 2 den Gebrauch des *subjuntivo*, Lerner 3 den Aufbau des Textes, Lerner 4 die Rechtschreibung). Dann werden die Texte in einem festgelegten Intervall (etwa alle drei Minuten) so lange im Uhrzeigersinn weitergegeben, bis sie wieder bei ihren jeweiligen Verfassern anlangen. Jeder Leser korrigiert die Produkte seiner Mitschüler nur gemäß seinem Kriterium.
- **Schreibkonferenzen** (vgl. CASPARI 2004): Mehrere individuell verfasste Texte werden zu einem gemeinsamen Text zusammengefügt. In Gruppen erhalten die Lernenden dazu den Auftrag, alle nach ihrem Dafürhalten gelungenen Passagen in den Produkten der anderen Gruppenmitglieder zu markieren. Danach wird aus den angestrichenen Passagen ein opti-

mierter gemeinsamer Text erstellt. Das gemeinsame Produkt wird dann bei Bedarf nochmals überarbeitet.
- **Wandzeitung/„Museumsgang"**: Die Schülertexte werden im Klassenraum ausgehängt. Die Lernenden gehen durch den Raum und lesen die Produkte. Dabei korrigieren sie Mängel, machen Vorschläge zur Verbesserung des Ausdrucks und kommentieren inhaltliche Aspekte am Rand oder auf einem daneben befestigten Blatt. Auch wertende Kommentare sind erwünscht: „Mir gefällt besonders gut, dass ...", „Ich möchte kritisieren, dass ..." usw. (in der Oberstufe auf Spanisch: *Me gusta sobre todo que ... quisiera criticar que ...* usw.). Die Kommentare sind im Anschluss der Ausgangspunkt für eine individuelle Überarbeitung durch die Autoren.
- **Leserbrief** (vgl. BLUME 2007: 184): Die Revisoren schreiben den Verfassern einen Brief mit Kommentaren, der Ausgangspunkt für eine weitere Überarbeitung sein kann.
- **Korrektur auf Folie** (vgl. STEVEKER/ZERCK 2006): Ein Schülertext wird auf Folie geschrieben oder kopiert und auf dem Tageslichtprojektor exemplarisch überarbeitet. Danach tauschen alle Lernenden ihre Texte aus und korrigieren sie nach den zuvor im Plenum besprochenen Kriterien.

Für die meisten Verfahren der gegenseitigen Revision, sei es in Partner- oder Gruppenarbeit, ist es von zentraler Bedeutung, dass im Vorfeld durch die Lehrkraft die Beobachtungsbereiche eingeschränkt werden, um einer Überforderung entgegenzuwirken. Selbst geübte Revisoren sind nicht in der Lage, in einem Korrekturdurchgang auf sprachliche, inhaltliche und formale Aspekte zugleich zu achten. Es gilt: Je weiter der Beobachtungsbereich eingeschränkt wird, desto erfolgreicher die Überprüfung. Zunächst genügt sicherlich *ein* sprachliches oder *ein* formales Kriterium (z. B. der Gebrauch des *subjuntivo* oder der Aufbau des Textes).

Nach dem Schreiben

Schülerinnen und Schüler investieren viel Mühe und Arbeit in das Schreiben, wenn ihre Produkte angemessen gewürdigt werden. Dazu eignen sich folgende Verfahren:
- **Überarbeitung**: Die oben beschriebenen Überarbeitungsverfahren stellen bereits eine Form der Würdigung dar.
- **Prämierung**: Alle Schülerprodukte werden ausgehängt oder ausgelegt. Die Lernenden markieren die ihrer Auffassung nach gelungensten Produkte mit einem Symbol (Punkt, Häkchen, Pluszeichen). Die Texte mit den meisten Punkten werden prämiert.

- **Exzellenz-Portfolio:** Die Lernenden sammeln in einem persönlichen Dossier gelungene Schreibprodukte, nachdem diese zuvor mit einer der oben vorgestellten Überarbeitungsverfahren oder von der Lehrkraft korrigiert wurden.
- **Veröffentlichung:** Die Produkte der Lerngruppe werden zu einer Zeitschrift zusammengeheftet oder digital zusammenfügt und beispielsweise auf dem Schulfest ausgelegt, im Spanischraum ausgehängt, jüngeren Lernern zur Lektüre gegeben, an die Eltern verteilt, auf der Schulhomepage veröffentlicht.
- **Schülertexte als Unterrichtsgegenstand:** Zu großer Motivation führt es, wenn die Texte der Lernenden mit gewisser Regelmäßigkeit zum Gegenstand von Unterrichtsstunden oder einzelner Phasen gemacht werden. Werden Texte per E-Mail an die Lehrkraft gesandt, so können sie ohne großen Aufwand am Computer zu sprachlichen Übungen (Lückentexten, Vokabelübungen usw.) oder Mustertexten umgewandelt und in der Folgestunde eingesetzt werden.

Umgang mit Fehlern im Schriftlichen

Es ist nicht Zweck der Schreibschulung, die Lernenden zur Abfassung fehlerfreier Texte zu befähigen – ein letztlich unerreichbares Ziel, dessen Verfolgung nur zu Frustrationen führt. Fehler im Schriftlichen sind vielmehr als eine produktive Begleiterscheinung des Spracherwerbs, als Chance zur Verbesserung zu sehen. Denn ihr (wiederholtes) Auftreten ermöglicht es den Lernern, ein Bewusstsein für Fehlerquellen zu entwickeln und sie so in der Folge vermeiden zu können. Es ist Aufgabe der Lehrkraft, durch systematische Fehlerdiagnose zur Entwicklung eines solchen Bewusstseins bei den Lernern beizutragen, sodass sie so weit irgend möglich in die Lage versetzt werden, ihre Texte selbstständig zu überarbeiten bzw. Fehler im Vorfeld zu vermeiden. Dazu sind folgende Verfahren geeignet:

- **Zusammenstellung typischer Fehlerquellen:** Bei ZERCK (2005: 24 f.) findet sich eine ausführliche Übersicht zu typischen Fehlerbereichen des Anfangsunterrichts, aus der auf Seite 81 ein Auszug abgebildet ist. Diese Übersicht wächst mit und verändert sich im Verlauf des Spracherwerbs. Der rechte Streifen ist zum Ausschneiden gedacht, die Schülerinnen und Schüler legen ihn nach jeder Textproduktion (sei es im Unterricht, in der Hausaufgabe oder der Klassenarbeit) an den Rand ihrer Texte und überarbeiten diese in mehreren Korrekturdurchgängen, wobei sie möglichst pro Durchgang nur einen Fehlerbereich in den Blick nehmen. Mit der

Zeit entwickeln sie so ein Bewusstsein für typische Fehlerquellen (vgl. ZERCK 2005: 27).

A: Gramática	A: Gramática
¡Atención a la concordancia entre el sujeto y el verbo!	**CONCORDANCIA**
Las fiestas me gustan. *La gente (¡singular!) baila.*	*Las fiestas me gustan.* *La gente baila.*
¡Atención a la concordancia entre el adjetivo y su antecedente!	**CONCORDANCIA**
una chica maja, un chico activo *preguntas interesantes, estos barrios son tranquilos* *Esta chica es María. Esta es María.* *Este chico es Pablo. Este es Pablo.*	*un chico activo* *ideas interesantes* *Este es Pablo.*
En frases negativas *también no* existe. Utilizamos *tampoco*.	**TAMPOCO**
A: *No hablo francés.* B: *Yo tampoco. / Tampoco hablo francés. / No hablo francés tampoco.*	*sí → también* *no → tampoco*
B: Ortografía	B: Ortografía
¡En Español no hay consonantes dobles!	~~CONS. DOBLES~~
tenis, interesante, como, Tenerife. *Excepciones: ll, cc, rr*	~~nn, ss, mm, ff, tt etc.~~
¡*th, ph, sy* y *-tión* no existen en español!	**NO HAY**
*thema → tema, *philosophía → filosofía, **sympático → simpático, situation → situación*	~~th, ph, sy, tión~~

Corta aquí ✂ y coloca la tira al lado del texto.

- **Individuelles Fehlerprotokoll:** Auch durch die Anlage individueller Fehlerprotokolle entwickeln die Lernenden ein Bewusstsein für ihre Fehlerquellen. Bei KLEPPIN (2005: 19) findet sich dazu folgendes Arrangement (Auszug):

(a) Schreibe deine typischen Fehler in die erste Spalte. Berichtige sie in der Spalte daneben.
(b) Schätze deine Fehler nun selbst ein: Ordne sie den Aussagen der anderen Spalten zu.

	Meine häufigsten Fehler	So ist es richtig!	Diesen Fehler zu vermeiden, ist noch schwierig für mich.	Diesen Fehler will ich abschaffen!	Dieser Fehler ist für mich kein Problem mehr!
1	Ayer *nosotros fuimos al cine.				
2	Mis amigos son *divertido.				
3	Quiero decirle *una otra cosa.				
4	Después * la escuela voy al médico.				

- **Fehlergruppierung über Korrekturzeichen:** Die Lehrkraft verwendet zur Korrektur ausschließlich die in den Richtlinien angegebenen Fehlerzeichen. Derselbe Fehlertyp wird immer mit dem gleichen Zeichen markiert. Die Lernenden gruppieren nach Erhalt eines korrigierten Textes (in der Regel eine Klassenarbeit) die Fehler, die sie gemacht haben, mithilfe der verwendeten Fehlerzeichen. Sie gehen nach Rückgabe jedes korrigierten Textes so vor, um ihre individuellen Fehlerquellen kennenzulernen. ZERCK (2005: 26) schlägt dazu folgendes Arrangement vor:

Die Gruppierung von Fehlern hilft euch, eure Stärken und Schwächen zu erkennen: Ihr seht, in welchen Bereichen eure Fehlerquellen liegen, was sich von Text zu Text verändert hat und wo ihr euch gezielt verbessern könnt.

	Zeichen	Text 1	Text 2	Text 3	Text 4
Lexikalische Fehler	R				
	W				
	A				
	Gen				
Grammatische Fehler	Bez				
	F				
	Art				
	Pron				
	Präp				
	Konj				
	T				
	Mod				
	St				
	K				
Sonstige	Z				
	[...]				
	√				

- **Berichtigungsportfolio**: Die Lernenden legen einen Schnellhefter an, der ein Register nach Fehlertypen enthält; für jeden Fehlertyp gibt es einen Reiter. Nach Rückgabe eines von der Lehrkraft korrigierten Textes werden die Fehler nach Typen gruppiert berichtigt. Ein solcher Fehlerordner kann bis zum Abitur beibehalten werden. Er gibt mit der Zeit den Lernern verlässlich Auskunft über ihre sprachlichen Stärken und Schwächen und bietet die Chance zu einer gezielten Fehlertherapie.

Zu Verfahren der Textüberarbeitung in Partner- oder Gruppenarbeit vgl. weiter oben das Teilkapitel „Überarbeitung".

3.6 Sprachmittlung

Zu den sprachmittelnden Aktivitäten zählt man das sinngemäße Dolmetschen zwischen Gesprächspartnern, die verschiedene Sprachen sprechen, sowie das Zusammenfassen und Paraphrasieren von Texten, wenn derjenige, für den der Text gedacht ist, das Original aufgrund mangelnder Sprachkenntnisse nicht versteht (vgl. EUROPARAT 2001). Sprachmittlungsaufgaben verlangen also, dass

Inhalte in einer der jeweiligen Kommunikationssituation entsprechenden Weise paraphrasierend und adressatengerecht von einer Sprache in die andere transferiert werden, nicht aber, dass sie nahezu wortwörtlich und textäquivalent in Umfang, Stil und Inhalt reproduziert werden. (RÖSSLER 2009: 159)

Gemeint ist etwa, dass man einem Freund eine auf Spanisch verfasste E-Mail erläutert oder im Urlaub zwischen einem Spanisch sprechenden Verkäufer und einem Familienmitglied vermittelt. Diese Aktivitäten sollten im Spanischunterricht in möglichst realitätsnahen Kontexten geübt werden, wobei auf eine angemessene Progression der Übungen zu achten ist: Die Wiedergabe von Inhalten in der Muttersprache ist sicherlich zunächst deutlich einfacher als das Übertragen von Informationen ins Spanische, schriftliches Paraphrasieren leichter als spontanes Dolmetschen. Folgende Übungstypen haben Eingang in die Lehrwerke gefunden:

Mündliches Sprachmitteln
- Informelles Dolmetschen für spanischsprachige Gäste im eigenen Land bzw. Familienangehörige und Freunde in einem hispanofonen Land; zumeist als Rollenspiel angelegt (*Encuentros 1*, S. 76).
- Jemandem auf Deutsch spanische Textinhalte paraphrasieren (*Punto de vista*, S. 184) oder umgekehrt (*Línea amarilla 3*, S. 19).

Schriftliches Sprachmitteln
- Einen auf Spanisch verfassten Text für jemanden auf Deutsch schriftlich zusammenfassen (*Punto de vista*, S. 116) bzw. eine spanische Zusammenfassung eines auf Deutsch verfassten Textes anfertigen (*Rutas*, S. 29).

In der Oberstufe wird es auch verstärkt um die kulturelle Angemessenheit des Übertragenen gehen. Die Lernenden müssen zudem für hör- und kompensationsstrategien sensibilisiert werden; dies gilt insbesondere für das informelle Dolmetschen (z. B. Voraushören, um Klärung bitten, Umschreiben, Definieren; vgl. Kap. 2.3). Für eine detaillierte Aufschlüsselung der einzusetzenden Strategien sowie konkrete Unterrichtsbeispiele vgl. RÖSLER 2009.

3.7 Verfügung über die sprachlichen Mittel

Wortschatz

Wir wissen heute, dass Vokabeln im mentalen Lexikon, dem „Wortspeicher" des Gehirns, inhaltlich und formal vielfach vernetzt abgelegt werden. Neue Lexik sollte aus diesem Grund in möglichst viele Bezugssysteme eingearbeitet werden; die im Unterricht verwendeten Methoden der Wortschatzarbeit sollten ebenfalls die inhaltliche und formale Vernetzung der Lexik zum Ziel haben, um die Behaltensleistung zu erhöhen.

Vokabeln inhaltlich vernetzen
Zur semantischen Einarbeitung neuer Wörter in das mentale Lexikon sind die folgenden Übungsformen geeignet:
- **Wörter in Familien eingruppieren**: Die Lernenden bilden Wortreihen mit demselben Wortstamm *(el trabajo – trabajador – trabajar, contento – descontento)*.
- **Verbindungen mit anderen Fremdsprachen oder mit Fremdwörtern im Deutschen herstellen**: Viele Wörter können über die bewusste Bezugnahme zu anderen Sprachen nachhaltig abgespeichert werden: span. *la solución* – frz. *la solution* – engl. *solution*. Oft kann der Wortsinn zudem über ein lateinisches Fremdwort im Deutschen gelernt werden: span. *la condición* – dt./lat. *die Kondition* (gute Konditionen bekommen) – dt. *die Bedingung*.
- **Wörternetze anlegen**: In einem Wörternetz werden Vokabeln hierarchisiert geordnet, d.h., es sind mentale Operationen wie Zu-, Neben-, Über- und Unterordnen notwendig. Neu zu lernende Vokabeln können relativ einfach in bereits bestehende Netze integriert werden. Folgende Varianten sind bewährt (nach KRECHEL 2008: 42 ff.):

Reihengliederung (Synonymik)	decir: afirmar, explicar, contestar, preguntar etc.
Klassifizierung (Zu-, Über- und Unterordnung)	los medios de transporte ↓ ↓ ↓ ir en tren – ir a pie – ir en avión etc.
semantische Treppe/Achse	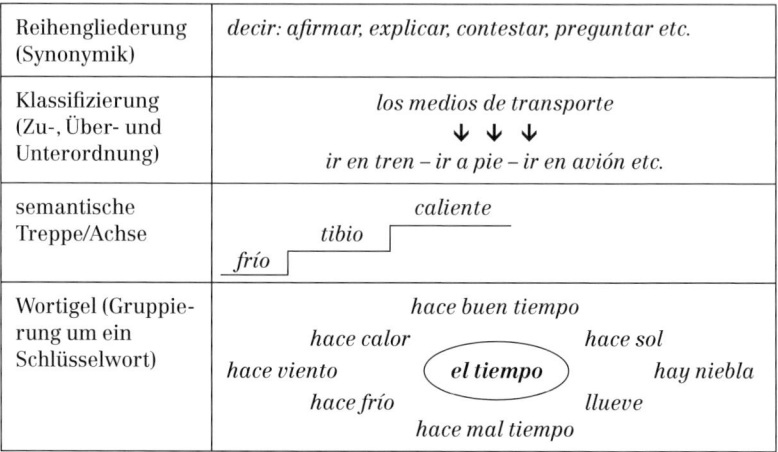
Wortigel (Gruppierung um ein Schlüsselwort)	

Variante „Vokabelnetz": In einem Vokabelnetz werden mehrere Wortigel miteinander verbunden; die neue Lexik wird um mehrere Schlüsselwörter gruppiert.

Neue Wörter im Satz üben (formale Vernetzung)
Es gibt über die oben vorgestellten inhaltlichen Vernetzungsübungen hinaus eine unüberschaubare Fülle an Wortschatzübungen formaler Art: Ergänzungs- und Zuordnungsübungen, Beschreibungsübungen, kreative Schreibaufträge mit neuen Wörtern, Wortschatzspiele *(Tabú, Outburst, Pictionary)* oder Kettenübungen wie das „Kofferpacken" *(En mi maleta pongo...)*. Nur ein Prinzip soll hier hervorgehoben werden, das generell bei der Konzeption solcher Übungsformate wichtig ist: Neue Wörter sollten grundsätzlich nicht isoliert, sondern in Satzzusammenhängen (oder zumindest Kollokationen) präsentiert, notiert und eingeübt werden. Nur im Satzzusammenhang wird der konkrete Gebrauch vieler Vokabeln deutlich (z. B. *odiar: Odio* la *música clásica / soñar: Ayer soñé* con *tu hermano / típico: Esta costumbre es típica* de *Andalucía.*). Eine Einbettung in möglichst viele verschiedene Satzkontexte führt zudem zu einer vertieften semantischen Vernetzung.

Strategien für das effektive Wörterlernen
Damit die Lernenden sich Vokabeln erfolgreich und eigenständig aneignen können, sollten Lerntechniken trainiert werden:
- **Eine Vokabelkartei führen**: Neue Vokabeln werden im Satz (ggf. ergänzt um weitere Informationen zu Synonymik, Antonymik, Warnungen vor typischen Fehlern, Wortbildern usw.) auf Karteikärtchen notiert. Die Vor-

derseite zeigt das spanische Lemma und einen Beispielsatz, die Rückseite umfasst die deutsche Entsprechung sowie eine Übersetzung des Beispielsatzes.

| *desear: ¿No deseas ser feliz?* | *sich etw. wünschen:* Wünschst du dir nicht, glücklich zu sein? |

- Ein immenser Vorteil dieser Art der Vokabelnotation ist es, dass durch die Beispielsätze die Lexik vorheriger *Unidades* des Lehrwerks bzw. Themenfelder wachgehalten werden kann. Es gibt mittlerweile Lehrwerke für die Sekundarstufe I, die den gesamten zu lernenden Wortschatz auf diese Weise präsentieren (z. B. *Línea verde, Línea amarilla*), sodass eine Übertragung auf Karteikarten relativ einfach ist. Der Karteikasten besteht aus fünf Fächern; neue Kärtchen werden zunächst im vordersten Fach abgelegt. Werden sie beherrscht, wandern sie ins zweite Fach, bei erneuter Beherrschung ins dritte. Kärtchen, die das fünfte Fach erreicht haben, werden aus dem Kasten genommen. Falls an irgendeiner Stelle Probleme auftreten, wird das Kärtchen wieder ins erste Fach eingeordnet und muss den gesamten Weg erneut durchlaufen. Variante: elektronische Kartei, wie z. B. *Phase 6.*
- **Eine Wortfeldkartei führen**: Die Lernenden legen zu ausgedehnten Wortfeldern Karteikärtchen an, die nach und nach ergänzt werden (in der Spracherwerbsphase etwa zu *el colegio, la familia, los amigos, la habitación, el aspecto físico, el deporte*; in der Oberstufe zu thematischen Schwerpunkten des Abiturs wie *la inmigración a España* oder zu methodischen Aspekten wie *vocabulario de análisis*). Auch hier ist es wichtig, dass die Vokabeln möglichst in Kollokationen notiert und gelernt werden.
- **Ein persönliches Wörterbuch führen**: Nicht immer ist es sinnvoll, alle Vokabeln aus einem Wortfeld zu lernen. Wenn Schülerinnen und Schüler ein persönliches Wörterbuch *(Mi diccionario personal)* führen, können sie ihre Lieblingsspeisen, für sie wichtige Begriffe und Wendungen aus den Bereichen Musik, Sport und Freizeit usw. notieren.
- **Gedächtnisstützen nutzen**: Eine nachhaltige Abspeicherung schwieriger Wörter kann erreicht werden, wenn sie an Merkverse, Eselsbrücken, Bilder oder imaginäre Orte geknüpft werden. Eine selten genutzte Variante ist es, Wörter in Bildform zu notieren (z. B. *el aYe*).

Vokabeln sinnvoll abprüfen

Wenn Vokabeln grundsätzlich in semantischen Verbindungen oder im Satzkontext gelernt werden, so ist es folgerichtig, diese Verarbeitungsweisen auch bei der Überprüfung abzurufen.

- **Sätze bilden lassen:** *Haz frases con las siguientes palabras: desear, odiar, típico, soñar.* Diese Art der Überprüfung gibt den Lernern sowohl die Möglichkeit, auswendig gelernte Beispielsätze zu notieren als auch Sätze aus ihrer Lebenswirklichkeit zu bilden.
- **Kollokationen ergänzen:** *Termina las frases: Ayer soñé ... Mañana iré ... Prefiero ...*
- **Das Gegenteil angeben:** *Apunta lo contrario de: Subió al tren. ¿Cuándo nació este artista? Soy activo.*
- **Wortfamilien oder Wörternetze ergänzen:** *Apunta cinco sinónimos del verbo decir. "En el colegio"* – *apunta diez palabras y cinco frases.*

Grammatik

Die Beherrschung grammatischer Strukturen wird in der Fachdidaktik heute als Mittel zum Erreichen eines kommunikativen Ziels, also funktional gesehen: Wollen Lerner sprachlich angemessen auf Spanisch handeln – sei es schriftlich oder mündlich, rezeptiv oder produktiv –, so müssen sie zwangsläufig bestimmte grammatische Strukturen kennen und anwenden können. Grammatik wird aufgrund dieses Blickwinkels im Spanischunterricht nicht mehr isoliert, sondern stets eingebettet in sinnvolle kommunikative Kontexte vermittelt. Idealerweise werden zur Vermittlung eines bestimmten grammatischen Phänomens authentische Materialien und Textsorten gewählt, in denen dieses Phänomen natürlich und deutlich vorhanden ist, z. B. das *futuro simple* in Horoskopen, der *presente de subjuntivo* in Stellungnahmen oder auf den Beratungsseiten von Jugendzeitschriften, Fragepronomina in Interviews, Vergangenheitszeiten in Erzähltexten, der Imperativ in Werbeanzeigen usw. Der grammatische Stoff kann dabei durch entdeckendes Lernen (durch Eigenaktivität der Lernenden) oder durch Instruktion (durch Erklärungen der Lehrkraft) zum Gegenstand des Unterrichts gemacht werden.

Entdeckendes Lernen

Ein Leitgedanke der kommunikativen Grammatikarbeit ist das induktive Vorgehen: Die Lernenden „entdecken" in einem (möglichst authentischen) Text eine grammatische Struktur eigenständig, stellen Hypothesen über ihre Verwendung auf und formulieren die entsprechenden Regeln selbst. Dieser Prozess wird von den Lernern idealerweise von der Entdeckung bis zur Regelformulierung eigenständig gesteuert, muss aber sicherlich in vielen Lerngruppen durch Arbeitsaufträge der Lehrkraft unterstützt werden.

Das induktive Verfahren kann am Beispiel des Gedichts *Instantes*, das Jorge Luis Borges zugeschrieben wird, verdeutlicht werden:

*Si pudiera vivir nuevamente mi vida,
en la próxima trataría de cometer más errores.
No intentaría ser tan perfecto, me relajaría más.
Sería más tonto de lo que he sido, de hecho
tomaría muy pocas cosas con seriedad.
Sería menos higiénico.
Correría más riesgos, haría más viajes, contemplaría
más atardeceres, subiría más montañas, nadaría más ríos.
Iría a más lugares adonde nunca he ido, comería
más helados y menos habas, tendría más problemas
reales y menos imaginarios. [...]*

Die Lehrkraft kann durch Leitfragen wie *¿Qué os llama la atención? ¿Qué idea expresan los verbos? ¿Cómo se forman? ¿Hay verbos que no corresponden a la regla de formación?* die Lernenden zur weitgehend eigenständigen Erarbeitung der Bildung des *condicional* und seiner Funktion im Bedingungsgefüge leiten. Leistungsstarke Lerngruppen werden sicherlich bei diesem Text ohne Zutun der Lehrkraft neue Formen identifizieren, Hypothesen zu Bildung und Funktionsweise aufstellen und versuchen, Regeln zu formulieren.

Instruktion

Auch wenn dem induktiven Verfahren aus lernpsychologischer Sicht der Vorzug zu geben ist – so zumindest die gegenwärtig vorherrschende Meinung –, wird es auch weiterhin immer wieder Grammatikkapitel geben, die die Lehrkraft durch Erläuterung und Veranschaulichung vermitteln muss. Allerdings ist auch diese Phase

so anzulegen, dass sich die Instruktion in positiver Weise mit einem aktiven Lernerhandeln verbindet. Voraussetzung dafür ist ein Vorgehen, bei dem den Lernern die Grammatik nicht mit Hinweis auf die nächste Klassenarbeit erklärt, sondern bei dem sie als nützlicher Beitrag, als Hilfe auf dem Weg zum aktiven Sprachhandeln erfahren wird (Leupold 2002: 301).

Instruktion durch die Lehrkraft kann vor allem bei komplexen grammatischen Strukturen, die im Deutschen keine Entsprechung haben (z.B. den *perífrasis verbales*), bei Zeitmangel und auch bei schwachen Lernern sinnvoll und notwendig sein.

3.8 Literatur

Allgemein zum Thema „Kommunikative Kompetenz schulen"

Europarat (2001): Gemeinsamer europäischer Referenzrahmen für Sprachen: Lernen, lehren, beurteilen. Deutsche Fassung im Internet abrufbar.

Leupold, Eynar (2002): Französisch unterrichten. Grundlagen – Methoden – Anregungen. Seelze-Velber: Kallmeyer.

Themenheft Spracharbeit: Der fremdsprachl. Unterricht Spanisch 55.

Zu Kapitel 3.2 –3.6

Themenheft Mündlichkeit (2012): Der fremdsprachliche Unterricht Spanisch 39.

Themenheft Mündliche Sprachmittlung (2013): Der fremdsprachliche Unterricht Spanisch 43.

Themenheft Schriftliche Sprachmittlung (2017): Der fremdsprachl. Unterricht Spanisch 56.

Themenheft Aussprache (2017): Der fremdsprachl. Unterricht Spanisch 58.

Themenheft Hörverstehen (2018): Der fremdsprachl. Unterricht Spanisch 62.

Blume, Michael (2006): La pensée parle, est parlante. Sprechen fördern von Anfang an. In: Der fremdsprachliche Unterricht Französisch, Heft 84, S. 2–8.

Blume, Michael (2007): Sprechen und Schreiben fördern. In: Krechel, Hans-Ludwig (Hrsg.): Französisch-Methodik. Berlin: Cornelsen Scriptor, S. 139–189.

Caspari, Daniela (2004): Schreiben – umschreiben – weiterschreiben. Briefe individuell verfassen und gemeinsam überarbeiten. In: Der fremdsprachliche Unterricht Französisch, Heft 72, S. 8–12.

Cassany, Daniel (2007): Aprender a escribir en español en la Europa plurilingüe. In: Der fremdsprachliche Unterricht Spanisch, Heft 17, S. 4–8.

Kleppin, Karin (2005): Mit Fehlern umgehen – neue Herausforderungen. In: Der fremdsprachliche Unterricht Spanisch, Heft 11, S. 16–20.

Krechel, Hans-Ludwig (2007): Wortschatzarbeit. In: ders. (Hrsg.): Französisch-Methodik. Berlin: Cornelsen Scriptor, S. 27–55.

Nieweler, Andreas (2008): C'est en lisant qu'on devient bon scripteur. Vom Lesen zum Schreiben mit Buchcovern, Klappentexten und Textauszügen. In: Der fremdsprachliche Unterricht Französisch, Heft 93, S. 40–45.

Pastor Villalba, Carmen (2005): La Cenicienta de las destrezas: la comprensión oral. In: Der Fremdsprachliche Unterricht Spanisch, Heft 8, S. 4–15.

Rössler, Andrea (2009): Strategisch sprachmitteln im Spanischunterricht. In: Fremdsprachen Lehren und Lernen, 38, S. 158–174.

Spengler, Wolfgang (2006): Raus mit der Sprache!. In: Der fremdsprachliche Unterricht Französisch, Heft 84, S. 28–35.

Steveker, Wolfgang (2008): Grammatik kommunikativ üben und anwenden. In: Der fremdsprachliche Unterricht Spanisch, Heft 20, S. 10–13.

Steveker, Wolfgang/Zerck, Katja (2006): Für einen schüler- und prozessorientierten Umgang mit Hausaufgaben in der Spracherwerbsphase. In: Hispanorama, Heft 112, S. 83–87.

Vences, Ursula (2006): Lesen und Verstehen – Lesen heißt Verstehen. In: Der fremdsprachliche Unterricht Spanisch, Heft 5, S. 4–11.

Zerck, Katja (2005): La autocorrección de textos. In: Der fremdsprachliche Unterricht Spanisch, Heft 11, S. 22–27.

4. Mit dem Lehrbuch arbeiten

Kathrin Sommerfeldt

Lehrwerke gehören zum Alltag des Fremdsprachenunterrichts. Generationen von Schülerinnen und Schülern haben Lehrwerkfamilien, Dialoge und Situationen, Geschichten und Geschichtchen, Texte und Bilder, Übungen und Aufgaben – vor allem aber Sprachformen in Gestalt von Grammatikkapiteln, Regelerklärungen, Vokabellisten und diesbezüglichen Klassenarbeiten – in ihr Schulleben aufgenommen, um all diese lästigen Erinnerungselemente im späteren Leben möglichst rasch zu verdrängen.
*In der Schule sind Lehrwerke treue Begleiter, nur zu oft aber auch dominante Lehrplangeber, nach denen sich Inhalte, Methoden, Lernformen und Arbeitsrhythmen, Überprüfungen und Klassenarbeiten (und vor allem die Lehrkräfte) sklavisch richten. (*EDELHOFF/WESKAMP *1999: 63)*

Lehrwerke sind, zumindest in der Spracherwerbsphase, nach wie vor das dominante Medium im Spanischunterricht. Daran hat auch die immer wieder erhobene Forderung, den Unterricht ausschließlich mit authentischen Materialien zu gestalten, bislang nichts geändert. Der hohe Aufwand, der damit verbunden ist, aktuelle, thematisch ansprechende und im Schwierigkeitsgrad angemessene Materialien zu finden, die noch dazu einen kontinuierlichen Aufbau der kommunikativen Kompetenz gewährleisten, erweist sich als wenig kompatibel mit dem Lehrerarbeitsalltag, und der Ansatz erscheint schwierig zu realisieren, zumal noch wenige Hilfestellungen und Methoden zur Verfügung stehen. Deshalb gehört der Umgang mit Lehrwerken nach wie vor zum grundlegenden Handwerkszeug von Spanischlehrkräften.

4.1 Auswahl verschiedener Lehrwerke

Meist ist die erste Frage eines neuen Spanischkollegen an der Schule: „Mit welchem Lehrwerk wird hier gearbeitet?" Und diese Frage ist berechtigt, denn anders als in den Anfangszeiten des Spanischunterrichts an allgemeinbildenden Schulen, als die Lehrkraft lediglich auf Lehrbücher für die Erwachsenenbildung zurückgreifen konnte, steht heute ein umfangreiches und stetig wachsendes Verlagsangebot zur Verfügung, das auf das Unterrichtsangebot ab Klasse 6, 8 oder 10 zugeschnitten ist. Die passgenaue Ausrichtung der Lehrwerke auf die jeweilige Adressatengruppe erleichtert die Unterrichtsvorbereitung, führt aber bisweilen auch dazu, dass der Angebotscharakter dieses Mediums aus dem Auge verloren wird und das

Lehrwerk den Status eines heimlichen Lehrplans erhält. Im Angebot sind sowohl Lehrwerke, die im Ausland für den Spanischunterricht als Fremdsprache (*Español Lengua Extranjera*, kurz E/LE) entwickelt wurden, als auch Lehrwerke, die speziell für den deutschen Schulbuchmarkt konzipiert sind.

Verlage mit Angebot an Spanischlehrwerken auf dem deutschen Lehrbuchmarkt:
– Cornelsen
– Klett
– Buchner
– Hueber
– Diesterweg

Im Zentrum eines Lehrwerks steht jeweils das Schülerbuch, das ein- oder mehrbändig sein kann. Es ist in thematische Einheiten *(unidades, lecciones)* unterteilt, die in einem oder mehreren Lektionsteilen Folgendes enthalten:
- Informationen und Redemittel zu einer Alltagssituation oder einem soziokulturellen Thema,
- das entsprechende Vokabular,
- ein oder mehrere Grammatikthemen, die in den Texten Anwendung finden,
- einen auf die Einheit abgestimmten Aufgabenapparat, der die Zielbereiche Sprache, Umgang mit Texten und Medien, interkulturelles Lernen und Landeskunde sowie Lernstrategien und Methoden des selbstständigen Arbeitens berücksichtigt.

Orientierung innerhalb des **Lehrbuchs** bietet das Inhaltsverzeichnis, dem nicht nur zu entnehmen sein muss, auf welcher Seite welche Lektion zu finden ist, sondern das den Zusammenhang zwischen Inhalten und Zielsetzungen transparent machen sollte, insbesondere im Hinblick darauf, inwieweit die Vermittlung bestimmter sprachlicher Strukturen an bestimmten Inhalten funktional für die kommunikative, methodische und interkulturelle Kompetenz ist. In den meisten Lehrbüchern ist einer neuen Lektion ein Einstieg vorgeschaltet, der entweder eine inhaltliche Hinführung liefert oder eine sprachliche Vorentlastung leistet, indem eine der neuen grammatischen Strukturen mit bekanntem Vokabular eingeführt und so die Schwierigkeit des eigentlichen Lektionstextes reduziert wird. Ein weiterer wichtiger Bestandteil des Lehrbuchs ist das Vokabelverzeichnis. Es besteht in der Regel aus einem nach Lektionen geordneten Teil, der dreispaltig angelegt sein sollte, und einer alphabetischen Auflistung. Manche Lehrbücher bieten darüber hinaus im Nachschlageteil ein Wörterbuch sowie ein landeskundliches Glossar, in dem Hintergrundinformationen zu namhaften Autoren, Informationen zur Geschichte usw. enthalten sind. Unterschiedlich wird in den Lehrbüchern auch bei der Darstellung der Grammatikerläuterungen verfahren: Während manche diese den jeweiligen Lektionen beifügen, enthalten andere – eventuell zusätzlich – eine gebündelte systematische Darstellung am Ende; wieder andere verlagern die gesamte Grammatik in ein nach Lektionen gegliedertes grammatisches Beiheft.

Vom Lehrbuch zu unterscheiden ist das **Lehrwerk**. Hierzu zählen neben dem Lehrbuch auch die Begleitmaterialien, deren Angebot von Lehrwerk zu Lehrwerk variiert. Neben dem Begleitmaterial für Schüler (z. B. Übungsbuch, grammatisches Beiheft, Grammatikheft zum Selbstschreiben, separates Vokabelverzeichnis, Portfolio, Audio-CD) gibt es Begleitmaterial für Lehrkräfte (z. B. Lehrerhandbuch, Lehrerfassung des Übungsbuchs mit Lösungen, Vorschläge zur Leistungsmessung, Bildfolien, Kopiervorlagen, CDs mit den Lektionstexten und mit Hörverstehenstexten, Materialien zum Stationenlernen, Materialen zum Hör-/Sehverstehen, Materialien zur Leseschulung). Die Palette an Begleitmaterialien wird ständig erweitert; so haben elektronische Materialien und Online-Materialien zunehmend an Bedeutung gewonnen. Dazu zählen u. a. Lernsoftware, interaktive Lernprogramme, Stoffverteilungsplaner, Arbeitsblattgenerator, digitales Vokabelkastensystem, Kompetenztests, Online-Zusatzmaterial.

Auswahlkriterien

So umfassend das Angebot auch sein mag – das ideale Lehrwerk gibt es nicht. Da die zentralen Bestandteile der Lehrwerke (Lehrbuch, grammatisches Beiheft, Arbeitsheft der Schüler) alle auf den Lehrplänen der Bundesländer beruhen, in denen sie zur Genehmigung eingereicht werden müssen, ist davon auszugehen, dass sie, was die Berücksichtigung der wesentlichen kommunikativen Strukturen, des frequenten Wortschatzes und der unerlässlichen Grammatik betrifft, vergleichsweise ähnlich sind. Die Unterschiede liegen in der Wahl der Themen und Textsorten, in der Qualität der eigens fabrizierten Texte, im Anteil von authentischen Materialien, im Layout, im Umfang des Aufgabenapparats und vor allem in dessen Qualität, besonders hinsichtlich der konzeptionellen Überlegungen, der Intensität und der Modernität. Leider ist es bei aller gründlichen Prüfung eines Buches stets so, dass sich manche Vorteile, aber auch Tücken erst bei der konkreten Arbeit zeigen. So fällt die Entscheidung bei der Anschaffung eines Lehrwerks für die Schule nicht leicht, zumal es sich oft um eine Entscheidung für die nächsten fünf bis zehn Jahre handelt. Wichtige Kriterien wie Adressaten, Kosten, Haltbarkeit des Einbands und Zusatzangebot werden meist automatisch überprüft. Bei der Wahl des für die konkrete Situation besonders geeigneten Lehrwerks können darüber hinaus die folgenden Prüffragen helfen. In den Bundesländern, in denen die Spanischbücher genehmigungspflichtig sind, liegen solche Prüffragen in ausführlicherer Form als Kriterienkataloge vor.

- **Wie ist die Qualität der fabrizierten Texte?** Diese zentrale Frage betrifft sowohl inhaltliche als auch sprachliche Kriterien. Auf der inhaltlichen Ebene gehören dazu die Angemessenheit der Themen für die Altersgruppe und die differenzierte Darstellung landeskundlicher bzw. interkultureller Sachverhalte (keine Vermittlung von Klischees, z. B. in Bezug auf Lateinamerika, soziale Schichten oder die Gender-Thematik). Sprachlich sind die durchschnittliche Anzahl neuer Vokabeln und die Zahl der Belegstellen für neue grammatische Phänomene pro Lektionstext von besonderer Bedeutung. Auch sollte die Gesamttextlänge so sein, dass nach Möglichkeit der Text innerhalb einer Stunde eingeführt werden kann, oder er sollte sich sinnvoll untergliedern lassen. Wichtig ist darüber hinaus, dass die Texte viele Sprechanlässe bieten.
- **Welches ist die zugrunde liegende Konzeption? Wird diese konsequent umgesetzt?** Lehrwerke setzen die didaktischen Prinzipien (vgl. Kap. 2) unterschiedlich um. Eine ernstgemeinte Kompetenzorientierung erfordert es, dass die in jeder Lektion zu erwerbenden Kompetenzen am Anfang transparent gemacht werden, die Texte so gewählt sind, dass sich das dazu nötige (Sprach-)Wissen natürlich aus ihnen ergibt, der Aufgabenkatalog systematisch auf die Einübung der Teilkompetenzen zielt, am Ende eine oder mehrere komplexe Aufgaben angeboten werden, bei denen die Anwendung der erworbenen Kompetenz(en) zwingend ist, und dass im Sinne der individuellen Förderung ein Instrumentarium zur (Selbst-)Überprüfung des Kompetenzzuwachses und vertiefende Übungen für noch eventuell vorhandene Defizite vorhanden sind (vgl. Kap. 2).
- **Bieten Texte und Übungen genügend immanente Wiederholung?** Als ungünstig erweist es sich, wenn die sprachlichen Mittel nur dort erscheinen, wo sie neu eingeführt werden. Für das Behalten ist eine kontinuierliche Umwälzung erforderlich, die, wenn das Buch sie nicht vorsieht, von der Lehrkraft zusätzlich geleistet werden muss.
- **Ist das vorgesehene Pensum realistisch?** Oftmals ist die vorgesehene Progression in den Spanischlehrwerken so steil, dass die Bände nicht in der vorgesehenen Zeit erarbeitet werden können. Über das Schuljahresende hinaus mit demselben Band weiterarbeiten zu müssen, ist nicht nur

für die Schüler demotivierend und schulorganisatorisch mitunter schwierig, da nachfolgende Klassen die Bücher benötigen. Es ist auch wenig ansprechend, wenn jahreszeitlich bedingte Themen zu einer unpassenden Zeit erarbeitet werden müssen, z. B. eine Lektion zu *nochevieja* erst zu Ostern oder die Postkarten aus den Ferien mitten im Schuljahr.
- **Können die Schülerinnen und Schüler – zumindest stellenweise - allein mit dem Lehrwerk arbeiten?** Dies betrifft einerseits die Qualitäten des Lehrwerks als Referenz zum Nachschlagen und als Orientierung im Sprachlernprozess und andererseits die Auswahl an Übungen und Aufgaben: Erforderlich ist ein lernergerechtes, kompetenzorientiertes Angebot, das neben kooperativem und partnerschaftlichem Lernen auch Individualisierung und selbstgesteuertes Lernen ermöglicht.
- **Welche Schülermaterialien gibt es und wie ist ihre Qualität?** Nicht immer ist Quantität auch Qualität. Zu überprüfen ist der tatsächliche Mehrwert, den das Zusatzmaterial bezüglich der Vertiefung der thematischen und sprachlichen Arbeit, der alternativen bzw. binnendifferenzierenden Aufgabenstellungen, der Angebote für verschiedene Lernertypen und der Förderung des selbstständigen Lernens liefert.
- **Ist das Lehrerhandbuch wirklich hilfreich?** Die Lehrerhandreichung sollte über die Lösungen der Aufgaben hinaus Anregungen für eine schülerorientierte, kreative Unterrichtsgestaltung bieten, mit methodischen Alternativen zum Einsatz der verschiedenen Materialien und Übungen. Hilfen bei der Binnendifferenzierung, Ideen zur systematischen Kompetenzförderung, Hinweise auf ergänzende Übungen oder Materialien, fertige Kopiervorlagen und Tafelanschriebe stellen eine wertvolle Entlastung bei der Vorbereitung dar.

In Bundesländern, in denen keine Genehmigungspflicht besteht und der Lernstoff nicht auf bestimmte Schuljahre aufgeteilt ist, kann es darüber hinaus interessant sein, Folgendes zu überprüfen:
- **Wie viel Zeit steht für den Spracherwerb zur Verfügung?** Von der Beantwortung dieser Frage hängt ab, ob ein einbändiges oder ein mehrbändiges Lehrwerk sinnvoll ist. Im spät beginnenden Spanischunterricht wirkt ein kompakter, gestraffter Lehrgang, bei dem das Ende im wahrsten Sinne des Wortes absehbar ist, motivierender als ein auf mehrere Bände aufgeteilter.
- **Wie ist die grammatische Progression auf die Bände verteilt?** Abschreckend ist das „dicke Ende". Mitunter finden sich in zweibändigen Werken im ersten Band nur ein bis zwei Zeiten des Verbs, was zur Folge hat, dass die Lernenden im zweiten Band das gesamte komplexe Zeitensystem des

Spanischen erlernen müssen. Dabei verliert die Grammatik leicht ihre „dienende Funktion". Abhilfe könnte darin bestehen, ein Lehrwerk zu wählen, das frühzeitig das in Lateinamerika ohnehin gebräuchlichere *pretérito simple* einführt – statt des *pretérito compuesto*, das den Lernenden oft später auch nur schwer für die Verwendung der „richtigen" Vergangenheitszeiten wieder abzugewöhnen ist. Bei mehrbändigen Lehrwerken ist das Vorhandensein von Plateauphasen, in denen thematisch gearbeitet wird, ohne neue Grammatik zu vermitteln, ein Qualitätsmerkmal.

- **Wie wird das Lehrwerk genutzt?** Wenn es das einzige Medium im Unterricht ist, dann sollte es möglichst viele und unterschiedliche authentische Texte enthalten; die Lehrkraft macht vielleicht Zugeständnisse hinsichtlich der Systematik und des Übungsangebots, das sie selbst gelegentlich ergänzt. Wenn die Lehrkraft jedoch ohnehin gern und häufig ergänzende authentische Materialien einsetzt, dann wird sie zu einem Buch greifen, das eine straffe Systematik und ein umfassendes Übungsangebot bietet.

4.2 Ziele und Inhalte der Lehrbucharbeit

Das Hauptziel der Lehrbucharbeit ist es, die kommunikative Kompetenz der Lerner im Spanischen während eines klar definierten Zeitraums mit angemessener Progression aufzubauen sowie Grundlagen in Bezug auf interkulturelle und methodische Kompetenzen zu legen. Zur kommunikativen Kompetenz gehören die fünf kommunikativen Fertigkeiten Hör- und Hör-/Sehverstehen, Leseverstehen, Sprechen, Schreiben und Sprachmitteln sowie die Verfügung über die sprachlichen Mittel (Wortschatz, Grammatik, Aussprache und Intonation, Orthografie); vgl. hierzu Kapitel 3.

Im Bestreben, die angesprochenen Kompetenzen zu entwickeln, liefert das Lehrbuch eine Abfolge von Texten und Aufgabenapparaten. Lehrbucharbeit besteht also im Wesentlichen darin, die aufeinanderfolgenden Lektionsteile mit den Schülern zu erarbeiten. Die Phasen dabei sind stets:

- Texteinführung
- Wortschatzerarbeitung und -einübung
- Grammatikerarbeitung und -einübung
- Anwendung und Transfer der Redemittel
- Überprüfung des Lernerfolgs

> In der Wiederholung dieser Phasen liegt die Schwierigkeit und Herausforderung der Lehrbucharbeit für die Lehrkraft. Nicht zu Unrecht wird immer wieder auf die Gefahr der Monotonie hingewiesen.

Lektionseinführungen gehören zum täglichen Brot des Fremdsprachenlehrers wie auch -lerners. Dabei müssen unsere Schüler über viele Jahre ein Ritual über sich ergehen lassen, das in nicht unbeträchtlichem Maße für die „Langeweile des Sprachunterrichts" (Harald Weinrich) verantwortlich ist (...). (NIEWELER/RELLECKE 2000: 14)

Und G. KUGLER-EUERLE (2000) spricht gar vom „motivationalen Super-Gau" in der ausgehenden Sekundarstufe I, der durch die Vorhersagbarkeit von Lehrer- und Schüleraktivitäten begründet sei. Es gilt zu bedenken, dass die Lernenden die stete Abfolge von Lektionstexten nicht nur im Spanischunterricht, sondern parallel dazu auch im Unterricht ihrer ersten und zweiten Fremdsprache erleben.

Die probaten Maßnahmen des Katastrophenschutzes liegen in einer möglichst variantenreichen Gestaltung der sich wiederholenden Phasen. Dazu erforderlich ist auf Lehrerseite neben der Beherrschung eines breiten methodischen Repertoires eine sorgfältige didaktische Analyse der Gesamtlektion, bevor mit der Planung von Einzelstunden begonnen wird.

4.3 Unterrichtsplanung bei der Lehrbucharbeit

Tipp: Vor der konkreten Unterrichtsplanung zum ersten Teil einer Lektion stets die ganze Lektion einer didaktischen Analyse unterziehen.

Folgende Fragen gehören zur **didaktischen Analyse** einer Lehrbuchlektion:
- Was ist neu?
- Was ist bekannt? Woran kann angeschlossen werden?
- Sind die Texte/Aufgaben angemessen/zu leicht/zu schwer für die Lerngruppe?
- Wo sind Schwierigkeiten zu erwarten? Das betrifft grammatische Phänomene ebenso wie Hürden beim Hör- oder Leseverständnis, schwierig auszusprechende Wörter ebenso wie inhaltliche Verständnisschwierigkeiten, z. B. aufgrund interkultureller Unterschiede.
- Was muss vorentlastet werden?
- Welche Themen/Inhalte werden angesprochen? Welche Situationen und Redemittel sind damit verbunden?
- Welche Textsorten kommen vor und welche Fertigkeit kann an ihnen geschult werden? Gespräche gehen in Richtung Hörverstehen, Briefe oder Zeitungsartikel dagegen in Richtung Leseverstehen.
- Welche Unterteilungs- und welche Umverteilungsmöglichkeiten bietet die Gesamtlektion/die Teillektion?

- Welche zusätzlichen Angebote macht das Lehrbuch zur Lektion (z. B. Stadtplan im Umschlag) und wie können diese genutzt werden?
- Welche Hintergrundinformationen müssen ergänzt werden (z. B. Schulsystem in Spanien, Ausspracheregeln, Sonderregeln wie bei *el agua fría)*?
- Welche Ideen und Materialien für Ergänzungen bzw. Ausweitungen der Lektion stehen zur Verfügung? Wie und an welcher Stelle können diese eingebunden werden?

Wenn die Lehrkraft diese Fragen beantwortet hat, wird sie zunächst eine Grobplanung für die Unterrichtseinheit zur Gesamtlektion/Teillektion festlegen. Dazu veranschlagt sie die voraussichtliche Stundenzahl und nimmt für jede Stunde eine Schwerpunktsetzung vor. Dieses Abstecken des Gesamtrahmens ist wichtig, um jederzeit den roten Faden der Unterrichtseinheit präsent zu haben, also beim Fortschreiten von Einzelstunde zu Einzelstunde die Zielorientierung nicht aus dem Blick zu verlieren.

Bei der sich anschließenden Planung der Einzelstunde wird zuerst aus dem Stundenschwerpunkt ein Stundenziel abgeleitet, das sich aus dem Unterrichtsgegenstand ergibt. Die didaktischen Überlegungen zum Ziel und zum Gegenstand stehen vor den Entscheidungen für Phasen und Methoden, die alle funktional im Hinblick auf das Ziel sein sollen. Die Prüffragen für die konkrete **Stundenplanung** sind also stets:

- Was ist das Stundenziel? Was sollen die Schüler am Ende (besser) können bzw. gelernt haben?
- Was bringen die einzelnen Phasen und geplanten Methoden den Schülern im Hinblick auf dieses Stundenziel?

Die in der Lehrbucharbeit üblichen Stunden reduzieren sich im Wesentlichen auf drei **Stundentypen**, die bisweilen auch miteinander verbunden sind: Erarbeitungsstunden (Texte, Wortschatz, Grammatik oder eine Kombination davon), Übungsstunden, in denen sprachliche Einzelphänomene in strukturierten Übungen/Situationen gefestigt werden, und Anwendungs-/Transferstunden, in denen mit offeneren Aufgabenstellungen das erworbene inhaltliche und sprachliche Wissen und Können im Lektionskontext (Anwendung) oder auf die Lebenswelt der Schüler übertragen (Transfer) verwendet wird. In allen ist das Schaffen und Ausnutzen von Sprechanlässen für die Schüler das zentrale Anliegen. Darüber hinaus stellt jeder dieser Typen spezifische Anforderungen, die unabhängig vom konkreten Unterrichtsgegenstand gelten und die zugleich der Gradmesser für die Güte des Unterrichts sind.

Anforderungen an Lehrbuchstunden

Grundsätzlich: Schaffen und Ausnutzen von Sprech- und Schreibanlässen
Erarbeitungsstunden: Herstellen eines angemessenen Anforderungsniveaus, schüleraktivierende Gestaltung der Erarbeitung
Übungsstunden: Intensität, kommunikatives Sprachhandeln
Anwendungs-/Transferstunden: situativ-kontextuelle Einbettung der Unterrichtsgegenstände, schülerzentrierter Umgang mit den Ergebnissen

Gemeinsam ist allen diesen Stunden, dass sie in sich abgerundet sein sollen: Von einem kurzen Stundeneinstieg, der die Lernenden im Spanischunterricht „ankommen" lässt, über verschiedene Lernphasen, die in unterschiedlichen Sozialformen ablaufen, bis hin zu einem Stundenausstieg, in dem die Ergebnisse der Stunde noch einmal verdeutlicht werden können.

4.4 Texteinführung und -behandlung

„Omne agat magister!" „Alles soll der Lehrer tun." (RATKE 1618; PRANGE 1986) – „Es gilt, den Schüler aus dem Passivum in das Activum zu übersetzen." (GAUDI 1922; GUDJONS 1989) Diese beiden Zitate aus der Erziehungsgeschichte verdeutlichen das Spannungsfeld unterrichtlichen Handelns. (BOVET/HUWENDIEK 2000: 46)

Das Spannungsfeld zwischen Lehrerzentrierung und Schüleraktivierung kennzeichnet auch die Entwicklung der Verfahren zur Texteinführung und -behandlung, die in den letzten Jahren vor dem Hintergrund der Diskussion um Lernerautonomie und Individualisierung zu beobachten ist. Mit dem Aufkommen des kommunikativen Ansatzes vor etwa 30 Jahren hatte sich der Unterricht in den modernen Fremdsprachen zwar endgültig von der Grammatik-/Übersetzungsmethodik des alten Lateinunterrichts befreit, an der Rolle der Lehrkraft als Dreh- und Angelpunkt des Unterrichts – und der Kommunikation – änderte sich damit aber zunächst einmal nichts.

Lehrerzentrierte Lektionseinführung

Die „klassische", lehrerzentrierte Lektionseinführung weist folgende Phasen auf:
- **Einstieg/kurze Motivationsphase:** Sie besteht zumeist in einem visuellen oder verbalen Impuls, der vorhandene Kenntnisse zu Vokabeln oder Redemitteln des neuen Themas abruft.
- **Phase der Vokabelsemantisierung:** Die Lehrkraft erklärt die neuen Vokabeln in einem vorab überlegten Darbietungsgeflecht auf verschiedene

Weisen einsprachig (s. Checkliste Punkt 7). Die schwierigen Wörter werden nachgesprochen; nach Imitation des Lautbildes entsteht ein strukturierter Tafelanschrieb zur Visualisierung des Schriftbildes. Die Kunst der Lehrkraft in dieser Phase, die maximal 20 Minuten dauern sollte, besteht darin, die Lernenden in kleine Anwendungsdialoge zu verwickeln, die entweder das Verständnis der Erklärung überprüfen (L: *En una familia hay padres e hijos. Si hay más de un hijo, los hijos son hermanos. Kai, ¿cuántos hermanos tienes tú?* S: *Dos.*) oder eine minimale Anwendung darstellen (L: *Yo, por la mañana, bebo café. Lisa, ¿tú qué bebes por la mañana?* S: *Yo también bebo café.* L: *Y ahora pregunta a tu compañera …*)

Didaktisch-methodische Checkliste zur Vokabelsemantisierung
1. Versuchen Sie, die einzuführenden Vokabeln nach semantischen Feldern zu bündeln oder sie in einen narrativ-situativen Sinnzusammenhang zu bringen.
2. Bietet es sich an, die Einführung in engem Bezug auf den Inhalt des Lehrtextes zu gestalten, z. B. bei reinen Informationstexten, oder ist der Aufbau eines Sekundärkontextes sinnvoll, um den vollen „Unterhaltungswert" des Textes für die Erstbegegnung zu erhalten?
3. Beziehen sich der Text und die Vokabeln auf ein Thema, bei dem man auf Vorwissen der Lernenden zurückgreifen kann? Wie könnte ein diesbezügliches Gespräch so angelegt werden, dass sich die Einführung der Vokabeln integrieren lässt?
4 Verweisen die Vokabeln auf ein semantisches Feld, das sich in Form eines Schaubildes oder einer Handlungskette mit Realgegenständen präsentieren lässt? Handelt es sich um einen Text, zu dem ein(e) Bild(sequenz) vorliegt bzw. ohne Mühe erstellbar ist, welche(s) die Einführung und das Verstehen visuell unterstützt?
5. Ist die Zahl der Vokabeln so groß, dass der Zeitaufwand für eine intensiv gestaltete Einführungsphase das Stundenkonzept gefährden könnte? Suchen Sie in solchem Fall nach Entlastungsmaßnahmen: Lassen sich Teile des Vokabulars im vorausgehenden Unterricht einführen? Gibt es transparentes Vokabular, das die Schüler selbst erschließen können? Welche Vokabeln sind die sinntragenden Schlüsselwörter?
6. Legen Sie das Darbietungsgeflecht für die Einführung fest, d. h. die Präsentationsabfolge der Vokabeln im gewählten situativen Kontext. Es gilt: vom Wort zum Satz, vom Leichten zum Schweren, vom Einfachen zum Komplexen. Skizzieren Sie den geplanten Tafelanschrieb. Als Behaltenshilfe sollte er klar strukturiert sein, so weit wie möglich die semantischen Bezüge widerspiegeln (z. B. *las habitaciones, los muebles, las preposiciones, otras palabras*) und sich nicht auf eine chronologische Liste der Vokabeln beschränken.

7. Welches einsprachige Semantisierungsverfahren (Zeigen über Realien/Bild/ Modell, gestisches, panto-/mimisches, stimmliches Vorspielen, eindeutiger Kontext, Definition, Paraphrase, Analogie, Gleichung, Synonym, Antonym, Hyponym, Ableitung, Zusammensetzung und Ähnlichkeit) ist für die einzelne Vokabel das jeweils optimale im Sinne von Anschaulichkeit und Eindeutigkeit? In welchen Fällen ist nur der Weg über die deutsche Entsprechung möglich? In welchen Ausnahmefällen ist eine Kontrollübersetzung sinnvoll?
8. Stellen Sie beim Semantisierungsverfahren den Erklärungsschritt *vor* die Nennung des neuen Wortes. Nur wenn sicher zu erwarten ist, dass die Lernenden die Bedeutung der neuen Vokabel selbst erschließen können, geben Sie das spanische Wort vor.
9. Wo könnte es aufgrund der semantischen/phonetischen/orthografischen/syntaktischen Eigenschaften bestimmter Vokabeln bei den Lernenden wegen falscher Analogiebildung zu fehlerhafter Ersteinprägung kommen? Wo gibt es also Interferenzen mit dem Deutschen oder vorgelernten Fremdsprachen (z.B. *la carta*)? Wo ist mit der „Ähnlichkeitshemmung" zu rechnen, wie z.B. bei der gleichzeitigen Einführung von *un cuarto* und *cuatro* oder *un coche* und *chocar*? Planen Sie für diese Vokabeln geeignete Kognitivierungsmaßnahmen. Können die Lernenden auf einen Impuls hin die Interferenzgefahr selbst entdecken? Welche grafischen Hilfen bieten sich als visuelle Einprägestützen im Tafelbild an: phonetische Zeichen, farbliche Hervorhebungen, Veränderungen der Schriftgröße, Umrahmungen, Unterstreichungen, Warndreieck, Ausrufezeichen? Wo sind besondere Nachsprechübungen vorzusehen?
10. Wie lässt es sich erreichen, dass die Lernenden möglichst sprechaktiv in den Erschließungsprozess einbezogen werden? Wo lassen sich also integrierte Anwendungsübungen einbauen?
11. Gibt es Interessantes über die Etymologie einzelner Vokabeln zu berichten, wodurch die Einprägung begünstigt wird? Beispiel: *azúcar* zerlegen in den arabischen Artikel und das dann leicht über das Deutsche verständliche Nomen.
12. Vergewissern Sie sich über den Erfolg der einsprachigen Semantisierung. Achten Sie auf nonverbale Signale des Nichtverstehens. Fragen Sie dann nach der Kontrollübersetzung. Achten Sie aber darauf, dies nicht zu häufig zu tun, damit die Schüler nicht das Gefühl bekommen, sie bräuchten nur auf den Moment zu warten, wo Sie das Wort ohnehin auf Deutsch sagen.
13. Bemühen Sie sich um sorgfältige Artikulation und eindringliches, moduliertes Sprechen. Versuchen Sie, die Sache so interessant und unterhaltsam (ggf. auch lustig) wie möglich zu machen.
14. Schließen Sie die Semantisierung mit einer Gesamtkontrolle ab.

Nach MATZ/MEYER/SCHRÖDER (1993: 42–43, 52–53); Landesinstitut Schleswig-Holstein für Praxis und Theorie der Schule (IPTS)

■ **Phase der ersten Festigung/Sicherung:** Der Anschrieb wird von den Lernenden vorgelesen und ggf. übernommen. Die Lehrkraft fordert die Lernenden auf, mit den Wörtern an der Tafel Sätze zu bilden. Jedes genannte Wort wird abgewischt. Dann kann die Lehrkraft ihre Semantisierung wiederholen und erfragt das neue Vokabular noch einmal.

- **Phase der ersten Textpräsentation:** Je nach Textsorte erfolgt die Textpräsentation als Hörtext mit geschlossenen Büchern oder als Lesetext. Dazu werden – eventuell abschnittsweise – vorab einige Grobverständnisfragen gestellt, die im Anschluss an das Hören/Lesen zur Überprüfung des Verständnisses wiederholt werden.
- **Phase der Ausspracheschulung:** Anschließend erfolgt die Textpräsentation als Hörtext erneut, diesmal mit geöffneten Büchern, sodass die Lernenden beim Mitlesen ein sprachliches Vorbild haben. Zur Übung der Aussprache lesen dann einzelne Schüler abschnittsweise bzw. eventuell dialogisch den Text vor (Echolesen).
- **Phase der ersten Anwendung:** Zur Detailverständnisüberprüfung stellt die Lehrkraft Fragen nach einzelnen Wörtern, Satzteilen oder komplexeren Informationen bzw. macht Aussagen zum Text, die ggf. korrigiert werden müssen.

Die Problematik des Vorgehens liegt auf der Hand: Alle Aktivität liegt bei der Lehrkraft; die Lernenden sind überwiegend rezeptiv beteiligt. Um die Aufmerksamkeit zu erhalten, ist ein hohes Unterrichtstempo erforderlich. Alle Schüler sind gezwungen, in diesem Einheitstempo zu arbeiten, und sie erhalten alle den gleichen Input, egal, ob manche von ihnen mehr oder weniger Information benötigen. Die Intensität des Sprachumsatzes bei den Schülern ist vergleichsweise gering; dafür ist der Redeanteil der Lehrkraft unverhältnismäßig hoch. Untersuchungen zufolge gehen bis zu 80 % der Äußerungen im Klassenraum von der Lehrkraft aus und läuft bis zu 50 % der Kommunikation auf Deutsch. Dies sind erschreckende Zahlen angesichts der zunehmenden Bedeutung der Mündlichkeit. Folglich haben alternative Formen der Texteinführung in den letzten Jahren an Bedeutung gewonnen.

Schülerzentrierte Varianten

Tipp: Die schülerzentrierte Lektionseinführung erfolgt mit offenem Buch.

Allen Alternativen gemeinsam ist, dass sie die Schüleraktivität ins Zentrum des Unterrichts rücken und den Kompetenzerwerb der Lernenden verstärkt in den Blick nehmen. In der breiten Kompetenzförderung – außer der Sachkompetenz werden auch Methoden-, Selbst- und Sozialkompetenz geschult – liegt der große Vorteil dieser Verfahren; er gleicht den gegenüber den lehrerzentrierten Verfahren auf den ersten Blick z. T. erhöhten Zeitbedarf wieder aus und rechtfertigt die in bestimmten Phasen bewusst in Kauf genommenen Abstriche an der Einsprachigkeit des Unterrichts. Die schülerzentrierten Varianten erfordern aber nicht nur veränderte Lehr- und Lernsituationen, sondern auch die Bereitschaft der Lehrkraft, Verantwortung und Kontrolle an die Lernenden abzugeben. Dies ist jedoch nicht einem völligen Verzicht auf Lehrerlenkung gleichzusetzen. Zwar wird angestrebt, so viele schülerzentrierte Phasen wie möglich in den Unterricht einzubauen, es wird jedoch auch in einer schülerorientierten Lektionserarbeitung immer wieder Phasen geben müssen, die lehrerzentriert sind, etwa wenn Instruktionen zu den Arbeitsformen gegeben werden, Ergebnisse gesichert, vertieft oder weitergeführt werden oder wenn Materialien zum Einsatz kommen, durch die die Lehrkraft den Lernprozess steuert.

Kernstück der Veränderung ist der **Verzicht auf langwierige Semantisierungsphasen** durch die Lehrkraft. Die Erarbeitung des neuen Vokabulars wird an die Gruppe bzw. an die Einzelnen abgegeben, was den Vorteil bietet, dass die für jeden Einzelnen tatsächlich neuen Wörter berücksichtigt werden. Auch die eigentliche Textentschlüsselung wird von den Lernenden selbst geleistet. Dazu ist Aktivierung von Vorstellungsmustern zum Inhalt dienlich, die z. B. von Titeln, Bildern, Schlagwörtern ausgehen kann. Die Nutzung von sprachlichem und methodischem Vorwissen, von Techniken der Bedeutungserschließung, von Leseerfahrungen und Lesestrategien erleichtert ebenfalls den individuellen Zugang zum Text, der in seiner Komplexität dargeboten wird.

Ein solches Vorgehen erfordert eine **konsequente Verwendung der Offenbuchmethode:** Während bei der „klassischen" Lektionseinführung die erste Begegnung mit dem Text in aller Regel als Hörverstehensübung bei geschlossenem Buch stattfindet, wird der Text bei den Alternativen für gewöhnlich als Lesetext rezipiert. Bei der lehrerzentrierten Methode melden sich oftmals nur wenige und immer dieselben Schüler, für die anderen ist die Phase der Hörverständnisüberprüfung eine Überforderung und ein Frustrationserlebnis. Anders bei der schülerzentrierten Variante: Alle Lernenden haben die Möglichkeit, im eigenen Tempo und mit binnendifferenzierter Hilfestellung den Text zu „knacken" und mit den Lektionstexten die Kompetenz zu erweitern, die Buchtexten eigen ist: die Lesekompetenz. Die Hörverstehenskompetenz muss deshalb nicht zu kurz kommen, im Gegenteil: Sie wird in einem anderen Moment mit dafür geeigneten Materialien und Aufgaben geschult, was dann auch wieder zu einem Erfolgserlebnis werden kann.

Ähnliches gilt für die Ausspracheschulung: Das einmalige Hören und Mitlesen des Lektionstextes dient erfahrungsgemäß nicht wirklich als sprachliches Vorbild für ein Lesen, das, wenn überhaupt, zeitlich so verzögert stattfindet, dass das Vorbild bereits wieder verblasst ist. Vielmehr ist ein tatsächliches Lesetraining erforderlich, das möglichst unter Beteiligung aller Schüler ein Heranführen an authentisches Sprechtempo und -melodie ermöglicht (s. S. 109 f.).

Die Textumwälzung und -verarbeitung erfolgt zu einem nicht unerheblichen Teil bereits bei der Erarbeitung des Textes. Beim vertiefenden Üben kommen dann vermehrt Verfahren zum Einsatz, die Eigenkontrolle und sprachliche Interaktion in den Vordergrund stellen (s. S. 111 sowie Kap. 3).

Verfahren und Beispiele

Im Folgenden werden Verfahren für die Erarbeitung eines Lektionstextes in einem schülerzentrierten Unterricht genannt, die die erwähnten Bedingungen erfüllen.

Bereits im Stundeneinstieg – nicht nur in der Lehrbuchphase – werden die Lernenden in ihrer Rolle als Mitverantwortliche und Mitgestalter von Unterricht angesprochen, zum Beispiel durch:

Bewusstmachung des Stundenthemas

- Vorgabe des Stundenthemas und Finden von Wörtern, die mit dessen Buchstaben beginnen/enden.
- Erraten des Stundenthemas durch das Spiel „Galgenmännchen", wobei zu den vorgeschlagenen Buchstaben Wörter genannt werden müssen *(una „l" como en „leer")*.
- „Tabu" mit Begriffen, die zum Thema gehören.

Unterrichtsroutinen

- *los 5 minutos de vocabulario*: Zu jeder Stunde bereiten zwei Schüler eine Vokabelabfrage vor, deren Struktur vorher festgelegt wurde (z. B. 20 Vokabeln insgesamt, davon zehn aktuelle und zehn aus einer älteren Lektion; Rubriken u. a.: *indicar lo contrario, dar una explicación en español, indicar palabras de la misma familia, traducir*).
- Partnerkarten zum Sprechen (s. Kap. 3, S. 66 ff.)
- Tandembögen oder Partnerfolien (s. Kap. 3, S. 62–66)
- *charla de 1 ó 2 minutos* (Kurzvortrag, s. Kap. 3, S. 69)

4.4 Texteinführung und -behandlung

- *los 5 minutos de gramática*: Die Lernenden bearbeiten in Paaren Fragekarten zu bereits behandelten Grammatikthemen, indem sie abwechselnd eine Karte ziehen, die Aufgabe stellen und den Partner kontrollieren.

Tú comerás.	*hacer*	Er ist gegangen.
Welche Zeit?	*presente : yo …*	*(Se fue.)*
(Futur)	*(hago)*	
	participio pasado: he …	Welche Zeit ist das?
Übersetzung?	*(hecho)*	*(indefinido)*
(Du wirst essen.)	*presente de subjuntivo :*	
	que nosotros … (hagamos)	

Beispiele für Fragekarten zur Grammatik im 2. Lernjahr

Für die **Aktivierung von Vorstellungsmustern** bietet sich das Schaffen einer Hör-/Leseerwartung durch textproduktive und kreative Verfahren vor der Konfrontation mit dem Text an:
- Vorgabe des Themas und Erarbeitung eines Wort-/Sachfeldes *(asociograma/mapa de ideas)*,
- Vorgabe des Titels der Lektion/des Textes: Erwartungen über den Inhalt des Textes (muttersprachlich/fremdsprachlich),
- Vorgabe der Bilder der Lektion: Spekulationen über Inhalt und Handlungsabfolge,
- Vorgabe von Schlüsselbegriffen des Textes und Erarbeitung eines Handlungsablaufes.

Für die **Abgabe der Texteinführung** an die Schüler, die sprachliches Handeln als didaktisches Handeln zur Folge hat, eignen sich:
- **Lernen durch Lehren (LdL):** Die Lernenden übernehmen in gewissem Rahmen die Lehrerfunktion. Damit ist nicht gemeint, dass nun einzelne Lerner sämtliche Phasen der „klassischen" Lektionseinführung durchführen – denn dies ist ebenso wenig schüleraktivierend wie beim lehrerzentrierten Vorgehen und stellt zudem eine Überforderung dar. Vielmehr wird die Schüleraktivität durch präzise Arbeitsaufträge für die Erarbeitungsphase und die Präsentationsphase gegliedert und auf die Gruppe aufgeteilt. Die Aufgaben könnten wie folgt aussehen:

1. Lest euch euren Textabschnitt genau durch.
2. Versucht, die unbekannten Vokabeln mit den gelernten Erschließungsverfahren zu verstehen. Überprüft eure Vermutungen mit der Vokabelliste im Buch und klärt dort auch die nicht verstandenen Vokabeln.
3. Sucht die Informationen zu ... heraus und notiert sie.
4. Erstellt eine Präsentationsfolie, um damit den Mitschüler/innen den Inhalt des von euch bearbeiteten Abschnitts zu erklären:
   - Schreibt darauf zunächst eine Liste mit den für den Textsinn wichtigen Vokabeln (nur auf Spanisch).
   - Notiert darauf außerdem eure Ergebnisse von Punkt 3 (nur Stichpunkte, keine ganzen Sätze).
   - Schreibt drei Verständnisfragen für die Zuhörer auf.
5. Bestimmt, wer was präsentiert. Jeder muss etwas sagen.

Bei der Präsentation:
1. Erklärt die neuen Vokabeln (Umschreiben, Beispiele, Zeichnen oder Pantomime).
2. Erläutert die Informationen zu ...
3. Stellt die Verständnisfragen und kontrolliert die Antworten.

■ **Expertenmosaik:** Diese Variante funktioniert mit denselben Aufträgen wie LdL. Die Lernenden erarbeiten zunächst in ihrer Gruppe die gewünschten Informationen. Die Präsentation erfolgt nicht im Plenum, sondern in neu zusammengesetzten Gruppen, in denen sich je ein Vertreter der ursprünglichen Expertengruppen befindet (s. Schema Kap. 2, S. 26).

Für die **Einführung als individueller Lesetext** sind bewährt:

■ **Sprachliches Handeln mit Vorgabe des Vokabulars:** Die Lernenden erarbeiten mithilfe des Vokabelverzeichnisses in Partner- oder Gruppenarbeit die wichtigen Wortfelder der Lektion. Sie erklären sich diese gegenseitig. Anschließend schreiben sie einen eigenen Lektionstext. Vorgabe: Es müssen möglichst viele der neuen Vokabeln verwendet werden. Danach wird mit dem Originaltext verglichen.

■ **Textsegmentierung und Rekonstruktion:** Der Zieltext wird kopiert und in Teile zerschnitten. Über die Länge der Teile und die Eindeutigkeit des Anschlusses lässt sich eine Binnendifferenzierung herstellen. Die Lernenden puzzeln den Text zusammen. Die Varianten werden auf Wahrscheinlichkeit überprüft (Bewusstmachung der Konnektoren und Gliederungssignale). Anschließend wird mit dem Original verglichen.

■ **Textsegmentierung, Rekonstruktion und Hypothesenbildung:** Bei Dialogen bietet es sich als Variante an, die Gruppe in zwei Untergruppen zu teilen. Jede erhält die ungeordneten Gesprächsanteile eines Gesprächspartners. Aufgabe ist es, diese in eine logische Reihenfolge zu bringen und die fehlenden Gesprächsanteile des anderen zu erfinden, nach Möglichkeit unter Verwendung des zuvor geklärten Vokabulars. Anschließend werden die erfundenen Dialoge der einen und der anderen Gruppe präsentiert, nur die erfundenen Gesprächsteile als Dialog gelesen (d. h. beide Gruppen kombiniert, was sehr lustig sein kann) und abschließend mit dem Original verglichen.

Individuelle Erschließungstechniken

Vocabulario desconocido del texto / de la lección:					
He comprendido el significado de	por la palabra alemana, latina, inglesa, francesa	por el contexto		por la formación de la palabra española	He tenido que consultar el diccionario. Es

Individuelle Vokabelliste nach Erschließungstechniken

palabras fáciles ☺	palabras difíciles ☹	palabras que me gustan ♥	palabras que no me gustan ♠

Individuelle Vokabelliste nach affektiven Gesichtspunkten (Sommerfeldt 2001: 54 f.)

- **Individuelle Erschließungstechniken:** Das Ableiten von Wortbedeutungen ist eine wichtige Technik der Bedeutungserschließung und muss als solche geübt werden. Nach der Besprechung der verschiedenen Möglichkeiten (über die Muttersprache, über andere Fremdsprachen, durch

Kenntnis von Wortbildungsmechanismen, über den Kontext, durch die Benutzung des Wörterbuchs) erhalten die Schüler ein Arbeitsblatt, auf dem die neuen Vokabeln der nächsten Lektion aufgeführt sind und nur die Bedeutung der nicht erschließbaren Wörter vorgegeben ist. Die Lernenden bilden bei der Lektüre des Textes Hypothesen darüber, was die anderen, erschließbaren Wörter bedeuten, und geben ihren jeweiligen Erschließungsweg an. Zentrale Phase des Unterrichts ist die Besprechung der Ergebnisse. Wenn dies mehrfach geübt wurde, können die Schüler bei der Texterschließung individuelle Vokabellisten anlegen, z. B. nach Erschließungstechniken oder affektiv gegliedert (siehe die Abbildung der Tabellen auf S. 107), die in der Hausaufgabe um das noch nicht geschriebene Vokabular aus der Vokabelliste des Buches ergänzt werden.

- **Rastertechnik**: Statt des kleinschrittigen Erfragens von Grob- und Detailinformationen bietet sich bei manchen Texten das Erfassen von Ort, Zeit, Personen, Handlung, Grund in einem Raster an.
- *Guía de lectura:* Die Lernenden erhalten auf einem Blatt schriftlich Aufgaben, die ihre Erarbeitung des Lektionstextes strukturieren. Dabei gibt es zunächst eine Partneraufgabe, die in das Thema einführt, anschließend Aufträge zu den verschiedenen Absätzen des Textes. Eine über den Text hinausgehende kreative Aufgabe, ggf. wieder in Partnerarbeit zu erledigen, rundet den Zugriff ab. Hier Auszüge aus einem Beispiel:

Guía de lectura: Encuentros I (vieja edición), unidad 8c
El texto "Canal Barrio" trata de los jóvenes en un barrio de Santiago de Chile y su opinión en relación con la televisión.

1. Trabaja con un compañero de clase. Hablad de los temas siguientes:
- el tiempo libre
- el papel de la televisión en tu vida
- tus programas favoritos
- las telenovelas como *Unter uns, GZSZ* etc.: ¿Te gustan? ¿Por qué (no)?

Utiliza: pienso que, creo que, me parece que, en mi opinión ...

2. Trabaja solo/a. Lee el primer párrafo (ll. 1–12).
Contesta por escrito:
- ¿Cuál es el problema de los jóvenes en el barrio de Conchalí?
- Describe la diferencia entre la tele chilena y la tele alemana.

l. 7	la abuela	Tu abuela es la madre de tu madre.
l. 7	ocuparse de	pasar el tiempo juntos, preparar la comida para los jóvenes, hablar con ellos, ver lo que hacen
l. 11	los dibujos animados	Las películas de Walt Disney muchas veces son de dibujos animados.

3. Lee el segundo párrafo (ll. 13–21).
Hay muchas palabras chilenas en este párrafo. ¿No las entiendes? La chica en la página 100 de tu libro tampoco.
- Haz el ejercicio n° 1 y las vas a entender mejor. La solución es _ _ _ _.
- Ignacio dice: "Con la tele la gente está en casa. Consumes imágenes como consumes palomitas." ¿Qué quiere decir con esta frase? Contesta por escrito.

l. 14	las palomitas	Compras palomitas cuando vas al cine: maíz frito.
l. 17	un lío	aquí: una relación amorosa
l. 17	el marido	Cuando dos personas están casadas, el hombre es el marido de la mujer.
l. 18	el colegio	otra palabra para el instituto
l. 20	resultar que	se nota por fin que
…		

Mit fortschreitendem Lernprozess sollten die Lernenden das Instrumentarium zur Texterschließung zunehmend selbst beherrschen, also in der Lage sein, selbst Fragen an den Text zu stellen und individuell geeignete Erschließungsmethoden anzuwenden.

Für das **Lesetraining** sind empfehlenswert:
- **Power-Lesen:** Alle Schüler lesen gleichzeitig laut. Das gibt den Schülern Gelegenheit, in der Anonymität der Gruppe Aussprache und Intonation zu üben sowie Klangbilder kontextuell zu festigen. Zielperspektive ist

immer das kontextuelle Lesen. Das besagt aber nicht, dass von Fall zu Fall nicht auch schwierig zu sprechende Einzellexeme isoliert geübt werden können. Sie werden aber immer in Kontexte zurückgeführt.

- **Backward-built-up-Technik:** Dabei werden die nachzusprechenden Sätze von hinten her aufgebaut, um die natürliche Intonationskurve zu erhalten. Also: ... *vuelven a casa.* ... *María y sus hermanos vuelven a casa.* ... *A las cinco de la tarde María y sus hermanos vuelven a casa.*

- **El método D** *(doblar, shadowing,* Schattenlesen, das um Sekundenbruchteile versetzte Mitlesen): Bei dieser Technik wird die Audio-CD ohne Unterbrechung vorgespielt. Die Schüler lesen den Text bei geöffneten Büchern um Sekundenbruchteile versetzt parallel zur CD halblaut mit und imitieren dabei unmittelbar die Intonationskurve und Sprechgeschwindigkeit des/der Sprecher auf der CD. Dabei sind bestimmte Verhaltensregeln zu beachten: Die Schüler dürfen nicht vorauslesen; sie setzen immer unmittelbar nach dem Sprecher ein. Die Vorteile dieser Methode liegen darin, dass große Textmengen in relativ kurzer Zeit gelesen werden, die Intonation durch die unmittelbare Imitation (das Klangbild klingt noch im Ohr) gefestigt und die Lesegeschwindigkeit deutlich erhöht wird. Das beim Echolesen häufig feststellbare monotone Leiern und Verschleppen wird vermieden, da die Schüler gezwungen sind, in der Geschwindigkeit des Sprechers nachzusprechen.

- **El método L – M - H *(leer – mirar – hablar):*** Jeweils zwei Schüler sitzen sich mit geöffnetem Buch gegenüber. Sie lesen den Lektionstext mit verteilten Rollen. Dabei sind folgende Verhaltensregeln zu beachten: Der einzelne Schüler liest einen Satz oder Teilsatz leise für sich im Buch und versucht ihn zu memorisieren. Dann schaut er seinen Partner an und spricht den Satz auswendig, ohne ins Buch zu schauen. Das Gleiche macht er mit dem folgenden Satz, und dies im Wechsel mit seinem Partner entsprechend der Verteilung der Rollen im Dialog. Grundsätzlich wird bei dieser Methode ohne Blick ins Buch gesprochen. Stockt der Schüler, kann er einen kurzen Blick ins Buch werfen, muss dann aber den Satz frei sprechen (Auge-in-Auge-Dialog). So können auch narrative Texte gelesen werden, indem die Schüler sich bei jedem Satz abwechseln. Diese Methode stellt einen Übergang vom Lesen zum freien Sprechen dar und wird von den Schülern als Zwischenschritt als sehr hilfreich empfunden.

Zum **vertiefenden Üben im Lektionskontext** eignen sich folgende Vorgehensweisen, bei denen die Erhöhung des Sprechanteils der Schüler und/oder die Eigenkontrolle im Vordergrund stehen:

4.4 Texteinführung und -behandlung

- Fragen und Antworten zum Text, die in Gruppen erarbeitet werden. Die Beantwortung erfolgt im Schnellballsystem.
- Fragen zum Text auf Kärtchen: Jeder Lernende beschriftet drei Kärtchen auf der Vorderseite mit der Frage, auf der Rückseite mit der Antwort. In Partnerarbeit werden die drei Fragen gestellt; die beantworteten Karten werden ausgehändigt. Dann wechseln die Partner. Diese Form kann als Omniumkontakt oder als Kugellager durchgeführt werden (vgl. Kap. 3, S. 70).
- *Multiple-Choice*-Aufgaben mit Lösungswort.
- Halbsätze zuordnen/ergänzen und mit dem Lehrbuchtext vergleichen.
- *Correcto/falso*-Aussagen, wobei die falschen Aussagen richtiggestellt werden müssen.
- Irrgarten: Der Lehrer formuliert 13 *correcto/falso*-Aussagen in festgelegter Reihenfolge (1c, 2c, 3f, 4c, 5f, 6f, 7c, 8c, 9f, 10c, 11f, 12c, 13c). Die Entscheidung für richtig oder falsch führt die Lernenden durch ein Labyrinth, an dessen Ausgang sie ankommen, wenn ihre Entscheidungen alle richtig gewesen sind (gepunktete Linie = *falso*).

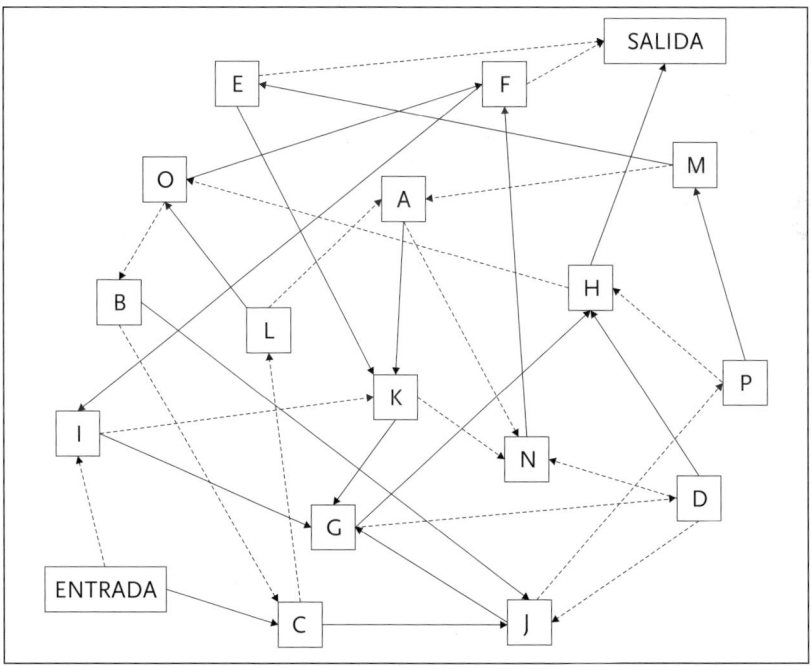

Quelle: Lehrerbuch zu *Línea Uno*, Stuttgart (Ernst Klett Verlag), 2000, S. 133.

Komplexere Übungsformen, die auf die Anwendung des gesamten Lernstoffes der Lektion zielen, finden sich im Abschnitt „Anwendung und Transfer".

4.5 Grammatikerarbeitung und -einübung

Bei der Arbeit mit dem Lehrbuch gehört die Vermittlung von Grammatik zum täglichen Brot der Spanischlehrer. Die Lektionstexte enthalten – mehr oder weniger transparent verpackt – jeweils ein oder mehrere Grammatikphänomene, deren Erlernen an einer bestimmten Stelle des Spracherwerbsprozesses für sinnvoll gehalten wird. Dabei gilt: Das Beherrschen grammatischer Regeln ist nicht Selbstzweck des Unterrichts. Grammatik hat vielmehr eine dienende Funktion für das Gelingen der Kommunikation.

Grundsätze im Grammatikunterricht
Isolieren der Schwierigkeiten: vom Bekannten zum Unbekannten, vom Leichten zum Schweren, vom Einfachen zum Komplexen
Progression: Reproduktion, Variation, Transfer

Folgende didaktisch-methodische Fragen stellen sich bei der Grammatikbehandlung immer im Zusammenhang mit der didaktischen Analyse einer Lektion.
- Die Frage nach **Zeitpunkt und Ort der Erarbeitung**: Inwieweit behindert die neue Grammatik das Verständnis des neuen Lektionstextes? Ist das unbekannte Phänomen so transparent, dass die Schüler das Neue daran zunächst überlesen können (z.B. bei bekannten Verben in einer neuen Zeit); reicht es, das Unbekannte zunächst nur lexikalisch zu klären (z.B. Demonstrativpronomina)? Oder ist es erforderlich, das Grammatikphänomen vorab zu klären, also eine Vorentlastung zu konzipieren, da sonst das Textverständnis erschwert ist (z.B. angehängte Objektpronomina beim Verb)?
- Die Frage nach der **Abfolge von Kognitivierung und Habitualisierung**: Ist es im konkreten Fall sinnvoll, zunächst zu erklären und eine Regel bewusst zu machen (z.B. Zeitenfolge in der indirekten Rede), oder kann das Phänomen erst durch Imitation eingeschliffen und – wenn überhaupt – zu einem späteren Zeitpunkt ins Bewusstsein gehoben werden (z.B. Relativsätze mit *que*)?
- Die Frage nach der **Regelformulierung** und nach dem **Tafelbild**: Ist es möglich, das grammatische Phänomen so darzustellen, dass es sich aus der Visualisierung selbst erklärt, sodass auf eine explizite Regel verzich-

tet werden kann (z. B. bei einem Verbenparadigma)? Oder ist aufgrund fehlender Entsprechungen in der Muttersprache oder zu befürchtender negativer Interferenzen das Formulieren von Regeln sinnvoll (z. B. bei *ser* und *estar*)?

- Die Frage nach der **Einsprachigkeit**: Lässt sich das Phänomen mit Beispielen und einem geschickten Tafelanschrieb so darstellen, dass der Rückgriff auf die Muttersprache überflüssig ist (z. b. Objektpronomina: *¿Ves el libro? Lo veo.*) Oder sind zur Klärung/Konstrastierung Erläuterungen/Übersetzungen auf Deutsch sinnvoll (z. B. Unterscheidung *imperfecto/pretérito simple*).

- Die Frage nach der **Abfolge von schriftlichem und mündlichem Üben**: Ist es angebracht, nach der Erklärung zunächst eine schriftliche Übungsphase anzuschließen, in der die Lernenden in ihrem eigenen Tempo arbeiten und die Erklärungen durchdenken können (bei komplexen und schwierigen Strukturen)? Oder kann die Struktur sofort in einer mündlichen Drillübung angewendet werden?

Wo immer es geht, wird die Erarbeitung der Grammatik (vgl. dazu auch Kap. 3, S. 88 f.) deskriptiv-induktiv erfolgen, d. h., die Schüler werden aus dem vorliegenden Lektionstext die Belegstellen herausarbeiten und versuchen, eine Regel abzuleiten. Letzteres kann in einem frühen Stadium des Spracherwerbs von den Schülern auf Deutsch erfolgen; Aufgabe der Lehrkraft ist es dann, die Schülererkenntnisse in eine Form der Visualisierung zu übertragen, die nach Möglichkeit selbsterklärend bzw. einsprachig ist. Gegenüber der normativ-deduktiven Grammatikerarbeitung hat dieses Verfahren den Vorteil, dass die Lernenden an der Erarbeitung der Grammatik aktiv beteiligt sind, Vorkenntnisse aus anderen Sprachen einbringen und ein Sprachbewusstsein entwickeln können. In diesem Zusammenhang ist die Bedeutung der Vermittlung von Lerntechniken zu betonen.

Tipp: In Phasen von lehrerzentrierter Grammatikarbeit Lerntechniken vermitteln, die die Schüler für die selbstständige Grammatikerarbeitung brauchen.

Um grammatische Gesetzmäßigkeiten erkennen, verstehen und anwenden zu können, bedarf es verschiedener **Kenntnisse und Lerntechniken**, die die Lehrkraft oftmals nicht explizit thematisiert, die den Schülern jedoch nicht immer klar sind. Dazu gehören
- das Bewusstmachen des Aufbaus des grammatischen Beiheftes/der Grammatik (z. B. Arbeit mit dem Stichwortverzeichnis),
- die Erläuterung von grammatischen Fachtermini,

- die Erklärung und Vermittlung von Darstellungstechniken mit Symbolen (gerade und gewellte Unterstreichungen, farbliche oder grafische Hervorhebungen, Pfeile zur Kennzeichnung von Bezügen oder Gegensätzen usw.),
- die Vermittlung eines Programms zur Regelfindung und Regeleinübung.

Anlässlich der immer wieder vorkommenden lehrerzentrierten Grammatikerarbeitung sollte die Lehrkraft auf diese Punkte eingehen.

6-Schritte-Programm zum Finden von Grammatikregeln
1. Die vorhandenen Sätze miteinander vergleichen.
2. Beim Vergleichen Ähnlichkeiten herausfinden.
3. Die ähnlichen Sätze herausschreiben und dabei in Einzelelemente zerlegen.
4. Die einander entsprechenden Einzelteile untereinander anordnen und durch Abstand oder Trennungslinien von den anderen Satzteilen trennen.
5. Schlüsselwörter für die Struktur optisch hervorheben.
6. Regel formulieren und unter die Beispielsätze schreiben.

Adaptiert nach RAMPILLON 1996: 60

8-Schritte-Programm zum Lernen von Grammatikregeln
1. Regel genau durchlesen und versuchen, sie zu verstehen.
2. Regel mit den Beispielsätzen vergleichen.
3. Eventuell einzelne Merkmale optisch hervorheben.
4. Beispielsätze abschreiben und dabei in Einzelteile zerlegen.
5. Einzelne Merkmale optisch hervorheben.
6. Sätze laut lesen und versuchen, sie zu behalten.
7. Weitere Beispiele suchen, ergänzen und ebenfalls laut lesen.
8. Regel und Beispielsätze in ein grammatisches Merkheft eintragen.

Adaptiert nach RAMPILLON 1996: 60 f.

Eine gute Möglichkeit, sowohl grammatische Kenntnisse zu erwerben als auch diese Lerntechniken anzuwenden, bietet die bereits erwähnte Methode Lernen durch Lehren (LdL). In den meisten Lehrbuchlektionen werden neben einem größeren Grammatikphänomen mehrere kleinere vermittelt, die oftmals einzeln als Stundenthema nicht genug hergeben und zu mehreren zusammengestellt im lehrerzentrierten Unterricht eine langweilige, aus Erklärungen und Übungen bestehende Grammatikstunde ergeben. Wenn man jedoch zwei in der Schwierigkeit vergleichbare Phänomene nimmt, eignen sie sich hervorragend, um eine schülerorientierte Grammatikerarbeitung zu konzipieren, deren Schwerpunkt auf der Schulung der Methodenkompetenz der Lernenden liegt (SOMMERFELDT 2001: 46 f.). Die Gruppe wird dazu in zwei Untergruppen geteilt, die sich jeweils mit einem der Phänomene beschäftigen. Die Aufgaben sind zunächst:

4.5 Grammatikerarbeitung und -einübung

1. Die grammatischen Regeln für das eigene Phänomen heraussuchen und verstehen.
2. Die im Buch vorgegebenen Übungen bearbeiten und mithilfe der ausliegenden Lösungen (z. B. aus dem Lehrerhandbuch) selbst korrigieren.
3. Die grammatische Regel selbst formulieren und anhand eigener Beispiele/Beispielsätze illustrieren.
4. Eine Übung zu diesem Phänomen selbst konzipieren und dazu ein Lösungsblatt erstellen.

Dann werden Paare aus je einem Schüler jeder Gruppe gebildet. Die Aufgaben sind nun:

1. Dem Partner das Phänomen anhand der eigenen Regeln und Beispiele erklären, ihm im Buch/Cuaderno zeigen, welche Übungen es dazu gibt, und angeben, welche der Partner bearbeiten soll (eine bereits korrigierte).
2. In Einzelarbeit die angegebene Übung des neuen Phänomens bearbeiten.
3. Gegenseitig die Übungen korrigieren und dabei ggf. erneut den Partner „belehren".

In der nächsten Stunde werden dann alle selbst erstellten Übungen und Lösungsblätter, die die Lehrkraft inzwischen korrigiert und kopiert hat, ausgelegt und in Form einer Lerntheke oder eines Stationenlernens (vgl. Kap. 2, S. 25) bearbeitet.

Die Gestaltung von Übungsstunden ist insofern eine Herausforderung für die Lehrkraft, als sie sich nicht in einer monotonen Aneinanderreihung von Übungen erschöpfen dürfen. Lehrerimpulse wie *"Aquí tengo otro ejercicio para vosotros"* zeigen den Schülern, dass es um das Üben um der Grammatik willen geht. Anliegen ist es aber, den Schülern die kommunikative Relevanz der grammatischen Strukturen zu verdeutlichen, das Üben zu einem sinnhaften Anwenden und Sprachhandeln werden zu lassen. Dies lässt sich am besten erreichen, wenn konsequent inhaltsorientiert gearbeitet wird, es also einen für die Schüler deutlich erkennbaren inhaltlichen roten Faden gibt oder ein klar benanntes Kommunikationsziel, zu dem die einzelnen Übungen beitragen. In einer Stunde, in der es um die Einübung der reflexiven Verben geht, könnte, nachdem eine bestimmte Übung zu den Lehrbuchfiguren gemacht wurde, die folgende Überleitung stattfinden: *"¿Qué informaciones da este ejercicio?"* S: *"Informaciones sobre el día de Fulanito Tal."*, L: *"Y ahora vamos a hablar de vuestro día."*

Übungstypologie (mit Beispielen)
Drillübungen: Minidialoge wie *"¿Tomas una coca-cola?" "Sí, la tomo"*. Sie eignen sich für das kurze mündliche Einschleifen von Strukturen, besonders der Verbformen in verschiedenen Zeiten. Nach ein paar Beispielen wird an die

Schüler abgegeben, damit sie sich gegenseitig fragen.
Einsetzübungen: Lückentexte
Umformungsübungen: Aktiv in Passiv, direkte in indirekte Rede
Erweiterungsübungen: *Si*-Satz wird vorgegeben; die Lernenden müssen sich logische Folge ausdenken (oder umgekehrt)
Partnerübungen: Tandembogen, Fragekarten, Partnerfolien, Flussdiagramme zum gesteuerten Sprechen (s. Kap. 3, S. 62 ff.)
Kommunikative Übungen: Kommunikationskärtchen, Übungen zum freien und zum interaktiven Sprechen (s. Kap. 3, S. 66 ff., 70 ff.), Dialoge schreiben und vortragen lassen
Affektive Übungen: Bewegungsspiele zum Einüben der Imperative
Spielerische Übungen: Würfeln zur Verbkonjugation, Erzählkarten zur Übung der Vergangenheitszeiten

Neben der Inhaltsorientierung gelten für Grammatikstunden die Forderungen nach einer angemessenen Progression, sowohl hinsichtlich der Lösung vom sprachlichen Vorbild des Lehrbuchtextes als auch hinsichtlich des Fortschreitens vom Bekannten zum Unbekannten, vom Leichten zum Schweren und vom Einfachen zum Komplexen. Die verschiedenen Fertigkeiten sollten angemessen geschult werden, wobei zu bedenken ist, dass die Schüler nur in der Schule sprechen und hören können, lesen und schreiben hingegen auch zu Hause. Die daraus folgende banale Erkenntnis, die wertvolle Unterrichtszeit vor allem zum Sprechen und Hören zu verwenden, wird verstärkt durch die Erkenntnis, dass im „wirklichen Leben" die Sprachverwendung zu 90 % mündlich stattfindet, sowohl im privaten wie auch im beruflichen Bereich. Daraus resultiert die fachdidaktische Forderung nach Stärkung der Mündlichkeit im Unterricht. Angestrebt wird, dass jeder Schüler in jeder Stunde fünf Minuten spricht. Dies ist nur möglich, wenn die Interaktion nicht immer über den Lehrer läuft und die Schüler Gelegenheit haben, sich über das Material selbst zu kontrollieren.

Tipp: Die Standardunterrichtssituation im Grammatikunterricht ist nicht mehr das Unterrichtsgespräch zwischen Lehrkraft und Gruppe, sondern Partnerarbeit mit Selbstkontrolle.

Der Partnerarbeit (zur Organisation vgl. Tipp in Kap. 3, S. 66) ist gegenüber der ebenfalls möglichen Gruppenarbeit der Vorzug zu geben, denn sie bietet folgende Vorteile:
- keine zeitlichen Reibungsverluste,
- emotionale Sicherheit,
- Intensität des Übens,
- konsequente Ausrichtung an sprachlicher Interaktion.

Untersuchungen zufolge nimmt der Grammatikunterricht mit 40 bis 60 Prozent der Unterrichtszeit eine herausragende Rolle im Fremdsprachenunterricht ein. Bei 75 Prozent der Lehrkräfte ist er beliebt, während die Schüler ihn in der Regel als langweilig und „trocken" empfinden. Dies liegt nicht zuletzt daran, dass zu viel Zeit mit der Erklärung und Einübung verbracht wird – und zu wenig mit der Anwendung. Inhaltsorientierung und kooperative Arbeitsformen können dem entgegenwirken.

4.6 Wortschatzerarbeitung und -übung

"Y para mañana, aprended el vocabulario." So lautet die vermutlich am häufigsten von Spanischlehrern gestellte Hausaufgabe. Sie ist in zweifacher Hinsicht problematisch: Kommunikation kann gelingen, wenn die Grammatik nicht (korrekt) beherrscht wird – wenn jedoch die Wörter fehlen, gerät die Kommunikation schnell ins Stocken. Dieser Erkenntnis zufolge müsste die Beschäftigung mit dem Wortschatz zentraler Bestandteil des Spanischunterrichts sein; in der Regel wird jedoch das Wörterlernen aus dem Unterricht ausgelagert. Und das auf eine sehr unbestimmte Art: Wenn der so formulierten Hausaufgabe nicht eine Klärung der Techniken vorausgegangen ist, mit denen man sinnvoll Vokabeln lernen kann, dann führt sie zumeist nur zu dem seit Generationen tradierten Lernen von Wortgleichungen, von dem wir heute wissen, dass es nicht der Funktionsweise des mentalen Lexikons entspricht. Im Wortspeicher unseres Gehirns werden die Wörter inhaltlich und formal vielfältig vernetzt abgelegt. Das muss auch bei der Wortschatzarbeit mit dem Lehrbuch Berücksichtigung finden. Grundlegende Hinweise sowie Verfahren dazu finden sich in Kapitel 3 (s. dort S. 85–88). Die Lehrkraft ist bei der Wortschatzarbeit in allererster Linie als Lernberater gefragt; daher zielen die folgenden, ergänzenden Ausführungen darauf, wie die Lehrkraft das Vokabellernen in den verschiedenen Phasen des Wortschatzerwerbs unterstützen kann.

Phasen des Wortschatzerwerbs
Phase 1: Erschließung
Phase 2: Einprägung
Phase 3: Festigung und Integration in das vorhandene Wissen
Phase 4: Archivierung
Phase 5: Wiederholende Einprägung und testmäßige Überprüfung
Phase 6: Verteilte Wiederaufnahme

Nach M𝐚𝐭𝐳/M𝐞𝐲𝐞𝐫/S𝐜𝐡𝐫ö𝐝𝐞𝐫 **(1993: 36); Landesinstitut Schleswig-Holstein für Praxis und Theorie der Schule (IPTS)**

Bei der **Erschließung des neuen Wortschatzes** können das lehrerzentrierte Semantisierungsverfahren (s. S. 99 f.) oder schülerzentrierte Verfahren (s. S. 102–109) eingesetzt werden. Im Falle der Vokabeleinführung durch die Lehrkraft kommt dem Tafelbild eine nicht unerhebliche Bedeutung für die Behaltensleistung zu. Ein guter Tafelanschrieb folgt nicht chronologisch der Vokabelliste des Buches, was ja redundant wäre, sondern

- hat eine Überschrift,
- hat eine ordnende Struktur, ggf. mit weiteren Zwischenüberschriften,
- visualisiert mit grafischen Elementen und
- dient als Lernhilfe unabhängig von der Stunde.

Im Sinne der Lernberatung kommt es darauf an, den Schülern die gewählte Struktur zu verdeutlichen und ihnen damit verschiedene Verfahren zum Notieren der Vokabeln bei der individuellen Erschließung an die Hand zu geben. Im Falle der individuellen Erschließung ist es wichtig, mit den Schülern die unterschiedlichen Erschließungstechniken zu thematisieren (s. Kap. 3, S. 50–54), um ein Methodenrepertoire aufzubauen.

Für die **Einprägung des neuen Vokabulars**, die wegen des hohen Zeitaufwands zumeist in die häusliche Arbeit verlegt wird, sollte die Lehrkraft im Laufe der Zeit zahlreiche Möglichkeiten aufzeigen, damit die Schüler je nach Lerntyp aus diesem Angebot auswählen können. Dazu können außer der möglichst variantenreichen Arbeit mit dem Vokabelverzeichnis im Buch folgende Verfahren gehören:

- Vokabeln klassifizieren (inhaltlich oder formal),
- Vokabeln komplettieren (den Artikel ergänzen oder ein passendes Adjektiv/Nomen/Objekt),
- Selbst- oder Fremddiktate mit Lücken schreiben (Anfangs- und Endbuchstaben des Wortes notieren, dazwischen Striche für die Buchstaben setzen, nach zehn Minuten Vokabeln erinnern und einfüllen),
- Vokabeln in ein Aufnahmegerät sprechen (deutsches Wort – Lücke – spanisches Wort; beim Abhören in die Lücke das spanische Wort sagen und die Kontrolle hören),
- schwierige Vokabeln auf Klebezettel schreiben und an gut sichtbaren Orten aufhängen.

Bei allen Verfahren, die die Schüler zu Hause anwenden, geht es darum, eine aktive Auseinandersetzung mit dem Vokabular zu erreichen und das mechanische Pauken zu vermeiden.

Gleiches gilt für die Phase der **Festigung und Integration des neuen Vokabulars**, in der die neuen Wörter in möglichst vielen Verbindungen verwendet werden. Hierzu dienen natürlich alle Umwälzungsübungen bei der Lek-

4.6 Wortschatzerarbeitung und -übung

tionsarbeit (s. Abschnitt „Anwendung und Transfer"). Darüber hinaus sind aber explizite Wortschatzstunden vorzusehen, die die vielfältige Vernetzung mit verschiedenen Übungen fördern und bewusst machen. Dazu zählen:
- Vokabelnetze (Begriffsnetze, Merkmalsnetze, Sachnetze),
- Wortfamilien (z. B. Raster mit Kategorien, die je nach Lernstand variiert werden: *trabajar – el trabajo – trabajador/a – el/la trabajador/a*),
- Klangfelder (z. B. Reimwörter),
- affektive Wortschatzarbeit (z. B. das Lieblings- und das Unwort der Woche: Einmal pro Woche stellt ein Schüler seine Kandidaten vor; diese werden auf einem Plakat gesammelt und am Ende des Schuljahres daraus die Wörter des Jahres gekürt.),
- Lernspiele (Kreuzworträtsel, Buchstabensalat, Ratespiele, Kettenspiele),
- Definitionen und Paraphrasen,
- Kontextualisierung der Vokabeln (je zwei Vokabeln in einem Satz verwenden, mit 10 bis 15 Vokabeln eine Geschichte schreiben usw.),
- kreative Übungen *(formar palabras a base de las letras de la palabra en cuestión, formar imágenes a base de las palabras)*.

Auch in dieser Phase ist wichtig, dass die Lehrkraft die Funktion der einzelnen Verfahren mit den Schülern bespricht, damit diese zunehmend selbstständig das für sie geeignete Verfahren auswählen können. Dies ist insbesondere in Hinblick auf die nächste Phase von großer Bedeutung.

Die Phase der **Archivierung** verläuft häufig so, dass die Schüler nach der Erarbeitung eines Teilstückes der Lektion die neuen Vokabeln aus dem Vokabelverzeichnis des Lehrbuches in ein zumeist zweispaltiges Vokabelheft übertragen. Dies ist ein Verfahren, das in der didaktischen Diskussion kritisch gesehen wird. Zwar ist es mit Sicherheit sinnvoll, dass die Lernenden den neuen Wortschatz nicht nur lesen, hören und sprechen, sondern auch schreiben, jedoch garantiert das mechanische Übertragen von Listen keinen Lern- und Behaltenserfolg. Auch in der Phase der Archivierung ist die bewusste Auseinandersetzung mit dem neuen Vokabular das oberste Gebot. Dies wird beispielsweise durch die Aufgabe erreicht, nur jene Vokabeln aus dem Vokabelverzeichnis noch abzuschreiben, die nicht bereits mit dem Tafelbild übernommen wurden (bei der lehrerzentrierten Semantisierung) bzw. die individuellen Erschließungslisten (schülerzentrierte Erarbeitung) um jene Wörter zu ergänzen, die dort noch nicht stehen. Denn fraglich ist ja auch, welchen Mehrwert eine Doppelung der Listen im Buch und im Vokabelheft hat. Zu plädieren ist eher für alternative Formen. Besonders bedenkenswert ist dabei die Variante, den Auftrag zur Archivierung nicht nach

den jeweiligen Teilstücken der Lektion zu geben, sondern erst ganz am Ende der Lektionsbehandlung, wenn vielfältiges Vernetzen möglich ist. So könnten die Lernenden einen Ordner führen, der aus mindestens zwei Teilen besteht: dem Lektionsvokabular aus Tafelanschrieben und individuellen Erschließungslisten samt Ergänzungen sowie dem thematischen Vokabular, das nach dem Abschluss der Lektion zusammengestellt wird, etwa mit den folgenden Verfahren, die die Schüler frei wählen:
- Mindmaps,
- Wortfelder,
- Lückentexte,
- mehrsprachige Listen,
- mnemotechnische Karten (Anordnung des Vokabulars in einem imaginären „Raum", wobei dann abgerufen werden kann: „Das Wort XY stand rechts oben."),
- bildliche Darstellungen (selbst gestaltete Bilder zum Thema, in die das thematische Vokabular eingetragen wird).

Diese thematischen Sammlungen werden jeweils ergänzt, wenn neues Vokabular zu den Bereichen gelernt wird. Auch ist es denkbar, den thematischen Teil des Ordners im Verlauf des Lernprozesses um „metasprachliche" Seiten zu erweitern, wie zum Beispiel:
- *frases para la clase,*
- *vocabulario para opinar,*
- *vocabulario para hablar de textos,*
- *frases hechas.*

Alternativ zu einem solchen Ordner lässt sich die Archivierung mit Karteikarten organisieren. Sie bieten im Vergleich zum Vokabelheft bei Verwendung des Fünf-Fächer-Karteikastens (vgl. Kap. 3, S. 86 f.) oder der zu vielen Lehrwerken bereits verfügbaren digitalen Vokabelkartei auf jeden Fall den Vorteil des bedarfsgerechten Lernens, da die Vokabeln, die vergessen wurden oder Schwierigkeiten bereiten, wieder ins erste Fach zurückwandern und damit erneut ins Bewusstsein gehoben werden. Allerdings ist zu beachten, dass sich die Beschriftung der Kärtchen und das Lernen nicht auf die Wortgleichungen beschränken dürfen, sondern dass auch hier eine aktive Auseinandersetzung mit den Wörtern erfolgen muss, z. B. durch
- Verwendung verschiedenfarbiger Kärtchen für weibliche und männliche Substantive, Verben sowie andere Wörter,
- Bildung von Beispielsätzen mit der jeweiligen Vokabel,

- Angabe der Konjugationsgruppe bei Verben bzw. Vermerken von unregelmäßigen Formen,
- Weiterarbeit mit den beherrschten Wörtern des 5. Kastens, z. B. Zusammenstellung nach thematischen Schwerpunkten.

Solche Verfahren bieten eine gute Grundlage für die **wiederholende Einprägung und testmäßige Überprüfung.** Die Erfolgskontrolle wird in der Regel angekündigt oder ist vereinbarter Bestandteil der Unterrichtsroutine, nicht zuletzt, um schwächeren Lernern die Chance zu eröffnen, durch gründliches und regelmäßiges Wiederholen eines fest umrissenen lexikalischen Lernstoffes Erfolgserlebnisse zu erzielen. Die Aufgabenformen sollten diejenigen sein, die aus den vorangegangenen Phasen bekannt sind, d. h., auch hier ist von Wortgleichungen abzusehen. Wenn Tests Bestandteile der Unterrichtsroutine sind – also etwa jede Woche in derselben Stunde geschrieben werden –, kann die Lehrkraft sich entlasten, indem sie das Erstellen (und ggf. auch das Korrigieren) dieser Tests an die Klasse abgibt. Die Schüler erhalten bestimmte Vorgaben (z. B. 20 Vokabeln zu überprüfen, davon fünf Substantive, fünf Verben, fünf Adjektive und fünf weitere sowie vier verschiedene Aufgabentypen zu verwenden, als da sein könnten: *Escribe una frase con la palabra siguiente. Da una definición de la palabra siguiente. Indica lo contrario. Forma una palabra de la misma familia. Indica un sinónimo. Soluciona el crucigrama. Completa la frase siguiente, etc.*) Zu Beginn des Halbjahres wird festgelegt, welcher Schüler (oder welches Schülerpaar) in welcher Woche für den Test zuständig ist, sodass alle mindestens einmal an die Reihe kommen. Erfahrungsgemäß sind die Schüler untereinander sehr kritisch, sowohl hinsichtlich Qualität der Tests als auch in Bezug auf eine gerechte Bewertung, sodass nach einer Phase der Eingewöhnung dieses Verfahren problemlos funktioniert. Die Lehrkraft hat dabei die Möglichkeit zur Überprüfung der Methodenkompetenz der Testersteller. Im Interesse der Umwälzung von zurückliegendem Lernstoff ist es sinnvoll und wünschenswert, in solche Tests nach Vorankündigung auch Vokabular aus vorausgegangenen Lektionen aufzunehmen.

Es ist eine vertraute Erfahrung, dass **verteilte Wiederholung** erfolgen muss, um den Wortschatz tatsächlich im Langzeitgedächtnis zu speichern. Da die Unterrichtszeit knapp ist, bleibt die Vokabellernarbeit zu oft an die aktuelle Lektion gekoppelt. Tipps für diese Phase bietet der Abschnitt „Üben und Wiederholen", da die Problematik des wiederholenden Übens nicht auf das Vokabular beschränkt ist.

4.7 Anwendung und Transfer

Nach der Phase der Erarbeitung des Lektionstextes und der isolierten Erarbeitung und Einübung der neuen sprachlichen Mittel erfolgt deren Anwendung in komplexeren Zusammenhängen. Diese bewegen sich zunächst noch im Rahmen des Lektionskontextes. Zunehmend wird dann das Gelernte auf Kontexte übertragen, die der Lebenswelt der Schüler angehören, sodass sie die Relevanz des gesamten Lernstoffes für die selbstständige Versprachlichung ihrer eigenen kommunikativen Absichten erleben können. Bestenfalls fällt dies zusammen mit der Bewältigung einer Lernaufgabe, die ohne die vorausgegangene Lektionserarbeitung mit ihren Bestandteilen nicht möglich gewesen wäre, und auf die schon zu Beginn der Arbeit an der Lektion hingewiesen wurde (vgl. Neuauflage des Lehrwerks *Encuentros*, Cornelsen 2010).

Oftmals kommen in dieser Phase **kreative Verfahren** zum Einsatz, die motivierend und intensitätssteigernd wirken. Diese Verfahren werden ganz ähnlich beim Umgang mit literarischen Texten verwendet (vgl. Kap. 6). In der Lehrbucharbeit haben sich bewährt:

- Texttransformation durch Perspektivenwechsel, z. B. von der 3. in die 1. Person: *Después de este día, Fulanito llama a sus padres y les cuenta lo siguiente:...*
- Umwandlung der Textsorte, z. B. ein Gespräch in einen Tagebucheintrag, einen Erzähltext in ein Gespräch
- Texttransformation durch Änderung des Zeitpunktes, z. B. Tagebucheintrag einer Figur am Tag danach/eine Woche davor: *Querido diario...*
- Innerer Monolog: *Poneos en el lugar de Fulanito y presentad vuestras reflexiones.*
- Illustrationen: Lektionsbilder zeichnen lassen; diese werden von den Mitschülern beschrieben, verschiedenen Zeitpunkten der Geschichte zugeordnet, kommentiert usw.
- Erfinden einer Vorgeschichte: Diese sollte im engen Bezug zur vorliegenden Geschichte stehen, also von einer Leerstelle des Textes ausgehen: *Justo antes de salir de casa / de vivir esto ¿qué habrá hecho/pensado/dicho Fulanito? ¿Por qué?*
- Fortsetzung der Geschichte: Dies bietet sich an bei Texten, deren Ende offen bleibt.
- Szenisches Spiel: Nachspielen eines dialogischen Textes und/oder Umsetzung von narrativen Textteilen in einen dialogischen Text mit Anspielen der Szene.

- Medienwechsel: Umwandlung von Passagen des Textes in eine Hör- oder Filmszene, zu der ein kurzes Drehbuch geschrieben werden kann; Anfertigung und Beschriftung einer Collage zur Lektion auf Plakat.
- Brief an eine der Personen der Lehrbuchgeschichte: *Para solucionar tu problema ..., Tu situación me hace pensar en ..., Mi vida es igual/diferente porque ...*

Tipp: Kriterien für kreative Produkte vorab festlegen – das erleichtert den Umgang mit den Ergebnissen.

Bei der Stellung solcher Aufgaben ist es wichtig, mit den Schülern vorab zu klären, worauf es ankommt: Wie lang soll der erstellte Text sein? Welche inhaltlichen Elemente müssen auftauchen? Welche Redemittel/grammatischen Strukturen müssen unbedingt verwendet werden? Dies erleichtert die Rückmeldung zu den entstehenden Texten und deren Bewertung (vgl. Kap. 8). Abgesehen von mehr oder weniger unverständlichen Passagen wird sich die Korrektur durch die Lehrkraft dann auf die vorab festgelegten Schwerpunkte beschränken können, die ja in aller Regel die neuen sprachlichen Mittel der Lektion sind. Hier allerdings muss eindeutig und verbindlich geklärt werden, was falsch und wie es richtig ist. Die Fokussierung auf bestimmte Kriterien ermöglicht auch das Delegieren dieser Aufgaben an Schüler(gruppen), die dann während der Präsentationsphase als Experten auf die Verwendung der neuen Vokabeln, der neuen Grammatik oder die Umsetzung der inhaltlichen Vorgaben achten.

Wichtig ist es außerdem, jeweils zu prüfen, ob Aufgabe/Textsorte und Sozialform zueinander passen: Einen Dialog schreiben zu lassen ist eine Aufgabe für Partnerarbeit und eignet sich daher nicht als Hausaufgabe; Erarbeitung und Präsentation in der nächsten Stunde wären problematisch. Das Verfassen eines Briefes hingegen ist ein klassischer Auftrag für Einzelarbeit und sollte nicht in Gruppen- oder Partnerarbeit erledigt werden.

Die frühzeitige **Integration von authentischen Texten** ist eine weitere Maßnahme, Gelerntes anzuwenden und Lehrbucharbeit ansprechend zu erweitern. Bei diesen Texten kann es sich handeln um

- Kurzprosa,
- Gedichte,
- *canciones,*
- Karikaturen und Fotos als Sprechanlässe (Impulsbilder),
- Sachtexte, z. B. aus *Ecos*: Die Lehrkraft sammelt die laminierten Texte in einem Ordner zum interkulturellen Lernen (etwa mit den Rubriken *so-*

ciedad – cultura – personajes – paisajes ...). Über diese Minidossiers werden in regelmäßigen Abständen Kurzreferate gehalten.
- Bücherkiste mit Lektüren und Jugendbüchern: Die Schüler können daraus nach eigenem Geschmack und Niveau wählen und führen entweder ein Lesetagebuch, das zum Ende des Halbjahres eingesammelt und bewertet wird (und z. B. zu jeder Lektüre ein *resumen* und einen *minicomentario* enthält), oder präsentieren ihre Lektüren im Unterricht. Weitere Anregungen hierzu finden sich in Kapitel 6.

4.8 Üben und Wiederholen

Unter dieser Überschrift geht es nicht um das Einüben der neuen sprachlichen Mittel im Verlaufe der Lektionserarbeitung, sondern um das wiederholende Üben zur Auffrischung des Lernstoffes, sei es gegen Ende der Lektionsbehandlung zur Vorbereitung einer Klassenarbeit oder in regelmäßigen Abständen als Maßnahme „wider das Vergessen".

Gute Wiederholung erfolgt regelmäßig, systematisch und methodisch variabel.

Dieser Bereich der Lehrbucharbeit stellt die Lehrkraft vor zwei Herausforderungen: Die Organisation der Wiederholung und die Bereitstellung von weiterem Übungsmaterial, das nicht schon während der Lektionsarbeit verbraucht wurde.

Für die **Organisation der Wiederholung** bietet es sich an, ihr einen festen Platz im Unterrichtsgeschehen zuzuweisen (vgl. Stichwort „Unterrichtsroutinen", S. 104). Als besonders geeignetes Verfahren erweisen sich dabei die Kommunikationskärtchen, die die Lehrkraft zu jeder Lektion erstellt, sodass aus dem ständig anwachsenden Stapel nach dem Zufallsprinzip im Laufe der Zeit alle Kommunikationssituationen immer wieder trainiert werden (vgl. dazu Kap. 3, S. 66 ff.). Eine weitere Möglichkeit ist es, nach jeder neuen Lektion jeweils eine oder mehrere zurückliegende Lektionen zu wiederholen. Das nachstehende Schema zur systematischen Wiederholung zeigt zwei verschiedene Modelle: die Abstandsverdoppelung (A) und die Abstandsverdreifachung (B). Demnach werden nach der aktuellen Lektion 4 in Modell A die Lektionen 1 und 3 wiederholt, in Modell B die Lektion 2. Damit ist Modell A intensiver, erfordert aber auch mehr Zeit.

4.8 Üben und Wiederholen

Aktuell Nr.	Modell A zu wiederholen:	Modell B zu wiederholen:
1		
2	1	
3	2	1
4	1, 3	2
5	2, 4	3
6	3, 5	4
7	4, 6	5
8	1, 5, 7	6
9	2, 6, 8	1, 7
10	3, 7, 9	2, 8
11	4, 8, 10	3, 9
12	5, 9, 11	4, 10
13	6, 10, 12	5, 11
14	7, 11, 13,	6, 12
15	8, 12, 14	7, 13
16	1, 9, 13, 15	8, 14
17	2, 10, 14, 16	9, 15
18	3, 11, 15, 17	10, 16
19	4, 12, 16, 18	11, 17
20	5, 13, 17, 19	12, 18

Nach Matz/Meyer/Schröder 1993: 117

Eine gute und den Lehrer entlastende Methode, Material für die Übungs- und Wiederholungsstunden zu gewinnen, besteht im **Selbsterstellen von Übungsmaterial durch die Schüler** zum Abschluss der Erarbeitung einer Lektion. Dabei werden die Bereiche Wortschatz, Grammatik und Inhalt auf die Gruppe aufgeteilt. Die Aufmerksamkeit und Konzentration der Schüler ist beim Erstellen der Arbeits- und Lösungsblätter automatisch aktiv auf das Wesentliche fokussiert, was insofern optimal ist, als es auch beim Üben und Wiederholen entscheidend auf die bewusste Auseinandersetzung mit dem Lerngegenstand ankommt. Dazu kommt, dass die Schüler sowohl das Ausdenken und Gestalten eigener Übungen als auch die Bearbeitung von Übungen, die andere aus der Gruppe entworfen haben, als überaus motivierend empfinden. Die unerlässlichen Übungs- und Wiederholungsphasen, die oftmals trocken und langweilig sind, gewinnen so eine ganz neue Qualität. Einzige Voraussetzung für dieses Vorgehen ist, dass die Schüler eine hinreichend große Anzahl von Übungsformen kennen. Sofern das nicht aus dem Unterricht der Fall ist, empfiehlt es sich, dass der Lehrer beim ersten Arbeiten nach dieser Methode eine Liste von Übungsformen mit den Schülern bespricht. Beispiele siehe Seite 127.

Wird auf diese Weise gearbeitet, kann der Lernstoff einer ganzen Lektion in zwei Stunden wiederholt werden: eine Stunde zum gruppenteiligen Erstellen der Übungen sowie der Lösungsblätter und eine Stunde zum Bearbeiten der ausgelegten Materialien; das kann die nächste Stunde sein, aber auch eine Wiederholungsstunde in weiterer Entfernung. Dazwischen hat der Lehrer Gelegenheit, die Übungen auf Richtigkeit zu überprüfen, eventuell Arbeitsanweisungen zu ergänzen, verbindliche und fakultative Übungen festzulegen (vgl. Stationenlernen, Kap. 2, S. 25) und das Material zu vervielfältigen. Die Methode eignet sich auch hervorragend zur Wiederholung nach den Ferien, wenn in der/den letzten Stunde(n) vor den Ferien die Übungen entworfen und in der ersten danach bearbeitet werden.

Wortschatz
- Kreuzworträtsel
- *Sopa de letras*
- Domino
- Trimino: neun Dreiecke, die zusammengelegt ein großes Dreieck ergeben
- Jeder Buchstabe ein Wort: Die Buchstaben eines Wortes/Oberbegriffs werden untereinandergeschrieben; es sollen Wörter aus der Lektion/zum Thema notiert werden, die mit diesen Buchstaben beginnen.
- Tabu: Begriffe umschreiben
- Vokabel-Memory: eine Karte mit spanischer Vokabel, die andere mit Übersetzung und/oder Definition; insgesamt 15 bis 20 Vokabeln
- Vokabeln und Bedeutung in zwei Spalten zuordnen
- Wörter aus verdrehten Buchstaben dieser Wörter rekonstruieren
- Vokabeln, Lücken und Bedeutungen in ein Aufnahmegerät sprechen
- Vokabelkartei anlegen

Grammatik
- Lückentexte
- Verben würfeln: sechs Verben und zwei Würfel (einer für das zu konjugierende Verb, der andere für die Personalform); Übung auch durch Erstellen des Lösungsblatts
- Unvollständiges Raster erstellen: Verben, Possessivpronomina usw.
- Domino
- Trimino: neun Dreiecke, die zusammengelegt ein großes Dreieck ergeben
- Tandembögen

Inhalt und Korrektkeit
- Cloze-Test: Lückentext, in dem jedes 7. oder 5. Wort fehlt
- *Correcto – falso*
- Tandem: Partner müssen Informationen einholen, die auf ihrem Arbeitsblatt fehlen, und die Auskünfte erteilen, die auf ihrem Arbeitsblatt vorhanden sind.
- Halbsätze in zwei Spalten zuordnen
- Sätze aus ungeordneten Wörtern dieser Sätze rekonstruieren
- Dosendiktat: Text bzw. Textteile werden in Sätze zerschnitten. Der Schüler nimmt einen Streifen, liest ihn, steckt ihn in eine Dose/einen Umschlag, schreibt ihn auf usw. Anschließend Selbstkorrektur anhand der Streifen. Eventuell danach Rekonstruktion der richtigen Reihenfolge der Streifen.
- Fragen zum Text

SOMMERFELDT 2001: 57

4.9 Alternativen

Wir lernen am besten, wenn wir emotional bei der Sache sind. Natürlich kann nicht jedes Lehrbuch für alle Nutzer immer gleich spannend sein. Deshalb ist der flexible Umgang mit dem Lehrbuch wichtig: Der Unterricht wird nach den Interessen und Bedürfnissen der an ihm Beteiligten gestaltet. Das heißt:

- Das Lehrbuchangebot als Angebot sehen, nicht als Vorschrift.
- Die Progression an die Lerngruppe anpassen; brauchen die Lernenden viel Übungszeit, werden noch Übungen ergänzt, benötigt die Lerngruppe nicht alle Übungen, lässt man einige weg.
- Verstärkt die Themen nutzen, die die Schüler interessieren; nicht auf Texten bestehen, die veraltet oder für die Lerngruppe uninteressant sind.
- Texte und Übungen auslassen, die der Lehrkraft nicht gefallen oder nicht sinnvoll erscheinen. Die Lehrkraft entscheidet, wozu die wertvolle Unterrichtszeit genutzt werden soll.
- Das Lehrbuch reorganisieren, also Teile vorziehen oder nach hinten verschieben, wenn es besser ins Unterrichtskonzept passt.
- Teillektionen oder ganze Lektionen durch selbstgestaltete Materialien oder Materialien aus anderen Lehrbüchern ersetzen, wenn dies sinnvoll erscheint.
- Mit den angebotenen Materialien anders umgehen als vorgeschlagen, also etwa ein Gruppenpuzzle aus mehreren kurzen Texten zu einem Thema oder einen Lernzirkel bzw. Wochenplan aus dem Übungsapparat einer Lektion machen.
- Alternativen zum Lehrbuch im Auge behalten und den Unterricht dadurch abwechslungsreicher gestalten, zum Beispiel durch Lernzirkel, Selbstlernprogramme, Projekte oder Simulationen.

4.10 Literatur

Allgemein zum Thema „Lehrbucharbeit"

Bovet, Gislinde/Huwendiek, Volker (2000) (Hrsg.): Leitfaden Schulpraxis, Berlin: Cornelsen.

Edelhoff, Christoph/Weskamp, Ralf (1999) (Hrsg.): Autonomes Fremdsprachenlernen. Ismaning: Hueber.

Kugler-Euerle, Gabriele (2000), Der motivationale Super-Gau in der ausgehenden Sekundarstufe I. In: Der Fremdsprachliche Unterricht Englisch, Heft 1, S. 48 f.

Rampillon, Ute (1996): Lerntechniken im Fremdsprachenunterricht, Ismaning: Hueber.

Spengler, Wolfgang (2006): Raus mit der Sprache! In: Der fremdsprachliche Unterricht Französisch 84, S. 28 35.

Zu Kapitel 4.4

Nieweler, Andreas/Rellecke, Ute (2000): Variatio delectat – Lektionseinführung und Semantisierung im Anfangsunterricht. In: Der fremdsprachliche Unterricht Französisch 45, S. 14–18.

Schiffler, Ludger (1999): Eine Lehrbuchlektion einführen – handlungsorientiert. In: Praxis des Neusprachlichen Unterrichts 46, S. 158 ff.

Sommerfeldt, Kathrin (2001): Lernerautonomie – ganz praktisch. In: Hispanorama 93, S. 43–62.

Zu Kapitel 4.5

Themenheft Grammatik im Kontext (2008): Der fremdsprachliche Unterricht Spanisch 20.

Froese, Wolfgang (2000): Grammatik lernen mit allen Sinnen im Englischunterricht. In: Praxis des neusprachlichen Unterrichts 47, S. 137–143.

Zu Kapitel 4.6

Themenheft Wortschatzarbeit (2009): Der fremdsprachliche Unterricht Spanisch 27.

Matz, Knut/Meyer, Jürgen/Schröder, Ulrich (1993): Wortschatzarbeit im Englischunterricht, Kiel: IPTS.

Zu Kapitel 4.7

Von Höfen, Raphaela (2013): Lehrbucharbeit und Szenisches Spiel. In: Der fremdsprachliche Unterricht Spanisch 43, S. 20–25.

Zu Kapitel 4.8

Sommerfeldt, Kathrin (2003): Das Wortfeld „La vivienda". In: Der fremdsprachliche Unterricht Spanisch 2, S. 28–33.

Wilkening, Monika (1997): Öffnung des Unterrichts bei Übungen und Wiederholungen. In: Der fremdsprachliche Unterricht Französisch 28, S. 10–14.

Zu Kapitel 4.9

Berger, Stephanie (2004): Unveröffentlichtes Manuskript zum Ausbildungsmodul „Spanischunterricht - das Was", Kiel: IQSH.

5. Materialien und Medien einsetzen

Ursula Vences

Die Auswahl des jeweiligen Unterrichtsgegenstands bewegt sich stets zwischen den drei Polen Lernende – Lernziel – Material, wobei die Überlegungen zur Auswahl von jedem der Pole ausgehen können, aber alle drei Punkte sich gegenseitig bedingen.

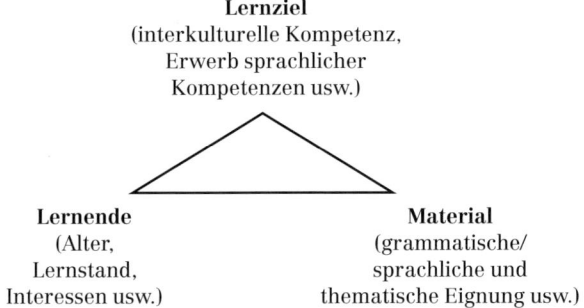

Wird ein besonderes Lernziel in den Blick genommen, etwa die Förderung der Sprechfertigkeit, so ist beispielsweise ein im positiven Sinne provozierendes Material geeignet, welches zur Stellungnahme herausfordert, aber zugleich sprachlich zu bewältigen ist. Ist zunächst die Lerngruppe im Fokus, so erfordert dies vorrangig die Suche nach einem der Interessenlage der Schülerinnen und Schüler entsprechenden und sprachlich zu bewältigenden Material. Ist der Ausgangspunkt ansprechendes Material, so stellt sich die Frage, in welchem unterrichtlichen (sprachlichen und thematischen) Zusammenhang es in einer Lerngruppe eingesetzt werden kann. Spanischunterricht ist ohne Material kaum denkbar. So werden die Ziele und Funktionen der häufig eingesetzten Materialien sowie die damit verbundenen Anforderungen an die Lehrkraft und die methodischen Möglichkeiten im Folgenden näher beleuchtet. Dabei ergeben sich aufgrund der oben aufgezeigten Interdependenz immer wieder Verbindungen zu den Kapiteln, die die Zielbereiche des Spanischunterrichts, den Erwerb funktionaler kommunikativer sowie methodischer Fähigkeiten (Kapitel 2 und 3) und interkultureller Kompetenzen (Kapitel 7) behandeln.

5.1 Ziele und Funktionen

Wurde traditionellerweise bei der Materialauswahl für den Fremdsprachenunterricht hauptsächlich auf Texte zurückgegriffen – die Bleiwüsten alter Lehrwerke geben deutlich Kunde davon –, so liegt dem Spanischunterricht seit seinem Einzug in die Schulen ein **erweiterter Textbegriff** zugrunde: Neben den literarischen Texten (s. Kap. 6) gehören auch Realia, expositorische Texte, Lieder, Bilder, Filme, Spiele und neue Medien dazu.

Die Bedeutung von Materialien „zum Anfassen" für den Spanischunterricht ist sehr groß, da vieles sich durch den unmittelbaren Zugang des Sehens und Berührens viel besser begreifen lässt. **Realia** aus Spanien und Lateinamerika beleben den Unterricht und helfen von Beginn an beim Aufbau von Wissen auf einen Blick und ohne viele Worte, was angesichts der Vielfalt und Fremdartigkeit der Kulturen wichtig ist. So wird bei jüngeren Schülern das Mitbringen einer *piñata* ungleich eindrücklicher in Erinnerung bleiben als die bloße Lektüre eines Textes über diesen Brauch.

Sachtexte sind im Spanischunterricht zur Vermittlung von Fakten und Daten zu aktuellen oder historischen Themen unverzichtbar. Sie können als Ausgangspunkt der Beschäftigung mit einer Thematik genutzt werden oder zur Ergänzung und Einordnung von Fakten aus literarischen Texten. Sachtexte eignen sich mitunter auch zur Erarbeitung von sprachlichen Phänomenen (z. B. ein Text mit der Darstellung historischer Fakten zur Erarbeitung/Vertiefung des *indefinido*). Darüber hinaus sind Sachtexte wie Zeitungsartikel und Kommentare, die Vorwissen bei der Leserschaft voraussetzen, zur Förderung des selbstständigen Lernens geeignet, da sie die Möglichkeit von Fragestellungen an den Text eröffnen (Wer ist diese Person? Was steckt hinter dieser Entscheidung? Wie wird es weitergehen?), dank derer die Lernenden im Sinne des selbstverantworteten Arbeitens eigene Recherchen anstellen können.

Hörmaterialien dienen der Vorbereitung auf die unmittelbare Kommunikation mit Sprechern der spanischen Sprache sowie auf das Verstehen zielsprachiger Mitteilungen in den Medien. In der realen Sprachverwendungssituation kommt dem Hören als einem individuellen Vorgang (neben dem eng damit verbundenen Sprechen) ein größerer Stellenwert zu als dem Lesen und Schreiben. Zudem ergibt sich für die Unterrichtenden wegen der zahlreichen Aussprachemodalitäten in den hispanischen Ländern die Notwendigkeit, Hörübungen im Unterricht verstärkt zu berücksichtigen.

Besonders beliebt als auditives Material im Spanischunterricht sind **Lieder**. Für die Unterrichtenden besteht in diesem Bereich die gute Möglichkeit, die Lernenden an der Unterrichtsgestaltung zu beteiligen, indem diese ihre

Wünsche einbringen und sich auch aktiv um Text und Musik kümmern. Ein solcher Einsatz von Liedern ist motivierend und überbrückt gelegentlich Tiefphasen im Unterricht. Lieder (Text und Musik) können jedoch auch fester Bestandteil einer Unterrichtsreihe sein, um sowohl thematische wie auch sprachlich-grammatische Lernziele zu verfolgen. Und nicht zuletzt bringt die Behandlung von Liedern – insbesondere wenn sie von den Lernenden selber ausgewählt wurden – viel zusätzlichen Spaß und Motivation.

Der Einsatz von farbigen stehenden und bewegten Bildern im Spanischunterricht ist nicht wegzudenken. Die Fülle von Eindrücken aus Spanien und Lateinamerika ist durch Worte nur unzureichend zu vermitteln. Hier haben **Bilder und Filme** eine wichtige Funktion; bei unbekannten Phänomenen wecken sie Neugier und fordern zu Fragen heraus. Dem Einsatz von Bildmaterial kommt entgegen, dass die jungen Menschen weitaus mehr als frühere Generationen von Lernenden in einer von visuellen Eindrücken bestimmten Welt aufwachsen und durch diese geprägt sind. Sie erhalten den größeren Teil der Informationen und Eindrücke über Bilder und nicht mehr über Texte – es wird weniger gelesen als „geguckt": Werbetafeln, Fernsehen, YouTube, Kino usw. sind visuelle Reize, die die Jugendlichen im Alltag umgeben und deren unterrichtliche Nutzung daher an ihre Lebenswelt anknüpft.

Die vielfältige Realität der hispanischen Welt, die in Lehrwerken und Texten immer nur ausschnittsweise vertreten sein kann, kann in Zeiten moderner Informationstechnologie darüber hinaus durch den **Einsatz der neuen Medien** ins Klassenzimmer geholt werden. Das Internet mit seinen umfangreichen Möglichkeiten, welche durch den schnellen Zugriff auf Informationen in Wort, Bild und Ton die ständige Aktualisierung von Wissen erlauben, stellt einen unerschöpflichen Fundus für Lehrende und Lernende dar, allerdings nicht immer mit Gewähr für die Richtigkeit. Der Umgang damit will geübt sein; er verändert den Unterricht: Den Lernenden kommt eine aktive Rolle bei der Auswahl zu und damit die Möglichkeit, ihren Lernprozess nach individueller Interessenlage mitzusteuern.

Spielen und Lernen sind kein Gegensatz, im Gegenteil: **Spiele** stellen für den Fremdsprachenunterricht ein wichtiges Element dar. Sie dienen nicht nur als „Belohnung" oder zur Entspannung nach Phasen intensiven Arbeitens, sondern sind ein integraler Bestandteil des Lernprozesses. Dabei sind besonders solche Spiele zu bevorzugen, die Bewegung im Klassenraum mit einbeziehen, da dies (durch Aktivierung der rechten Hirnhälfte) der Behaltenswirksamkeit förderlich ist. Spielen ist nicht nur bei jüngeren Schülerinnen und Schülern beliebt, sondern durch alle Altersstufen hindurch bis ins Erwachsenenalter. Die meisten Spiele und spielerischen Formen können ad hoc ergänzend zu Lektionen oder Unterrichtseinheiten eingesetzt werden, wie beispielsweise Rollenspiele, der „heiße Stuhl", Bingo usw. Im Spanischunterricht sind insbesondere Spiele wichtig, die neben sprachlichen Übungsmöglichkeiten zugleich kulturelle und landeskundliche Inhalte vermitteln.

> Eine größtmögliche Vielfalt der Materialien gewährleistet einen abwechslungsreichen und zudem bereichernden Spanischunterricht sowie den Erhalt der Motivation.

Stets geeignet sind Materialien, welche **Schreib- und Sprechanlässe** herausfordern, das heißt solche,
- die Unerwartetes oder Überraschendes bieten,
- die das Wissen erweitern,
- die zum Weiterlernen motivieren,
- die Leerstellen aufweisen, Fragen aufwerfen oder Hypothesen zulassen,
- die individuelle Auseinandersetzung und Stellungnahmen ermöglichen.

Hinweise zu inhaltlichen Auswahlkriterien von Materialien finden sich in den Kapiteln 7.1 und 7.4.

5.2 Authentizität und Didaktisierung

In der Diskussion um geeignete Materialien für den Fremdsprachenunterricht lassen sich zwei gegenläufige Tendenzen ausmachen: auf der einen Seite die Nutzung didaktischer Materialien, insbesondere in den gängigen Lehrwerken, die bestimmte sprachliche Phänomene deutlich und mehrfach in angemessenen Sprachverwendungssituationen präsentieren und die zudem progressiv von vermeintlich leichten zu schwierigeren bzw. von frequenten zu selteneren Redemitteln führen. Auf der anderen Seite der Einsatz von weitgehend authentischen Materialien vom frühestmöglichen Zeitpunkt an, d.h. von solchen Materialien, die nicht ursprünglich zu Lernzwecken, sondern für ein spanischsprachiges Publikum konzipiert wurden. Derartige Materialien beinhalten naturgemäß das ganze oder zumindest ein breites Spektrum möglicher Redemittel.

> **Vorteile von authentischem Material**
> – Realitätsnähe,
> – höhere Motivation der Spanischlernenden bei Erfolgserlebnissen, insbesondere im rezeptiven Bereich,

- Möglichkeiten des aus der Sache motivierten Lernens neuer sprachlicher Phänomene,
- Sensibilisierung des Bewusstseins für weitere benötigte Redemittel.

In der Praxis wird häufig einer guten Mischung aus didaktischem und authentischem Material der Vorzug gegeben. Im Gegensatz zur Verwendung von didaktischem Material, das auf ein bestimmtes Lernerniveau zugeschnitten ist, erfordert der Einsatz von authentischem Material höhere Flexibilität der Lehrkräfte sowie eine eigene unterrichtliche Aufbereitung dieses Materials, die sogenannte **Didaktisierung**.

> **Prüffragen für die Didaktisierung von authentischen Materialien**
> - Nutze ich das gesamte Material oder nur Teile?
> - Bei Texten: Gibt es Kürzungen? Wenn ja, wo? Dabei spielen Aspekte des Inhalts und der Zielsetzungen eine Rolle: Die relevanten Informationen müssen erhalten bleiben. Texte, insbesondere Zeitungstexte, enthalten oftmals Redundanzen. Wenn diese nun alle komplett herausgekürzt werden, kann die angestrebte „natürliche" Lesestrategie, Unbekanntes zunächst zu überlesen, nicht mehr funktionieren; jedes Wort wird dann wichtig. Außerdem ist es ungleich schwerer, wenn nicht unmöglich, von einem auf ein Skelett reduzierten Text eine Zusammenfassung zu geben.
> - Habe ich Referenzpunkte für die Besprechung (Zeilenangaben bei Texten, Szenen bei Filmen, sichtbar gemachte Ausschnitte bei Bildern)?
> - Wie gehe ich mit dem unbekannten Sprachmaterial um? Auch hier spielt die Zielsetzung eine Rolle: Stehen die Schulung des „natürlichen" Rezeptionsvorgangs oder das Hypothesenbilden bezüglich bestimmter Redemittel oder Formen im Vordergrund, werden keine Annotationen gemacht. Geht es jedoch vor allem um eine zügige Informationsentnahme, werden Erklärungen gegeben. In diesem Fall schließt sich die folgende Frage an:
> - Welche Art von Annotationen mache ich? Spanisch/Spanisch oder Spanisch/Deutsch? Vor dem Text, daneben oder darunter? Mache ich die erklärten Begriffe kenntlich oder verzichte ich auf eine derartige Leserlenkung? Wenn ja, wie mache ich sie kenntlich (Unterstreichungen lenken die Aufmerksamkeit auf das Unbekannte; Alternative: Fußnoten)?
> - Wie sieht mein Aufgabenkatalog aus? Folge ich dem Dreischritt *comprensión – análisis – comentario*, wie er für Prüfungsaufgaben vorgesehen ist? Stelle ich also Aufgaben zu Informationsaufnahme (Fragen zum Textverständnis), Informationsverarbeitung (Aufgaben zur Einordnung in einen gesellschaftlichen, kulturellen, wirtschaftlichen oder politischen Zusammenhang) und -bewertung (Beurteilung aufgrund von erarbeitetem Wissen)? Oder entscheide ich mich für den Dreischritt *antes – durante – después de la recepción*? Stelle ich also *tareas de prelectura* (Aufbau eines Erwartungshorizontes, Einführung unverzichtbarer Redemittel), *tareas de lectura* (Erschließung des Textes) und *tareas de postlectura* (zur Vertiefung des Erarbeiteten)? Oder lassen sich beide Verfahren kombinieren?

5.3 Umgang mit Sachtexten

Für den Begriff „Sachtext" sind weitere Ausdrücke geläufig, um diesen vom literarischen oder fiktionalen Text abzugrenzen: informatorischer bzw. expositorischer Text oder Gebrauchstext.
Ein häufiges Unterscheidungskriterium für den Sachtext, das sich unmittelbar aus dem Wort selbst ergibt, ist das der vermeintlich größeren Sachlichkeit bzw. Objektivität im Vergleich zur subjektiven Darstellung in literarischen Werken. Sachtexte werden häufig literarischen Texten vorgezogen,
- weil die Eindeutigkeit der Botschaft gegenüber verschlüsselten und unausgesprochenen Botschaften in literarischen Texten das Verstehen erleichtert,
- weil angenommen wird, dass die Aufgabenstellung zum Sachtext, die Ergebnisfindung sowie die anschließende Bewertung der Ergebnisse wegen der vermeintlichen Eindeutigkeit des Erwartungshorizontes objektiver erfolgen könnten als bei einem literarischen Text mit seiner Vielschichtigkeit,
- weil die Fakten und Daten eines Sachtextes Anlass für die Umwandlung in kreative Texte geben können,
- weil Sachtexte zu aktuellen Ereignissen sich zur Diskussion und damit zur Förderung der Mündlichkeit eignen.

Im Spanischunterricht werden häufig folgende **Arten von Sachtexten** verwendet:
- Zeitungstexte (Nachrichten, Berichte, Reportagen, Kommentare, Leserbriefe, Anzeigen usw.),
- Gebrauchsanweisungen, Verhaltenshinweise,
- Rezepte,
- historische Texte, z. B. aus Geschichtsbüchern (Die Behandlung derartiger Texte ist im fortgeschrittenen Spanischunterricht zumindest in kleinen Anteilen machbar, weil sich das *castellano* früherer Jahrhunderte bis heute wenig gewandelt hat.);
- Internet-Texte (Wikipedia, Online-Programme von Radio und Fernsehen, digitale Presse usw. – siehe auch Abschnitt „Neue Medien"),
- Biografien und Autobiografien,
- *testimonios*.

Die in der Aufzählung letztgenannten Textsorten machen deutlich, dass es sich bei den sogenannten Sachtexten häufig um Mischformen handelt, in denen von Sachlichkeit der Darstellung kaum die Rede sein kann. Auch ein

Sachtext gibt Informationen und Fakten nur eingeschränkt objektiv wieder, selbst wenn die Fakten nachweisbar richtig sind. Einschränkend können wirken
- die Perspektive, aus der Informationen dargeboten werden,
- die Auswahl der Informationen (Was wurde weggelassen und warum?),
- die Auswahl des Wortmaterials, mit dem Informationen dargeboten werden, z. B. wertende Adjektive anstelle von beschreibenden,
- die Vermischung von Untergattungen des Sachtextes (wie z. B. Nachricht und Kommentar in der Reportage),
- die Vermischung mit fiktiven Elementen.

Angesichts der **eingeschränkten Objektivität** von Sachtexten muss im Unterricht kritisches Bewusstsein dafür entwickelt werden, indem in der Analyse neben den Inhalten stets die stilistische und rhetorische Darstellung Gegenstand ist *(¿Qué recursos retórico-estilísticos usa el autor para presentar el contenido?)*. Sachtexte eines Inhalts, die aus unterschiedlichen Perspektiven verfasst sind, können einander gegenübergestellt werden. Neben Texten über Personen und Sachverhalte sollten die Betroffenen selbst zu Wort kommen.

Zum Umgang mit Sachtexten im Spanischunterricht gehört ferner das Vermitteln von Wissen über den Aufbau. So geben Zeitungstexte bereits in der Überschrift und dem Vorspann die wichtigsten Informationen, welche im weiteren Text durch andere Formulierungen und weitere Details erläutert und teilweise kommentiert werden (z. B. durch Stellungnahmen Betroffener in Reportagen). Das Wissen um diesen Aufbau hat Folgen für das Trainieren des Leseverstehens durch geeignete Strategien. Dazu gehören das Vermeiden der Wort-für-Wort-Erschließung, das bewusste Überlesen von Unverstandenem, das Hypothesenbilden mit anschließendem Verifizieren bzw. Falsifizieren usw. Fragen zum Leseverstehen können linear am Text entlanggeführt werden; angesichts des beschriebenen Textaufbaus bietet es sich jedoch auch an, Informationen, die verstreut über den Text liegen, zu sammeln. In Kapitel 3.2 sowie in Kapitel 6.2.1 werden zur Schulung des Leseverstehens vertiefende Hinweise gegeben und methodische Vorschläge gemacht.

Beispiele für aufgearbeitete Sachtexte zu verschiedenen Themen finden sich unter anderem im Aktualitätendienst auf der Homepage des Cornelsen Verlags.

5.4 Umgang mit auditivem Material

Unter den Oberbegriff der auditiven Materialien fallen verschiedene Arten von Hörtexten mit unterschiedlichen Funktionen: didaktisiertes Material, das zur Schulung der rezeptiven Fertigkeit des Hörverstehens vom Beginn der Spracherwerbsphase an angeboten wird, und authentisches Material, das sowohl zur sprachlichen wie auch zur thematischen Arbeit auf allen Stufen des Spracherwerbs eingesetzt wird.

Zu den **didaktisierten Materialien** zählen:
- Hörmaterial zum Nachsprechen bzw. zur Ausspracheschulung,
- Lektions- und andere Übungstexte als Hörtexte zum gleichzeitigen Lesen, zum vor- oder nachgeordneten Lese-/Hörverstehen,
- didaktisiertes auditives Material, d. h. Material, das dem jeweiligen Lernstand im Sprechtempo und deutlicher Aussprache (Standardsprache) angepasst ist und meist ohne Nebengeräusche bzw. mit Geräuschen, die das Hörverstehen unterstützen, aufgenommen wurde,
- Hörmaterialien mit Aussprachevarianten aus verschiedenen spanischen Regionen und aus Lateinamerika zum Einstellen auf unterschiedliche Aussprachen.

Bei diesen Materialien stehen den Lehrkräften meist die Transkriptionen zur Verfügung. Sie im Unterricht einzusetzen, erweist sich in der Praxis als wenig motivierend für das Hörverstehen, da die Aufmerksamkeit dann eher auf dem geschriebenen als auf dem gehörten Wort liegt. Auch die Gewissheit, nach der Hörphase den transkribierten Text zu erhalten, ist dem eigentlichen Hörverstehen abträglich.

Didaktisierte Texte bedienen sich häufig eines unnatürlich verlangsamten Sprechtempos und einer überdeutlichen, akzentfreien Aussprache und Intonation, was dazu führen kann, dass die Lernenden in realen Hörsituationen selbst bekannte Wörter nicht verstehen. Charakteristisch für die reale Hörsituation ist die Flüchtigkeit des gesprochenen Worts, welches „im Ernstfall" nur einmal rezipiert wird. Die Hörübungen sollten sich also von Beginn an diesem Umstand und damit am Lernziel des Hörverstehens in authentischen Situationen orientieren. Andererseits müssen die Lehrkräfte sich der Besonderheiten von Hörverstehensübungen im Unterricht bewusst sein, wo nämlich häufig bestimmte Merkmale des realen Höraktes, z. B. eines Gesprächs, entfallen, wie die das Verstehen unterstützende Gestik und Mimik oder der Kommunikationszusammenhang. Dies erschwert die natürliche Anwendung von Erschließungsstrategien. Insofern ist es ein Vorteil und für den Aufbau von Hörkompetenz unerlässlich, auditives Material im Unterricht zu wiederholen. Jedoch sollte von dieser Möglichkeit im Sinne einer Vorbereitung auf die reale Hörsituation nicht automatisch, sondern reflektiert Gebrauch gemacht werden. Zur Schulung des Hörverstehens und zu geeigneten Aufgabenstellungen zu Hörmaterialien finden sich vertiefende Hinweise und methodische Möglichkeiten im Kapitel 3.3. **Authentische Materialien** können sowohl der Vorbereitung auf authentische Sprachverwendungssituationen dienen wie auch thematisch genutzt werden, wie zum Beispiel:

- authentisches Hörmaterial mit schnellem Sprechtempo, regionalen und dialektalen Abweichungen von der Standardsprache, undeutlicher Aussprache und das Hörverstehen mitunter beeinträchtigenden Nebengeräuschen,
- Lieder,
- Lese-Hörmaterialien, z. B. Hörbücher,
- Seh-/Hörmaterialien, z. B. Filme. Besonders geeignet für ein Hörverstehenstraining ist der Einsatz von Kurzvideos, wie man sie vielfältig im Internet findet. Die Beobachtung der Lippenbewegungen sowie der Gestik und Mimik bei solchen authentischen Sprechakten stellt eine wichtige Verstehenshilfe dar.

Der Einsatz von authentischem Hörmaterial stellt anfangs sowohl für die Lehrkräfte wie für die Lernenden eine große Herausforderung dar, hat aber den Vorteil, den Praxisschock bei einem Besuch in einem spanischsprachigen Land zu mildern. Weitere Vorteile beim Einsatz authentischer Hörmaterialien sind, dass

- der Hörvorgang ernst genommen wird,
- keine zu große Gewöhnung an die Aussprache und Diktion der Lehrkraft erfolgt,
- Sprachvarianten aus möglichst vielen Regionen Spaniens und Lateinamerikas vorgestellt werden können,
- die beim authentischen Sprechen üblichen Redundanzen beim Hörverstehen helfen.

Eine besondere Form von authentischen Hörmaterialien sind **Lieder**. Die Zahl von Sängern und Gruppen, die mit spanischen Texten auch in Deutschland bekannt und erfolgreich sind, nimmt ständig zu. Wenn aktuelle Lieder behandelt werden, ergibt sich für die Spanischlehrkraft oft die Notwendigkeit der didaktischen Aufbereitung (s. Abschnitt „Didaktisierung"). Das häufigste Verfahren dabei besteht vermutlich in der Erstellung eines Lückentextes. Dabei eignet sich nicht jedes Lied als Hörverstehensübung. Das Setzen von Lücken erfordert die Überlegung nach der Funktion und der

Systematik dieser Lücken: Soll die Aufmerksamkeit auf die Thematik des Liedes gerichtet werden? Oder vielleicht auf grammatische Strukturen?

Primeras impresiones: ¿Qué opinas de la canción?
Estilo de la canción:
Es una canción muy/demasiado...   ■ alegre ■ triste   ■ interesante ■ aburrida   ■ pegadiza ■ difícil   ■ agradable ■ molesta   ■ suave ■ dura   ■ romántica ■ apasionante   ■ crítica ■ divertida   **otros adjetivos:**   ...
Es una canción buena para...   ■ relajarse   ■ hacer deporte   ■ levantarse por la mañana   ■ animarse cuando uno limpia la casa   ■ bailar agarrados   ■ bailar con amigos en la discoteca   ■ irse a la cama   ■ escuchar mientras estudias   **tus ideas:**   ...
Contesta espontáneamente a estas preguntas: ¿Qué ves si cierras los ojos?   ¿Dónde tiene lugar lo que ocurre?   ¿Quién es el protagonista?   ¿Qué pasa?   ¿Cuál puede ser el título de la canción?

Quelle: Beatriz Ilardia Lorentzen: La comprensión auditiva en el trabajo con canciones: Orishas, «Desaparecidos» in: Der fremdsprachliche Unterricht Spanisch Nr. 8 © 2005 Friedrich Verlag GmbH, Seelze

Mit anderen Worten: Es ist stets zu überlegen, mit welchem Ziel ein Lied eingesetzt wird. So dient das Lied von Manu Chao *Me gustas tú* oft zur Einübung von Strukturen mit dem Verb *gustar*. Dies kann durchaus sinnvoll sein, denn durch die häufige Wiederholung der Struktur stellt sich ein positiver Behaltenseffekt ein. Durch das rhythmische Element – möglicherweise Mitsprechen/Mitsingen oder Klatschen – wird dieser zusätzlich erhöht.

Allerdings darf nicht aus den Augen verloren werden, dass die am häufigsten in diesem Lied wiederholte Form, *gustas,* gerade eine untypische Verwendung des Verbs *gustar* darstellt, das ansonsten fast ausschließlich in der dritten Person Singular oder Plural benutzt wird.

Eine gründliche didaktische Analyse ist bei Liedern auch deshalb erforderlich, weil das Material aus Musik und Text besteht, also als Hörmaterial und als Lesetext verwendet werden kann. Inwiefern an einem Lied Hörverstehen, Leseverstehen oder Formen der Textarbeit geschult werden können und sollen, muss in jedem Einzelfall in Abhängigkeit der eingangs aufgezeigten Interdependenzen entschieden werden. Danach richten sich auch die Aufgabenstellungen, für die sich Beispiele in den Kapiteln 3.3 (Hörverstehen), 3.2 (Leseverstehen) und 6.2.2 (kreative Textarbeit) finden.

Grundsätzlich wäre es sicher schade, das Spezifikum dieses Materials, die Musik – und damit die affektive Komponente, nicht im Unterricht zu nutzen. Das Arbeitsblatt auf Seite 139 (ILARDIA 2005: 38) zeigt ein Beispiel, wie dieser Aspekt in einer ersten Reaktion thematisiert werden könnte.

Weitere Aufgaben, die speziell auf das Zusammenspiel von Text und Musik zielen, sind:
- Nur das Intro (musikalische Einleitung) vorspielen und als kreativen Sprech- oder Schreibanlass nutzen,
- unterschiedliche musikalische Abschnitte (Wechsel von Tempo, Rhythmus oder Instrumentierung) im Liedtext markieren, Erklärungen dafür finden lassen,
- „Music minus one": Lied ohne den Gesang vorspielen und Hypothesen über mögliche Thematik bilden lassen,
- zu einem Liedtext selbst musikalische Ideen entwickeln lassen und mit dem Original vergleichen.

Nicht zu vergessen ist, dass sich Lieder aufgrund ihres hohen Motivations- und Identifikationspotenzials in besonderem Maße dazu eignen, alternative Unterrichtsmethoden umzusetzen:
- Recherche und Präsentation: Informationen zu einer CD, einer Gruppe oder einem Sänger, Hintergrundinformationen, Fotos, Interviews,
- Lernen durch Lehren (LdL, vgl. Kapitel 4.4) zu verschiedenen Liedern, Musikern einer Gruppe oder zu themengleichen Liedern,
- Handlungsorientierung (vgl. Kapitel 2.2 und 6.2.5): eigene CD aufnehmen, Booklet erstellen, Musikzeitschrift zu den Themen *Música de España/de Latinoamérica* erstellen, Musikvideo zu einem ausgewählten Song drehen,
- Lernen an Stationen: Material vorgeben (vgl. ILARDIA 2002: 22–27) oder von den Lernenden erstellen lassen.

5.5 Umgang mit Bildmaterial

Dass wir in unserem Alltag in einer visuell geprägten Welt leben, impliziert für den Unterricht besondere Aufgaben. Einerseits steht jeder Lehrkraft eine Fülle von Bildern zu jedem Unterrichtsthema zur Verfügung, und die Verwendung von Bildern knüpft an die Lebenswelt der Lernenden an; andererseits müssen die Lehrkräfte abwägen, wann und mit welchem didaktischen Ziel es sinnvoll ist, Bildmaterial einzusetzen, da sie fächerübergreifend auch das kritische Sehen schulen und durch gezielte Aufgabenstellungen den Blick für die Bild- und Filmsprache – und die damit verbundenen Möglichkeiten der Manipulation – schärfen müssen. Dabei ist es bei der Vermittlung soziokultureller Inhalte (vgl. Kap. 7) wichtig, dass die Spanischlehrerinnen und -lehrer Bildmaterial so auswählen, dass es die Bildung von Klischees vermeidet bzw. diese abbauen hilft.

Unter den Oberbegriff „Bildmaterial" fällt eine **Vielzahl visueller Materialien**, die ganz unterschiedlich sind und deren Einsatzmöglichkeiten alle Stufen des Spracherwerbs abdecken:
- Fotos (wirklichkeitsgetreu/verfremdet),
- Zeichnungen (Illustrationen, Bildreihen, Comics, Karikaturen, Piktogramme, Gemälde),
- Mischformen (Collagen),
- logische Bilder (Grafiken, Tabellen, Diagramme und andere Formen der schematischen Darstellung zur Visualisierung von Sachverhalten),
- Filme (Spielfilme, Dokumentarfilme, Werbespots).

Die Einbeziehung von Bildmaterial im Spanischunterricht bietet die folgenden **Vorteile** gegenüber dem geschriebenen Text:
- Ergänzung und Erleichterung des Textverständnisses durch direktes Erfassen des benannten Gegenstandes oder der beschriebenen Situation,
- Erfassen von Zusammenhängen auf einen Blick (anstatt langer Beschreibung),
- Schreib- oder Sprechanlass (Möglichkeit des Beginns an beliebiger Stelle, z.B. bei Bekanntem, beim Augenfälligsten, statt linear wie bei der Textarbeit),
- Ansprache mehrerer Sinne (damit Förderung der Behaltenswirksamkeit),
- Verstehenshilfe durch die Aussagekraft von Farben, Hell und Dunkel,
- Hervorhebungen durch im Bild angelegte Perspektive (Kameraeinstellung/Pinselführung) anstatt durch Worte,

- Erfassen von Aussagen durch überzeichnete, verfremdete, karikierende Darstellung,
- Schulung von genauem und kritischem Sehen (Bilder können lügen, indem sie vermeintlich objektiv abbilden),
- Schulung des ästhetischen Blicks,
- Hörverstehensschulung durch gleichzeitiges Sehen (bei Filmen),
- Bilder als Eselsbrücken.

Visuelles Material sollte deshalb im Unterricht nicht nur als einfache Illustration oder gar als Lückenfüller verwendet werden (z.B. Spielfilme in den letzten Stunden vor den Ferien), sondern eine didaktische Nutzung erfahren.

Die konkreten **Aufgabenstellungen zu Bildern und Filmen** richten sich nach der jeweiligen Nutzung und damit – wie bei den auditiven Materialien – nach der Zielsetzung, die im Unterricht verfolgt wird. Grundsätzlich bietet es sich auch hier an, die Aufgabenstellung in mehrere Phasen zu unterteilen. Während sich Aufgaben für die Phase *antes del visionado* (Hinführung, Sensibilisierung, Spekulation) analog zu den Aufgaben in Kapitel 3.2 und 3.3 denken lassen und sich für die Phase *después del visionado* (kreative Weiterarbeit) Aufgaben anbieten wie die, die in Kapitel 6.2.2 für die Arbeit mit Texten genannt werden, ergeben sich für die Phase *durante el visionado* (Beschreibung, Interpretation) diese methodischen Möglichkeiten für Bilder:

- Lochfolie (Bildteile zur Verspr achlichung sukzessiv aufdecken),
- Bildleisten in eine logische Reihenfolge bringen und versprachlichen,
- schriftlich oder mündlich beschreiben *(composición, colores, perspectiva* usw., dabei Erarbeitung von Redemitteln zu Aufbau und Inhalt des Bildes, z.B. *en el primer plano – al fondo – en el centro)*,
- Bildaussage schriftlich oder mündlich wiedergeben,
- Bilder in einen inhaltlichen Zusammenhang einordnen *(contexto histórico/social* usw.),
- interkulturelle Unterschiede über Bilder erfassen,
- Bilder interpretieren *(carga emotiva, dimensión simbólica/alegórica)*,
- ästhetische Elemente nennen, z.B. zur Begründung der Wirkung(sabsicht),
- den persönlichen Eindruck (Gefallen/Missfallen) ausdrücken und anhand von Bildelementen begründen,
- eine Geschichte zu dem im Bild festgehaltenen Moment erfinden *(¿Qué pasó justo antes?, ¿Qué pasará después?)*,
- Bild/Text zuordnen, z.B. bei Hörübungen.

Auch beim Einsatz von Filmen lassen sich viele dieser Möglichkeiten nutzen. Beim Anhalten eines bewegten Bildes zum Standbild wird eine Detailbetrachtung möglich. Ferner können Szenen bei Bedarf beliebig wiederholt werden; sie können ohne Ton eingespielt werden, um die Aufmerksamkeit auf die Bildaussage zu lenken und Hypothesen über Gesprochenes zu formulieren. Grundsätzlich gilt für die Arbeit mit Filmen Ähnliches wie für die Arbeit mit Liedern: Sie erfordern einen Umgang, der den Film als Kunstwerk „mit seinen ganz spezifischen ästhetischen Merkmalen in den Blick nimmt und damit dem ihm innewohnenden künstlerischen Anspruch auch gerecht wird" (VENCES 2006: 4). Dies kann erfolgen, indem während der Arbeit mit dem Film z. B. folgende Elemente einbezogen bzw. folgende **methodische Verfahren** berücksichtigt werden:

Antes de la proyección:
- Arbeit mit dem Vorspann oder Trailer,
- Arbeit mit der *ficha técnica,*
- Vermutungen zum Film äußern anhand von Standfotos oder Kurzszenen,
- *Casting*: Anhand einer vorab gegebenen Inhaltsangabe besetzen die Schüler den Film (Schauspieler aussuchen und beschreiben).

Durante la proyección:
- Arbeit mit den ersten Szenen ohne Ton,
- allmähliche Steigerung der Länge der Bildsequenzen,
- Drehbuchraster erstellen: Schüler protokollieren gruppenteilig die Handlung, Kamaraeinstellungen sowie die Geräusche/Musik der einzelnen Szenen,
- Einsatz von Zeitlupe und Standbildern: Schülerkommentare durch eine Sprech- oder Gedankenblase provozieren, die über die Schauspieler gehalten wird,
- Bild-ohne-Ton-Übungen bzw. Ton-ohne-Bild-Übungen,
- Zitate zuordnen.

Después de la proyección:
- Analyse der filmischen Mittel in Bezug auf die Handlung,
- Analyse von Ton/Farbe in Bezug auf die Handlung,
- Briefe an die Darsteller/den Regisseur schreiben,
- kreative Aufträge: Filmplakat entwerfen, Filmende verändern, Fortsetzung konzipieren, Filmkritik schreiben.

Im Hinblick auf das Thema „Umgang mit Bildmaterial" sollte schließlich die Möglichkeit, die Lernenden selbst künstlerisch tätig werden zu lassen, nicht vergessen werden. Dabei ist an das Zeichnen einfacher Bilder durch alle Lernenden der Gruppe (z. B. Möblierung des eigenen Zimmers beim Einüben der Ortsangaben) ebenso zu denken wie an alternative Aufgabenstellungen bei der Textarbeit: Statt *Analiza el estado de ánimo del personaje* könnte der Auftrag z. B. *Esboza una imagen que corresponda al estado de ánimo del personaje* lauten. Erfahrungsgemäß wählen immer einige in diesem Bereich besonders begabte Schüler eine solche Aufgabe, die dann bei der Besprechung wiederum zahlreiche Redeanlässe schafft: Beschreibung des Bildes durch die Mitschüler, Begründung der Komposition durch den Künstler, Vergleich verschiedener Produkte. Auch das Erstellen eigener kleiner Filme kann eine lohnende Aufgabenstellung sein (vgl. Kap. 6.2.5).

5.6 Einsatz von neuen Medien

Die unterrichtliche Nutzung der durch das Internet eröffneten Möglichkeiten hat in dem Maße zugenommen, wie die Schulen mit der neuen Technik ausgestattet worden sind. Schülerinnen und Schüler sind zudem durch den privaten Gebrauch mit der Nutzung vertraut und in manchen Fällen den Lehrkräften in der technischen Beherrschung wie auch den Schulen in der Qualität der Ausstattung überlegen. Der gezielte Einsatz des Internets erlaubt nicht nur die Einbeziehung der Lebenswelt der Lernenden in den Spanischunterricht, sondern verbindet berufsvorbereitend die Förderung der Sprach- und Medienkompetenz. Das **Potenzial** der neuen Medien gegenüber den herkömmlichen Materialien ist groß:

- ständige Aktualität der Informationen (z. B. digitale Presse),
- Authentizität und Vielfalt der Informationen (aus verschiedenen Perspektiven dargeboten),
- Möglichkeit des Zugriffs auf ältere Informationen,
- Möglichkeit des Zugriffs auf digitale Fotografie, auf Verbindungen von Text und Bild, Bild und Ton, auf bewegte Bilder,
- Berücksichtigung von Online-Kommunikationsformen mit *hispanohablantes* (E-Mail, Blog, Twitter, Facebook, Chat, Podcast),
- Möglichkeit zur unmittelbaren persönlichen Kommunikation über Webcam,
- Zugriff auf Online-Enzyklopädien und Online-Wörterbücher,
- Umgang mit Varianten der Umgangsprache in bestimmten Formaten (Blog, Mail, Facebook, Twitter, Chat) sowie mit neuen Begriffen der Internetsprache,
- Nutzung von Internet-Plattformen wie Moodle, Lo-Net2, Hot Potatoe usw., etwa um eigene Produktionen einzustellen.

Gerade an diesem letzten Punkt lassen sich exemplarisch die unterrichtlichen Möglichkeiten verdeutlichen, die die Nutzung des Mediums birgt: Stellen Schüler ihre Präsentationen als Podcast auf Moodle ein, so wird dadurch die Referatzeit im Unterricht gespart; gleichwohl ist die Präsentation allen zugänglich. Die Lernenden können ihre *charla* so oft aufnehmen, bis sie sie für gelungen halten; Gruppenprodukte sind ebenfalls möglich. Für die Lehrkraft ergibt sich der Vorteil, dass sie die Benotung ganz in Ruhe durchführen kann; eine gemeinsame Bewertung ist denkbar. Auch andere Aktivitäten können durch den Einsatz der neuen Medien von den Lernenden eigenständig zu Hause erledigt werden *(blended learning)*. Hausaufgaben können der Lehrkraft per E-Mail zugeschickt und von dieser am Bildschirm korrigiert werden. Dies ermöglicht eine schnelle und individuelle Betreuung. Genauso können Schülerinnen und Schüler im Chat oder in speziellen „Lernräumen" ihre Unterrichtsvorbereitungen von zu Hause aus gemeinsam erledigen. Diese veränderten methodischen Vorgehensweisen fördern die angestrebte Autonomie der Lernenden.

Bei aller Begeisterung für die vielfältigen Möglichkeiten, die das Internet bietet, ist nicht zu vergessen, dass mit seiner Nutzung auch **Schwierigkeiten** verbunden sind. Dazu zählen:

- Garantie für die Richtigkeit und Verlässlichkeit der Information nur bei entsprechenden Quellen,
- mangelnde Beständigkeit von Internetseiten,
- keine Garantie für Sprachrichtigkeit,
- verwirrende Fülle, die die Auswahl erschwert,
- Ablenkung durch Werbung,
- rechtliche Unsicherheit beim Download und der Verwendung im Klassenraum,
- Gefahr der Beleidigung und Diffamierung durch anonyme Beiträge ohne Möglichkeit der Gegenwehr.

In Abwägung der Vorteile und Nachteile ergeben sich **spezifische Anforderungen an die Lehrkraft** bei der Nutzung des Internets im Spanischunterricht. Das Internet ermöglicht in hohem Maße das selbstgesteuerte und interessengeleitete Arbeiten der Lerngruppe und damit einhergehend eine veränderte Lehrerrolle: Die Lehrkraft gibt einen Teil ihrer Kontrollfunktion auf und überträgt diese auf die Lernenden. Der Einsatz von Internet im Spanischunterricht kann für die Lehrkräfte eine Arbeitserleichterung sein, aber auch Mehrarbeit bedeuten. Er erfordert von den Spanischlehrerinnen und -lehrern ein ständiges Abwägen zwischen brauchbarem und weniger geeignetem Material sowie über die Zweckmäßigkeit des jeweiligen Einsatzes. Um die zeitliche Ersparnis beim Zugriff auf Informationen nicht durch eine lange Recherche angesichts der Fülle der Informationen zu zerstören, sollte in manchen Fällen die Lehrkraft eine Vorauswahl treffen und den Lernenden eine Reihe vertrauenswürdiger Quellen an die Hand geben bzw. ihnen geeignete Suchbegriffe nennen. Zugleich kann durch entsprechende Aufgabenstellungen die Kritikfähigkeit der Lernenden im Umgang mit dem Internet gefördert werden.

Hinsichtlich der Sprachrichtigkeit, insbesondere in persönlichen Formaten wie Blog, Chat oder Twitter, müssen die Spanischlehrkräfte abwägen, inwieweit echte sprachliche Fehler zu bereinigen, sprachliche Varianten aber zuzulassen sind, die insbesondere in Botschaften aus hispanoamerikanischen Ländern auftauchen (Beispiel: *ir a casa – ir a la casa*). Da es sich bei der Sprachproduktion in Internet-Foren in erster Linie um Interaktion handelt, stellt sich für die Unterrichtenden die Aufgabe eines behutsamen Umgangs mit der Sprachkorrektur, um die Motivation nicht zu schmälern. Darüber hinaus muss die Lehrkraft selbst sich mit den Fachbegriffen vertraut machen. Im Spanischen werden die englischen Fachbegriffe weitgehend ersetzt oder adaptiert und zu spanischen Wörtern gemacht, z. B. *chatear*.

Mit den neuen Medien haben sich **innovative Aufgabenstellungen und Aufgabenformate** entwickelt, wie etwa:
- Rechercheaufgaben im Internet, z. B. per WebQuest,
- Einsatz von Podcasts als Hörverstehensübungen,
- Podcast als Produkt,
- *Escribir en la red:* Erstellung von Einträgen für Wikis, Blogs usw.,
- Teilnahme an Meinungsbefragungen im Internet,
- Untersuchung der Sprache in Internet-Formaten wie Blog, Chat usw.,
- Verfassen von E-Mails, z. B. an die Partnerschule,
- Erstellen eigener Produkte und Präsentationen (im Internet).

Die unter 5.6 angegebene Literatur enthält Beispiele für konkrete WebQuests, die als Muster für eigene dienen können. Sie sind zumeist in die folgenden fünf Phasen eingeteilt, zu denen die Lehrkraft ein Arbeitsblatt entwickelt, das das Vorgehen strukturiert:
- *Introducción:* Einstieg in das Thema/Sensibilisierung und Motivierung,
- *Tareas:* Auswahl einer Aufgabe und Informationssichtung auf vorgegebenen Internetseiten,
- *Proceso:* Bearbeitung der Aufgabe,
- *Exposición:* Präsentation der Ergebnisse,
- *Evaluación:* Aus- und Bewertung der Ergebnisse nach vorher festgelegten Kriterien.

Der Mehrwert eines solchen Vorgehens im Vergleich zum herkömmlichen Projekt liegt außer in der Einbeziehung des motivierenden Mediums Internet und dem Training des überfliegenden und selektiven Lesens vor allem in der veränderten Art des Lernens, bei der die Lernenden die Sichtung der Unterrichtsmaterialien innerhalb eines abgesteckten Rahmens selbst vornehmen, sie hinsichtlich ihrer Relevanz für die gestellte Aufgabe eigenständig bewerten und so ihren Lernprozess in Teilbereichen autonom steuern und verantworten.

5.7 Einsatz von Spielen

Lernspiele tragen dazu bei, das Erlernte zu festigen und/oder Neues auf spielerischem Wege zu entdecken und sich anzueignen. Dabei ist die spanische Sprache durch die Verwendung als Kommunikationsmittel im Spiel zugleich Mittel zum Zweck und – dank der Beschäftigung mit inhaltlichen und/oder sprachlichen Phänomenen – meist das eigentliche Ziel. Insofern sind Lernspiele keine Spiele im ursprünglichen Sinne, denn zur Definition von Spiel gehört für gewöhnlich das Merkmal der Zweckfreiheit.

Obwohl Lernspiele oftmals Übungen sind, haben sie gegenüber traditionellen Vorgehensweisen **Vorteile**. Sie bestehen darin, dass Lernspiele
- durch Spannung die Motivationskurve halten,
- durch ihren Wettbewerbscharakter den Ehrgeiz nach sprachlicher und/oder inhaltlicher Richtigkeit der Lösungen wecken,
- den jeweiligen Spielgruppen ihr eigenes Spiel-Lerntempo erlauben,
- die Beurteilung von inhaltlichen und/oder sprachlichen Aspekten bei der Lösungsfindung selbstgesteuert, d. h. ohne unmittelbares Eingreifen der Lehrkraft erfolgen kann,
- durch die Selbstverantwortlichkeit sowie den Wettbewerbscharakter eine Schärfung des Bewusstseins für sprachliche und inhaltliche Richtigkeit erfolgt,
- alle voneinander profitieren können,
- durch den Wiederholungscharakter von Spielphasen eine zusätzliche Festigung erfolgt,
- je nach Spiel Bewegung im Klassenraum möglich ist,
- Spiele vor allem Spaß machen und die Motivation steigern.

Im Unterricht ist Lernspielen, in denen Gruppen – und nicht Einzelpersonen – gegeneinander antreten, der Vorzug zu geben. Dadurch wird vermieden, dass es individuelle Verlierer gibt. Es sollte auch darauf geachtet werden, dass alle Teilnehmenden Chancen auf Gewinn haben.

Für die Lehrkräfte stellt sich bei Spielen in besonderem Maße die Frage nach dem **Umgang mit Fehlern**, die sich im Spielverlauf einstellen, da sie sich der unmittelbaren Kontrolle entziehen und damit Gefahr laufen, fixiert zu werden. Zur Vorbeugung sollten die Spanischlehrerinnen und -lehrer daher möglichst viele Redemittel und Formeln bereitstellen, die im Spielverlauf erforderlich sind.

Auswahl von Redemitteln für Spiele
¡Ahora es mi/tu turno!
¡Te toca a ti!
¡Tira otra vez!
¡No hagas trampas! – ¡Has hecho trampa!
¡Eso no vale!
¡Qué suerte!
Me ha salido un dos, pero necesito un cuatro.
¡Avanza hasta la próxima casilla!
¡Retrocede tres casillas!

Fehlern kann außerdem entgegengewirkt werden durch Lösungskarten, die am Spielende eingesehen werden. Auch kann eine andere Spielgruppe oder die Lehrkraft befragt werden, was dann evtl. einen Punktabzug zur Folge hat. Dadurch, dass beim Spiel die Lehrkraft eine Moderatorenrolle erhält, hat sie die Möglichkeit der punktuellen Anwesenheit bei den Spielgruppen und kann häufige sprachliche Fehler notieren, um diese am Ende generell zu besprechen. In keinem Falle sollten beim Spiel Fehler bei der Verwendung von Spanisch als Verkehrssprache sanktioniert werden. Wenn hingegen im Spielverlauf, bei dem es etwa um die korrekte Findung grammatischer Formen und anderer Redemittel geht, Fehler gemacht werden, können dafür beispielsweise Plus- oder Strafpunkte vergeben werden. Über diese und die generellen Spielregeln treffen die Lernenden im Vorfeld eine Absprache (Tipp: Regeln bei fertigem Spielmaterial können verändert werden). Derartige Absprachen fördern neben der Selbstständigkeit und Eigenverantwortung auch das kooperative Lernen sowie das Sozialverhalten in der Gruppe, denn selbst getroffene Vereinbarungen werden eher respektiert.

Häufig liegen den Lehrwerken passgenaue **Spielmaterialien** bei, welche die Unterrichtenden an geeigneter Stelle einsetzen können. Ein zusätzlicher Vorteil solcher Spiele liegt darin, dass sie zu Wiederholungszwecken eingesetzt werden können, ohne – dank ihres Wettbewerbcharakters – an Attraktivität zu verlieren. Die Lernenden haben auf diese Weise eine vergnügliche Möglichkeit der Selbstüberprüfung. Am Markt existiert außerdem für den Spanischunterricht eine hohe Zahl von fertigen, lehrwerksunabhängigen Lernspielen. Bei diesen oft aufwändig präsentierten Spielen besteht allerdings die Schwierigkeit, dass sie in Vokabular und Strukturen dem jeweiligen Lernstand angepasst werden müssen, was eine zusätzliche Arbeit für die Lehrkraft bedeutet.

Ein sehr effektives Vorgehen besteht darin, dass die Lernenden ihre eigenen Spiele und Spielmaterialien entwerfen. Dies bedeutet nicht unbedingt einen großen Arbeitsaufwand für die Lehrkraft. Außerdem sind solche Spiele passgenau auf die jeweilige Lerngruppe zugeschnitten und können als Material für andere Lerngruppen dienen. Der Umgang mit von Schülern erstellten Materialien ist wiederum Ansporn für die eigene Produktion.

Ein Beispiel aus der Praxis: Lernende in der Jahrgangsstufe 10 (2. Lernjahr) haben nach Erarbeitung des *subjuntivo* in Verbindung mit einem Umweltthema ein *Juego del medio ambiente* erfunden. Es handelt sich dabei um ein Würfelspiel, bei dem die Spieler einzelne Stationen durchlaufen, an denen sie von den Schülern konzipierte Karten in unterschiedlichen Farben ziehen. Es geht um Umweltsünden, Umweltverbesserung oder Stillstand bei Umweltprojekten. Die gezogene Karte wird vorgelesen und das „Verhalten" entsprechend durch Vorrücken oder Zurückwandern, Aussetzen usw. belohnt oder bestraft. Dieses Spiel wurde in drei Varianten mit jeweils unterschiedlichen Textkarten im Unterricht in drei Gruppen entworfen, ausformuliert, auf festen Karton gebracht und dann im Tausch von den jeweils anderen Gruppen gespielt. Dabei korrigierten sich die Lernenden gegenseitig, verwendeten teilweise die neue grammatische Struktur *(es irresponsable que hayas talado árboles ...)*, aber vermieden sie auch geschickt durch entsprechende Umgehungsstrukturen *(no debes talar árboles, no tales árboles ...)*. Obwohl sprachlich-grammatische Kenntnisse sich als zwingend notwendig erwiesen, um das Endziel – ein attraktives Produkt – zu erreichen, war das sprachliche Lernziel in jedem Moment dem angestrebten Ziel untergeordnet. Die Lernenden waren von ihrem Spiel so begeistert, dass sie es immer wieder spielen wollten, was einen guten Wiederholungseffekt hatte. Die Spiele wurden an Parallelkurse ausgeliehen, die dann ihrerseits neue Ideen für Spiele entwickelten. In einem Fall ging ein Spiel sogar in Druck und wurde auf Schulfesten verkauft.

Dieses Beispiel zeigt, dass der Einsatz von Spielen nicht auf das Üben sprachlicher Strukturen beschränkt ist, sondern sich auch zur Beschäftigung mit soziokulturellen Inhalten eignet. Jüngere Schülerinnen und Schüler können die Spiele von Kindern aus Spanien und Lateinamerika „nachspielen". Ältere können durch Würfel-, Karten- oder Suchspiele Fakten der neuen Kulturen kennenlernen. Durch Vergleiche mit Ähnlichkeiten und Unterschieden zu ihrer eigenen Kultur kommen im Spiel Elemente des interkulturellen Lernens zum Zuge (vgl. Kap. 7).

5.8 Literatur

Zu Kapitel 5.4

Themenheft Canciones (2011): Der fremdsprachliche Unterricht Spanisch 32.

Themenheft Hörverstehen (2005): Der fremdsprachliche Unterricht Spanisch 8.

ILARDIA LORENZEN, BEATRIZ (2002): Itinerario de aprendizaje: Dos días en la vida. In: Der fremdsprachliche Unterricht Spanisch 2, S. 22–27.

ILARDIA LORENZEN, BEATRIZ (2005): Compensión auditiva en el trabajo con canciones: Orishas, Desaparecidos. In: Der fremdsprachliche Unterricht Spanisch 8, S. 34–41.

VENCES, URSULA (1998): Allgemeine Überlegungen zum Hörverstehen in der dritten Fremdsprache. In: Landesinstitut für Schule und Weiterbildung (Hrsg.): Auf der Suche nach dem Sprachlernabenteuer. Neue Wege beim Lehren und Lernen der dritten Fremdsprache. Bönen: Verlag Schule und Weiterbildung Druck Verlag Kettler, S. 147–169.

Zu Kapitel 5.5

Themenheft Bilder (2005): Der fremdsprachliche Unterricht Spanisch 9.

Themenheft Kunst (2012): Der fremdsprachliche Unterricht Spanisch 36.

Themenheft Libro-álbum (2018): Der fremdsprachl. Unterricht Spanisch 60.

Themenheft Sehverstehen (2014): Der fremdsprachliche Unterricht Spanisch 46.

Themenheft Spielfilme (2006): Der fremdsprachliche Unterricht Spanisch 12.

Themenheft Film im Unterricht (2007): Praxis Fremdsprachenunterricht Nr. 1/07.

VENCES, URSULA (2006): Spielfilme im Spanischunterricht. In: Der fremdsprachliche Unterricht Spanisch 12, S. 4–11.

ZÜHLKE, MARYNA (2007): Arbeit mit Dokumentarfilmen. In: Praxis Fremdsprachenunterricht Nr. 6/07, S. 49–54.

Zu Kapitel 5.6

CASTRILLEJO, VICTORIA ÁNGELES (Hrsg.) (2009): Las tecnologías de la información y comunicación en la clase de E/LE (Themenschwerpunkt). Hispanorama 125, S. 13–32.

Themenheft Aprender con dispositivos móviles (2018): Der fremdsprachl. Unterricht Spanisch 59.

Themenheft Neue Medien im Unterricht (2004): Der fremdsprachliche Unterricht Spanisch 6.

Themenheft Web 2.0 im Spanischunterricht (2011): Der fremdsprachliche Unterricht Spanisch 33.

Zu Kapitel 5.7

Themenheft Spiele (2006): Der fremdsprachliche Unterricht Spanisch 15.

VENCES, URSULA (1994): Sol y Sombra – Sonne und Schatten: Vidas en Latinoamérica – Entwurf eines Spiels im Spanischunterricht. In: Hispanorama 66, S. 134–138.

VENCES, URSULA (1998): Ich will begreifen, was ich gelernt habe! – Ein Spiel im Spanischunterricht selbst erstellen: handlungsorientiert und autonom. In: Praxis des neusprachlichen Unterrichts 4, S. 403 ff.

6. Literatur behandeln

Kathrin Sommerfeldt

Das Arbeiten mit literarischen Texten hat in den modernen Fremdsprachen seit ihrer Etablierung an den allgemeinbildenden Schulen im 19. Jahrhundert eine große Tradition. Literarische Texte wurden in der Zielsprache gelesen, aber in der Muttersprache besprochen. Damit stand der Literaturunterricht zumindest teilweise im Gegensatz zur Ausbildung praktischer Sprachfertigkeiten. Noch 1969 rechtfertigte Rülcker diesen Bruch in der Methode: Mit der Lektüre großer Sprachkunstwerke sollten die geistigen Traditionen der Zielsprachenkultur vermittelt werden. Die Besprechung dieser Texte sei aber nur in der Muttersprache zu bewältigen. Literaturbehandlung zwecks höherer Bildung einerseits, sprachliche Fertigkeitsschulung durch Vokabeln und Grammatikvermittlung andererseits, dieser Gegensatz beherrschte die Fremdsprachendidaktik bis in die 60er Jahre. Der Methodenkonflikt führte oft zu zweifelhaften Resultaten. Nohl z. B. bemerkte schon in den 20er Jahren am Beispiel der mangelhaften Englischkenntnisse des damaligen Außenministers Stresemann, dass dies ein typisches Produkt des buchmäßigen und wenig alltagstauglichen Fremdsprachenunterrichts des 19. Jahrhunderts sei. Die Schüler lernten Shakespeare lesen und zitieren, konnten aber keinen Koffer auf einem Londoner Bahnhof aufgeben. Nohl drückt es in Bezug auf Stresemann so aus: „Er hatte die Sprache in der Schule gelernt und konnte sie infolgedessen nicht sprechen." Da und dort ist dieser Gegensatz sprachpraktische Ausbildung vs. höhere Bildung durch Literatur bis heute gegeben. (BRUSCH 1992: 360)

Nachdem die Abkehr von der so verstandenen Literaturbehandlung zunächst zu einem verstärkten Einsatz von Sachtexten im Fremdsprachenunterricht geführt hatte, ist inzwischen eine Rückbesinnung auf literarische Texte zu beobachten. Dabei haben sich in den letzten Jahrzehnten sowohl die Begründung für ihren Einsatz als auch die Methodik gründlich gewandelt: Es geht nicht darum, im Spanischunterricht einen Kanon von für die „höhere Bildung" für wertvoll befundene Werke abzuarbeiten und – notfalls muttersprachlich – letztgültige Interpretationen zu vermitteln. Vielmehr wird mit literarischen Texten eine besondere Art von authentischen Texten – nämlich fiktionale Texte – in den Unterricht integriert. Diese Texte ermöglichen auf der inhaltlichen Ebene spezifische Erkenntnisse und Lernerlebnisse; sie bieten auf der methodischen Ebene eine Vielzahl von Sprech- und Schreibanlässen in der Fremdsprache. Dabei ist es günstig, dass literarische Texte bei entsprechender Auswahl involviertes, identifikatorisches Lesen erlauben und die Lernenden auch affektiv ansprechen.

6.1 Ziele und didaktische Entscheidungen

Sprachvermittlung und **thematische Arbeit** sind die durchgängigen Konstituenten des Spanischunterrichts. Literarischen Texten kommt aufgrund ihrer speziellen Struktur für beides ein hoher Stellenwert zu, daher ist ihr Einsatz in den Lehrplänen bzw. Richtlinien der einzelnen Bundesländer im Bereich „Umgang mit Texten und Medien" fest verankert. Verstärkt wird diese eher traditionelle Begründung durch Aspekte, die in der didaktischen Diskussion vor dem Hintergrund der Leseverhaltensforschung sowie der Kompetenzorientierung zunehmend thematisiert werden, nämlich die Aspekte der **Lesemotivation** sowie der **literarischen Kompetenz**. Verkürzt lässt sich festhalten, dass der landläufig übliche Kulturpessimismus („Das Lesen stirbt" oder weniger dramatisch: „Das Lesen wird von den anderen Medien verdrängt") zu der Forderung führt, auch im Fremdsprachenunterricht müsse das Hauptziel der Arbeit mit literarischen Texten die Stärkung der Lesemotivation sein, zu der es auch gehören kann, über Wissen in Bezug auf das Funktionieren der Kunstform „Literatur" zu verfügen. Diese komplexe Zielsetzung hat Auswirkungen auf die verschiedenen Entscheidungen, die beim Einsatz literarischer Texte getroffen werden müssen. Dabei sind stets die Besonderheiten der jeweiligen Lerngruppe zu berücksichtigen (Literatur während der Lehrbucharbeit, in der Übergangsstufe, in der Oberstufe; Literatur im langen Lehrgang ab 6/7, 8/9 oder im kurzen ab 10/11). Nicht immer kommen alle Zielsetzungen gleichermaßen zum Zuge.

Auszüge oder Ganzschriften?
Zu den Besonderheiten literarischer Texte, die sich so in anderen Textsorten nicht finden, gehören die Merkmale
- Komplexität (betrifft zumeist die Figuren- und Handlungsstruktur),
- Universalität (betrifft zumeist die Thematik hinsichtlich der Darstellung von „Allgemein-Menschlichem"),
- Originalität (betrifft zumeist die Erzähltechnik: Erzählperspektive, Zeit- und Raumstruktur),
- Aktualität (nicht in der Bedeutung von zeitgenössisch, sondern von zeitlos),
- Geschlossenheit der Darstellung (betrifft zumeist den Zusammenhang von Form und Inhalt).

Bereits in den meisten Lehrbüchern finden sich Auszüge aus literarischen Werken. Diese haben den Anspruch, den Lernenden frühzeitig den Umgang mit authentischen Texten zu erlauben und den Übergang in die Textarbeit nach der Lehrbuchphase zu erleichtern. Dies ist in zweierlei Hinsicht problematisch: Zum einen erfolgt das Lesen im Lehrbuchkontext während der Spracherwerbsphase zumeist – auch bei diesen Auszügen – als detailliertes Lesen. Zum Erreichen der obigen Zielsetzungen muss aber auch und gerade das globale und selektive Lesen Anwendung finden (vgl. Kap. 3.2 sowie 6.2.1). Zum anderen können Auszüge per se die genannten Spezifika literarischer Texte nur teilweise abbilden. Von daher ist, wenn der Umgang mit literarischen Texten im Vordergrund steht, ein Plädoyer für integrale Texte angebracht, die von einem Gedicht über eine Kurzgeschichte bis zu einem Roman reichen können. Bei Lyrik wird im Normalfall der ganze literarische Text behandelt; bei den anderen Gattungen ist der Ganzschrift der Vorzug zu geben. Auszüge haben dort ihre Berechtigung, wo es um thematische Zuordnungen, um Erweiterung der Autorenkenntnisse oder um exemplarische Stellen aus nicht von allen Schülern oder nicht im Original gelesenen Werken geht.

Tipp: Ein Zeilenzähler erleichtert die Arbeit mit einer Ganzschrift. Vor dem Beginn der Unterrichtseinheit basteln die Schüler einen beliebig dekorierten Karton- oder Papierstreifen mit Zeilennummer, der ggf. laminiert wird und der an jeder Seite angelegt werden kann, sodass problemloses Verweisen bzw. Zitieren möglich ist.

Easy Reader oder Original?
Eine ähnliche Argumentation greift bei der Diskussion um die Lektüre von sogenannten Easy Readern oder Originalwerken. Ein Easy Reader ist die didaktisierte Fassung eines literarischen Textes, der zwecks Vereinfachung verändert wurde. Die Veränderungen können in der Reduktion des verwendeten Wortschatzes und der grammatischen Strukturen, in Kürzungen sowie in der Veränderung der Erzählstruktur bestehen. Lediglich mit Vokabelannotationen – und manchmal mit Lektüreaufträgen – versehene Fassungen des Originaltextes fallen nicht unter die Kategorie der Easy Reader. Problematisch an Easy Readern ist, dass die Veränderungen oftmals gerade das literarisch Spezifische des Textes betreffen, sodass vom Original allenfalls noch die Handlung erhalten bleibt. Gekürzt werden meist die Redundanzen, die den natürlichen Leseprozess erleichtern. Sinnvoller als mit solchen adaptierten Texten zu arbeiten ist es bei der eingangs genannten komplexen Zielsetzung, die Schwierigkeit und Länge über die Auswahl des Textes und die methodischen Entscheidungen zu regeln. Überspitzt ließe sich sagen, dass sich Easy Reader allenfalls eignen, um Schüler im Vergleich mit dem Original den Unterschied erkennen zu lassen. Ein deutliches Beispiel ist

Don Quijote. Nimmt man hier eine adaptierte Fassung, so geht es meist nur um die Abenteuer des Protagonisten. Lässt man Oberstufenschüler dann ein Kapitel im Original auf Deutsch lesen, so erkennen sie meist von allein, worin die eigentliche Qualität dieses Werkes besteht, und fragen mitunter sogar nach einer kurzen Passage im spanischen Original.

Von adaptierten Lektüren zu unterscheiden sind die didaktischen Lektüren, die von Muttersprachlern für Spanischlerner geschrieben wurden. Ihr Charme liegt darin, dass sie in verschiedenen Schwierigkeitsstufen erhältlich sind, sodass die Lehrkraft für das jeweilige Niveau ihrer Gruppe auswählen kann. Dabei sind Kriminalgeschichten ebenso im Angebot wie Abenteuer- oder Liebesgeschichten sowie Lektüren mit deutlicher landeskundlicher Informationsabsicht. Die Qualität dieser Lektüren ist sehr unterschiedlich. Oftmals ist die Handlung banal; die allerwenigsten Bände erfüllen literarische Ansprüche. Insofern wird im Einzelfall sehr genau zu prüfen sein, mit welchem Ziel die jeweilige Lektüre eingesetzt werden soll: Als Abwechslung zum Lehrbuch, als motivierendes Erfolgserlebnis im Anfangsunterricht, zur Spracharbeit im Sinne der Schulung verschiedener Lesestile und zur landeskundlichen bzw. thematischen Ergänzung eignen sich manche (s. 6.2.3), zur Erhöhung der Lesemotivation oder gar zur Schulung der literarischen Kompetenz jedoch die allerwenigsten.

Lyrik, Dramatik oder Narrativik?

Angesichts der veranderten Zielsetzungen von Literaturbehandlung hat sich auch die Gattungsliste erweitert: Neben den klassischen Genres haben Kriminalgeschichten, Jugendbücher und Filmskripte durchaus ihren Platz im Unterricht. Für den Spanischunterricht geeignet sind alle Gattungen, sofern sie für die jeweilige Lerngruppe thematisch und von der Schwierigkeit passen. Vor- und Nachteile der wichtigsten Textsorten versucht das Raster auf Seite 155 zu erfassen.

Es ist, wie in der rechten Spalte abzulesen, möglich, eine Progression anzulegen von Kriminalgeschichten oder kurzen narrativen Texten als Erstlektüre über Jugendbücher hin zu dramatischen Texten oder Romanen.

6.1 Ziele und didaktische Entscheidungen 155

Textsorte	Vorteile	Nachteile	didaktischer Ort
Gedichte	Kürze	oftmals sprachliche und inhaltliche Verschlüsselung	immer (in Abhängigkeit vom konkreten Gedicht)
Kurzkrimis (Kriminalgeschichten)	Kürze, zumeist einfache Sprache, Spannung		Erstlektüre
andere kurze narrative Texte (microrelatos, cuentos, relatos)	Kürze, pointierte Handlung	eventuell große Dichte	immer; auch als Erstlektüre geeignet
Comics/ Novela gráfica	Verbindung Text – Bild, überschaubare Textmenge, oft dialogisch		immer
Jugendbücher	relativ einfache Sprache, jugendgemäße Aufbereitung der Themen	mitunter zu kindlich oder zu didaktisch für die fremdsprachlichen älteren Leser	fortgeschrittene Leser: zumeist Übergangs- und Oberstufe
Theaterstücke	authentische, aber nicht zu komplexe Sprache durch Dialogstruktur und Mündlichkeit	vergleichsweise wenig verfügbare Werke mit schulrelevanter Thematik	fortgeschrittene Leser
Filmskripte	authentische, aber nicht zu komplexe Sprache durch Dialogstruktur und Mündlichkeit; methodische Möglichkeiten durch den Film	vergleichsweise wenig verfügbare Werke mit schulrelevanter Thematik; Länge	meist fortgeschrittene Leser
Romane	komplexe literarische Kunstform, vielfältige Themen	Länge; mitunter sprachlich sehr schwer	fortgeschrittene Leser

Intensive Gesamtbehandlung oder Schwerpunktsetzung und Raffung?
Bei der Behandlung von Werken, die mit der ganzen Lerngruppe gelesen werden, gehört zu den Planungsentscheidungen auch die Frage, ob der gesamte Text gleichermaßen intensiv gelesen und besprochen werden soll. Dies wird zumeist bei kurzen Werken (Gedichte, Kurzgeschichten) der Fall sein. Auch bei längeren Werken ist es aus psychologischen und zeitlichen Gründen aber wichtig, mit der Lektüre in einer überschaubaren, mit anderen Unterrichtseinheiten vergleichbaren Dauer (ca. 16 bis 20 Stunden) zum Abschluss zu kommen. Daraus ergibt sich die zwingende Notwendigkeit zur Schwerpunktsetzung und Raffung. Aus der didaktischen Analyse des Werkes leitet sich ab, welche thematischen Aspekte und welche Kernstellen intensiv besprochen werden sollen und welche Textteile oder Aspekte zusammengefasst (z. B. durch Überbrückungsreferate) oder übergangen werden können, damit die Besprechung in jeder Unterrichtsstunde einen erkennbaren Schwerpunkt hat und der Text nicht zerredet wird (s. Kap. 6.2.7).

Sukzessive oder vorgreifende Lektüre?
Für die gemeinsame Erarbeitung eines Werks durch die ganze Lerngruppe bieten beide Formen der Vermittlung des Textes Vor- und Nachteile. Die sukzessive Lektüre, bei der die Schüler den Text abschnittsweise lesen und bearbeiten, erlaubt eine stärkere Lenkung des Lese- und Rezeptionsvorgangs. Dies ist besonders für Gruppen wichtig, die noch über wenig Lektüreerfahrung verfügen. Durch gezielte Arbeitsaufträge kann die Lehrkraft beispielsweise die Hypothesenbildung (u. a. Fortsetzung des Abschnitts, Spekulation über Beweggründe) unterstützen und diese für das Lesen zentrale Lerntechnik im Unterricht thematisieren (s. Kap. 6.2.1). Dieses Verfahren findet oftmals Anwendung bei kürzeren Texten, deren Besprechung zeitlich überschaubar ist.
Bei der vorgreifenden Lektüre lesen die Schüler vor dem Beginn der eigentlichen Textbesprechung individuell das Werk, ggf. unter Bearbeitung gruppenteiliger Untersuchungsaufträge. Da also bei Besprechungsbeginn von der Kenntnis des gesamten Textes auszugehen ist, entfallen naturgemäß die kreativen Arbeitsformen des Spekulierens. Das Verfahren eröffnet hingegen die Möglichkeit zur gemeinsamen Festlegung der Besprechungsschwerpunkte mit den Lernenden und damit zur Raffung bei der Behandlung längerer Werke. Auch können durch die Arbeit mit den durchlaufenden Untersuchungsaufträgen Redundanzen in der Besprechung vermieden und vielfältige Formen der Expertenarbeit eingeplant werden.
Mitunter ist auch eine Mischform der beiden Verfahren sinnvoll: Nach einem gemeinsamen Einstieg und der Klärung der Ausgangssituation lesen

die Schüler individuell und arbeiten anschließend gemeinsam an ausgewählten Textstellen.

Auswahl

Die Tatsache, dass Spanischunterricht in der Regel integrierter Sprach-, Sach- und Textunterricht ist, macht die **Möglichkeit zur Einbettung in die thematische Arbeit** zu einem der wesentlichen Auswahlkriterien für Literatur. Die **Schwierigkeit (sprachlich und formal)** ist zu bedenken, sofern sie nicht durch methodische Entscheidungen aufgefangen werden kann. Die Werke sollten ein **Identifikationspotenzial** aufweisen und **literarische Qualitäten** besitzen. Wichtig sind außerdem **Sprech- und Schreibanlässe**, etwa durch Leerstellen.

> Die Kriterien sind in Abhängigkeit von der Schwerpunktsetzung des Unterrichts bzw. den methodischen Entscheidungen zu gewichten.

So kann das wichtige Kriterium eines **landeskundlichen Bezugs** oder der Eignung für das interkulturelle Lernen an Bedeutung verlieren, wenn in der Unterrichtseinheit vorwiegend methodische oder motivationale Ziele verfolgt werden. Das gilt außerdem für das Kriterium des **Lernerbezugs**, der bei der Auswahl eines Werkes wichtig ist, das von allen gelesen werden soll, das aber bei Modellen des individuellen Lesens etwas zurücktritt, weil die Schüler ihn durch ihre persönliche Wahl innerhalb des Angebots selbst herstellen können (s. Kap. 6.2.3). Die **Länge** eines Textes kann bei Bedarf durch geschickte Schwerpunktsetzung und Raffung durch die Lehrkraft ausgeglichen werden. Es kann als Kriterium hinzutreten, dass sich bestimmte Texte oder Textkombinationen für bestimmte Methoden der Literaturbehandlung besonders eignen, die aus übergeordneten Gründen eingesetzt werden sollen. Grundsätzlich aber sollte es immer Anliegen sein, dem Text als Kunstwerk gerecht zu werden und ihn nicht als Steinbruch für andere Zielsetzungen zu funktionalisieren.

Ideen für lohnende Lektüren liefern
- das stetig wachsende Angebot der Lehrwerksverlage (vgl. z. B. die Reihe *Espacios literarios* von Cornelsen),
- die spanischen Titel der „roten Reihe" des Reclam-Verlags,
- das Verzeichnis „Horizontes Spanisch" des Schmetterling-Verlags, das Lektüren und audiovisuelle Materialien nach Themen auflistet,
- die umfangreichen Lehrerkataloge von Versandbuchhandlungen, wie etwa „La Librería" in Bonn oder „La Bótica Hispano América" in München.

6.2 Methoden der Literaturbehandlung

Es haben sich in der Praxis des Spanischunterrichts mehrere Ansätze der Literaturbehandlung herauskristallisiert. Diese werden im Folgenden jeweils unter recht plakativen Namen kurz in Reinform vorgestellt. Auf eine knappe Begründung des Ansatzes folgen stets praktische Hinweise für die Umsetzung und die Zuordnung geeigneter Texte; unter 6.3 finden sich Verweise auf weiterführende Literatur. Dies ist der Versuch einer Systematisierung; daher bleibt unberücksichtigt, dass die Modelle und methodischen Ideen zum Teil miteinander kombiniert auftreten.

6.2.1 Strategiebetonter Ansatz

Häufig stellt man fest, dass die Lernenden beim Übergang vom Lehrbuch zu authentischen Texten frustriert sind, weil sie das Gefühl haben, mit dem bisher Erlernten „echte Texte" nicht verstehen zu können. Dies liegt zum einen daran, dass die Lehrbuchtexte konstruiert und vom Schwierigkeitsgrad passgenau auf den jeweiligen Lernstand zugeschnitten sind. Zum anderen ist zu beobachten, dass die Lerner bei der Arbeit mit dem Lehrbuch verinnerlichen, dass jedes einzelne Wort wichtig sei, sie also stets detailliertes Lesen betreiben. Damit ist ein Scheitern an authentischen Texten vorprogrammiert. Erstens nehmen diese Texte in aller Regel keine Rücksicht auf den Sprachstand ihrer Leser; das kann nur über die Auswahl durch die Lehrkraft geschehen. Zweitens erfordern sie eine andere Art des Lesens: Erkenntnisse der Hirnforschung über den Lesevorgang belegen, dass Lesen ein interessengesteuerter Vorgang ist, bei dem nicht alles gleichermaßen erfasst wird und der Leser nicht Einzelwörter, sondern Sinneinheiten aufnimmt. Das Lesen erfolgt unsystematisch: Das Auge springt vorwärts und rückwärts im Text zum Überlesen von Passagen und zur Sicherung des Gelesenen; der Leser stellt laufend Hypothesen über den Sinn und über den Fortgang auf, die er dann im Folgenden verifiziert oder falsifiziert. Dabei spielen sein Wissen über Sprache (z. B. Wortbildung, semantische Felder, syntaktische Beziehungen), über die Machart von Texten und sein Allgemeinwissen eine Rolle. Aus diesen Erkenntnissen ergeben sich Konsequenzen für das Lesen in der Fremdsprache.

> Anliegen: Einsatz von literarischen Texten bereits im Anfangsunterricht und explizite Schulung von Lesestrategien

Die **Erschließungsmechanismen**, die beim muttersprachlichen Lesen zumeist automatisch ablaufen, müssen beim Lesen in der Fremdsprache bewusst gemacht und geübt werden. Dazu gehört,

6.2 Methoden der Literaturbehandlung

- die Lernenden zu ermutigen, Unbekanntes zunächst zu überlesen oder auszulassen und stattdessen Vermutungen anzustellen,
- die Lernenden zu ermuntern, das lineare Lesen aufzugeben und im Text hin und her zu wandern, um mit Bekanntem Unbekanntes zu erschließen,
- Sprachwissen aufzubauen bzw. bewusst zu machen (Wortbildung, Konnektoren usw.),
- Wissen darüber zu vermitteln, dass es verschiedene Lesestile gibt (vgl. Kap. 3.2), wie sie sich voneinander unterscheiden und wozu sie dienen.

Das kann mit dem folgenden Raster geschehen, das sich auch als Puzzle für die Schüler nutzen lässt:

Tipo de lectura	¿ para qué ?	¿ cómo ?
Lectura global	comprensión global: sacar informaciones globales (<70%) preguntas: ¿quién, dónde, cuándo, qué, por qué? ⇨ para indicar el tema o hacer un resumen	■ hacerse preguntas sobre lo que va a pasar (por el título, las imágenes etc.) ■ marcar todo lo comprendido ■ juntar las informaciones importantes en una tabla ■ formular nuevas preguntas y buscar las respuestas
Lectura selectiva	sacar informaciones globales + informaciones sobre un tema o aspecto especial (70–80%) ⇨ para presentar o hablar de un tema / aspecto especial	■ primero: comprensión global (s.o.) ■ buscar palabras clave para el tema / aspecto especial ■ marcar las palabras clave con un color especial ■ hacer apuntes: estructurar las informaciones (p. ej. según los personajes)
Lectura detallada (intensiva)	comprender 100% de las informaciones del texto ⇨ para hablar detalladamente del texto o de una parte del texto, para poder analizar el texto	■ comprender vocabulario nuevo (diferentes técnicas) ■ diferenciar entre informaciones importantes e informaciones sin importancia ■ encontrar títulos para partes del texto ■ hacer apuntes: estructurar las informaciones (p.ej. reconstruir el orden cronológico)

(Nach LÜPKE, in SOMMERFELDT 2001: 56)

Zahlreiche Übungen zur Schulung der Erschließungsstrategien und der Lesekompetenz finden sich im Kapitel 3.2.
Eine wichtige Rolle kommt der Art der Aufgabenstellung zu. Aufgaben zur Hypothesenbildung unterstützen den Erschließungsprozess ebenso wie die Möglichkeit, verstandene Zusammenhänge auf dieser elementaren Stufe des Spracherwerbsprozesses ggf. in der Muttersprache wiedergeben zu können. Die Verstehensleistung sollte als eigenständige Leistung unabhängig von den sprachproduktiven Fähigkeiten des jeweiligen Schülers zugelassen und gewertet werden. Keinesfalls sollte der Text als Vehikel für die Vermittlung anderer Kenntnisse missbraucht werden, da dies dem eigentlichen Anliegen, der Schulung der Lesekompetenz, widerspricht.

Besonders geeignet für diesen Ansatz sind Kriminalgeschichten. Ihre Struktur lädt zum Hypothesenbilden ein und eröffnet darüber hinaus viele Möglichkeiten zur unterrichtlichen Ausgestaltung von Recherchen, Verhören, Gerichtsverhandlungen, Aktennotizen, Protokollen, psychologischen Gutachten usw. Der Schwierigkeitsgrad sollte dem jeweiligen Lernstand angemessen sein, damit das Erschließen gelingen kann; die Texte sollten literarische Qualitäten besitzen (z.B. *Soñar un crimen* von Rosana Aquaroni Muñoz und *Cuentos del asfalto* von Juan Madrid). Manche didaktischen Lektüren sind geeignet; Easy Reader hingegen nicht, da die Redundanzen, die zum Verstehen nötig sind, oftmals gestrichen wurden, ebenso wie Passagen, die man beim natürlichen Lesen zunächst überspringen würde. Weiterführende Informationen und Unterrichtsbeispiele finden sich in den Literaturhinweisen unter 6.3.

6.2.2 „Kreativer" Ansatz

Der Tradition der literaturwissenschaftlichen Seminare der Universität folgend ist auch in der Schule lange Zeit mit literarischen Texten ausschließlich analytisch gearbeitet worden. Ausgehend von Erkenntnissen der Rezeptionsästhetik und verstärkt durch die Orientierung der Didaktik am Konstruktivismus wurden dann jedoch zunehmend Vorschläge zur schülerorientierten und -aktivierenden Behandlung literarischer Texte entwickelt. Diese sind mittlerweile so etabliert, dass sie längst Niederschlag in den Rahmenrichtlinien bis hin zu den Abiturvorschriften gefunden haben. Die nicht klassisch-analytischen Interpretationsverfahren, für die sich als Synonyme auch die Begriffe produktionsorientiert, implizit-analytisch und imaginativ-produktiv finden, werden meist unter dem Etikett „kreativ" zusammengefasst, das hier in Anführungszeichen gesetzt wird, weil nicht immer wirklich schöpferisch ist, was sich dahinter verbirgt.

6.2 Methoden der Literaturbehandlung

Anliegen: Schaffung eines anderen Zugangs zu literarischen Texten als des Zugangs auf der Metaebene

Umgang mit Literatur, noch dazu in der Fremdsprache, impliziert für Schüler eine doppelte Hürde: das Verständnis der oft mehrfach verschlüsselten Texte und die Besprechung auf einer abstrakten Metaebene (Sprechen „über" den Text). Die „kreativen" Verfahren reduzieren die zweite Hürde, indem sie Sprech- und Schreibanlässe auf einer konkreten Ebene schaffen: Die Schüler handeln entweder aus der Textperspektive (etwa wenn sie den Tagebucheintrag einer Figur schreiben) oder sprechen über ihre eigenen Ideen/Produkte (wenn sie z.B. ein Antwortgedicht schreiben, es vorstellen und begründen). Der Grad des Textverständnisses und der unbewusst geleisteten Interpretation lässt sich an der Kohärenz mit dem Ausgangstext ablesen, die daher auch immer ein wichtiges Kriterium zur Bewertung „kreativer" Produkte ist.

Die folgende Auflistung enthält ein Auswahlverzeichnis für „kreative" Verfahren, allerdings beschränkt auf Textproduktion. Weitere „kreative" Gestaltungsformen – visuelle, akustische und szenische – finden sich in den Absätzen zum projektorientierten und zum interpretatorischen Ansatz (SOMMERFELDT 2004: CD).

Originaltext herstellen
- Texte zusammenfügen (Puzzle mit auseinandergeschnittenen Teilen des Textes),
- Texte entflechten (z.B. aus der Kombination von zwei Gedichten, die der Lehrer miteinander verwoben hat),
- Lückentexte füllen (ausgelassene Wörter/Sätze einfüllen, ggf. aus vorgegebenen Alternativen wählen),
- Versgliederung herstellen (wenn ein Gedicht wie Prosa geschrieben wurde).

Eigene Texte zum Originaltext verfassen
- Zu einem Titel oder zu Schlüsselwörtern einen Text schreiben,
- Texte zu Illustrationen verfassen,
- während der Lektüre einhalten und eine Fortsetzung entwerfen,
- den Schluss des Textes verfassen,
- eine Fortsetzung des Textes schreiben,
- den Mittelteil zwischen Anfang und Ende erfinden,
- eine mögliche Vorgeschichte zu einem Text (bzw. zu einer einzelnen Figur) entwerfen,
- eine im Text nur angedeutete Handlung ausgestalten,
- eine zusätzliche Figur erfinden und ausgestalten,
- einen inneren Monolog, eine erlebte Rede, einen Brief oder eine Tagebuchnotiz einer Figur schreiben,
- in Ich-Form Figuren des Textes vorstellen *(Me llamo Don Quijote ...)*.

6. Literatur behandeln

- Eine Figur aus dem Text herauslösen und an einen anderen Ort/in eine andere Zeit versetzen (z. B. in die eigene Welt: *Mafalda está en clase con nosotros*),
- einer Figur einen Brief schreiben,
- Freund oder Psychologe einer Figur sein und Referenzen oder Gutachten über sie verfassen,
- sich selbst in einen Text hineindichten und eine Szene gestalten,
- dem Autor einen Brief schreiben,
- Paralleltexte verfassen (gleiches Thema oder gleiche Struktur),
- Antworttexte schreiben (z. B. bei Gedichten, die sich an ein lyrisches Du richten),
- Gegentexte verfassen (entgegengesetztes Thema oder andere Struktur),
- einen Text verkürzen oder ausbauen (z. B. aus einem Gedicht eine Szene machen),
- einen Text aus veränderter Perspektive umschreiben,
- einen Text in eine andere Textsorte umschreiben (z. B. eine Kurzgeschichte in eine Zeitungsmeldung oder eine Zeitungsmeldung in eine Geschichte),
- Kommentare, Bemerkungen, Zwischenrufe, Gegenaussagen, Beschwichtigungen usw. in den Originaltext einfügen,
- Textcollagen herstellen,
- eine Hörszene zu einem Text erarbeiten,
- ein Karten-, Würfel-, Quizspiel zu einem Text erstellen und durchführen,
- Rezensionen schreiben,
- Hypertexte verfassen.

„Kreative" Verfahren sind eine große Bereicherung des Literaturunterrichts, besonders in Kombination mit analytischen Verfahren. Wo immer möglich, sollten, um die verschiedenen Lerntypen anzusprechen, alternative Aufgaben gestellt werden, die auf dasselbe zielen, wie im folgenden Beispiel, das sich auf einen Textausschnitt aus dem Roman *Los sueños de Merceditas* von Ángeles Caso bezieht:

a) explizit-analytisch: Analiza las actitudes de la madre Alegría y de las tías Letrita y María Luisa en cuanto a la educación de Mercedes.
b) implizit-analytisch: La madre Alegría y sus dos hermanas Letrita y María Luisa hablan otra vez de la educación de Mercedes. Apunta la conversación.

Die Kombination von „Kreativität" und Analyse sollte zu einem methodischen Prinzip für den Umgang mit Texten werden, und zwar so, dass es bei der Behandlung eines jeden Textes eine imaginativ-produktive und eine analytische Phase gibt, deren Ergebnisse sich ergänzen. Es könnte beispielsweise die analytische Textbesprechung durch implizite Verfahren vorbereitet werden bzw. es könnten Analyseergebnisse in einer „kreativen" Umgestaltung nachbereitet werden, wobei beides die schriftliche oder mündliche Sprachproduktion fordert und fördert. Damit ließe sich der Herausforderung begegnen, die dieser Ansatz für die Lehrkraft birgt: die entstehenden Produkte angemessen zu würdigen und so mit ihnen umzugehen, dass „Kreativität" von den Schülern nicht als Beliebigkeit verstanden wird.

Der „kreative" Ansatz kann auf jeder Stufe eingesetzt werden; geeignet sind alle Textsorten, insbesondere aber Gedichte, bei denen die analytische Behandlung oftmals mühsam oder sprachlich wenig ergiebig ist.

6.2.3 Unterrichtsöffnender Ansatz

Die Diskussion um Begriffe wie Lernerautonomie, Individualisierung oder Differenzierung hat im Bereich des Umgangs mit literarischen Texten zu neuen Unterrichtsmodellen geführt. Ihnen ist gemeinsam, dass die Schüleraktivitäten nicht mehr alle vom Lehrer gesteuert werden, sondern in Formen von geöffnetem Unterricht stattfinden (vgl. Kap. 2.1.1). Für den Spanischunterricht liegt bislang noch kein Beispiel für die Erarbeitung eines literarischen Textes durch Stationenlernen vor; dies ist aber sehr wohl denkbar. Es existieren dagegen Beispiele für Verfahren der individualisierten Lektüre: das Verfahren der Lektürewerkstatt und das des Lesekoffers.

> Anliegen: Förderung der Lesemotivation und der Lesekompetenz durch das selbstständige Lesen einer selbst gewählten Lektüre

Dem Versuch, die Ansprüche des Fachunterrichts (Spanischvermittlung/ Lesekompetenz im Spanischen) und die allgemein pädagogischen Ansprüche (Lesemotivation) miteinander zu verbinden, liegen folgende Überlegungen zugrunde:

Die fremdsprachliche Lektüre muss absehbar ein Erfolgserlebnis werden können (eine Forderung, die insbesondere den Schwierigkeitsgrad des Lesestoffes betrifft: Wer liest schon gern, wenn Lesen und Besprechen in erster Linie Markieren und Klären des Nichtverstandenen heißt?). Die Schüler müssen während der Lektürearbeit bestimmte private Lektüregewohnheiten erlernen oder pflegen können (ein Punkt, der die individuelle Auswahl und das individuelle Lesetempo betrifft: Wer liest schon normalerweise mit 15 bis 25 weiteren Personen im Gleichmarsch dasselbe?). Sprach- und Lektürearbeit müssen sich kombinieren lassen (wer lernt und liest schon gern um des Übens willen?). Die Sprechanlässe müssen interaktiv sein, d. h., es muss während der Besprechung der Lektüre ein tatsächlicher Kommunikationsbedarf bestehen (wer äußert sich schon gern, wenn es eigentlich nichts mitzuteilen gibt?) (SOMMERFELDT 2001: 84).

6. Literatur behandeln

Bei der **Lektürewerkstatt** wählen die Schüler unter verschiedenen Lektüren eine aus, je nach Aufgaben beispielsweise anhand der Anfangs- und Schlusssätze, des Genres des jeweiligen Textes, einer kurzen Inhaltsangabe. Sie bekommen einen Laufzettel mit Aufgaben, die die Erarbeitung und die spätere Präsentation strukturieren sollen, und haben in der Folge Zeit, diese im Unterricht zu erledigen, wobei sie sie untereinander aufteilen können bzw. sollen, wenn sich mehrere für dieselbe Lektüre entschieden haben. Wichtig ist, dass die Aufgabenformate (z. B. Vorbereitung von Hörverständnisfragen oder Erstellen einer Grammatikübung) den Lernenden vertraut sind. Es findet also während einer gewissen Frist kein klassischer Unterricht, sondern ausschließlich individuelles Arbeiten statt. Anschließend präsentieren die Schüler die Lektüren, was aufgrund der Art und des Umfangs der Aufgaben jeweils mindestens eine Schulstunde dauert. Auch während dieser Phase ist der Unterricht schüleraktivierend und schülerzentriert, denn die Präsentationen verlaufen durch die gestellten interaktiven Arbeitsaufträge nicht wie das normale Halten von Referaten: Die Schüler unterrichten sich vielmehr über längere Zeit allein. Die Schwierigkeit besteht für die Lehrkraft bei diesem Verfahren darin, mehrere möglichst vergleichbare Lektüren in angemessenem Schwierigkeitsgrad zu einem gemeinsamen Thema zu finden – und darin, einen Laufzettel zu entwickeln, der für alle Lektüren gleichermaßen gelten kann. Von der Qualität dieses Laufzettels hängt maßgeblich der Erfolg des Unterrichts ab. Siehe das Beispiel auf S. 165.

Noch mehr Individualisierung und Differenzierung ist über das Verfahren des **Lesekoffers** möglich: Die Lernenden wählen in Partnerarbeit aus einem Leseangebot, das die Lehrkraft entsprechend dem Lernstand der Gruppe zusammenstellt und in einem Lesekoffer präsentiert, eine ihren Interessen und sprachlichen Fähigkeiten entsprechende Lektüre aus. Diese deckt thematisch eine möglichst große Bandbreite ab und kann unterschiedliche Textsorten umfassen. Die Klassifizierung der verschiedenen Bücher in Schwierigkeitsniveaus (z. B. durch verschiedene Farbpunkte) kann zur Orientierung dienen. Die Lernenden organisieren den Leseprozess mithilfe eines Zeitplans selbst, wobei sie unterstützende Maßnahmen von der Lehrkraft erhalten. Je nachdem, ob nur außerhalb oder auch im Unterricht gelesen werden soll, kann der zeitliche Rahmen zwischen einigen Wochen und einem Halbjahr variieren. Eine Vorstellung der Zwischenergebnisse ist ratsam, damit die Mitschüler einen Einblick in die Lektüren der anderen erhalten. Am Ende steht eine interaktive, möglichst kreative Präsentation des

jeweiligen Buches, die auch von den Mitschülern bewertet wird (z.B. mit
Bewertungsraster aus Kap. 8.5, S. 224).

Taller de lectura: Cuentos sobre el tema *Padres e hijos*

Tareas para la presentación
I. Para preparar...
■ Busque una foto / una imagen que corresponda al contenido del cuento.
■ Pregunte a sus compañeros qué historia se imaginan con esa foto/imagen y el título.
■ Explique el/los campo(s) semántico(s) importantes (distribuidos en una hoja).
■ Prepare para sus compañeros una hoja con preguntas de comprensión sobre su presentación.

II. Sobre el cuento...
■ Presente a los personajes.
■ Resuma la acción.
■ Explique el título.
■ Dé un comentario personal sobre el cuento.
    Ej.:   (No) Me gusta porque...
           (No) Me interesa porque...
           (No) Lo recomendaría para la lectura en clase porque..
■ Prepare un ejercicio de gramática con el contexto del cuento.

III. Sobre la relación padres e hijos (adultos y jóvenes)...
■ Presente y explique los motivos/deseos/pensamientos/problemas de los dos grupos.
■ Dé su opinión personal sobre esta relación.

SOMMERFELDT 2001: 87

Durchgeführt werden kann der unterrichtsöffnende Ansatz mit jeder Art von Texten. Für das Stationenlernen eignen sich vermutlich eher kürzere Formen wie Gedichte oder *cuentos*. Die Lektürewerkstatt kann auch mit didaktischen Lektüren durchgeführt werden (z.B. aus der Reihe *América Latina* von Klett); für den Lesekoffer empfehlen sich authentische Ganzschriften wie Jugendbücher (verfügbar u.a. in der Reihe *Literatura juvenil* bei Klett) oder Comics. Es ist sogar vorstellbar, mit einem interessierten Kurs ein solches Verfahren der individualisierten Lektüre zu Bestsellern spanischsprachiger Autoren einzusetzen, die – warum nicht? – in der deutschen Übersetzung gelesen werden dürfen. Eine der Aufgaben für die Präsentation wäre es dann, eine Kernstelle im spanischen Original herauszusuchen und mit den Mitschülern zu besprechen.

6.2.4 Interkultureller Ansatz

Interkulturelles Lernen ist seit geraumer Zeit fester Bestandteil der Fremdsprachendidaktik (vgl. Kap. 7.1). In einer Welt der Globalisierung und Migration ist es eines der zentralen Ziele von Unterricht, dazu beizutragen, dass die Lernenden einer fremden Sprache fremden Menschen und Kulturen mit Respekt und Toleranz begegnen und Verständnis aufbringen für Fremdheit bzw. Andersartigkeit. Förderlich dazu ist das Entdecken von Gemeinsamkeiten mit dem vermeintlich Fremden oder anderen. Ob etwas „anders" ist, definiert sich immer darüber, was jemand für „normal" hält; also gehört zum Fremdverstehen auch immer das Bewusstsein dafür, was und wie das „Eigene" ist. Wie wichtig das so verstandene interkulturelle Lernen ist, schlägt sich auch darin nieder, dass „verständnisvoller Umgang mit kultureller Differenz" im Zielbereich „Interkulturelle Kompetenzen" in den Bildungsstandards für die Fremdsprachen verankert ist und sich in allen Lehrplänen und Rahmenrichtlinien für Spanisch in der einen oder anderen Form findet. Bei der Diskussion darum, wie und an welchen Materialien Fremdverstehen lehr- und lernbar sei, nehmen literarische Texte einen besonderen Platz ein. Sie entwerfen eine fiktive Wirklichkeit, in der Individuen handeln und fühlen, in die sich der Leser, wenn sie ihn ansprechen, hineinversetzen kann, sodass er ihre Wirklichkeit und Handlungen/Gefühle mit seinen eigenen vergleichen kann.

> Anliegen: Förderung des Fremdverstehens durch Perspektivenwechsel

Der Vorteil von literarischen Texten gegenüber anderen Textsorten besteht bei entsprechender Werkauswahl darin, dass mehrere Ebenen des Fremdverstehens im Fokus sind:

- **Dargestelltes Fremdverstehen**: In Texten, die die Begegnung von verschiedenen Kulturen schildern, finden bereits auf der Figurenebene Prozesse des Verstehens bzw. Nichtverstehens statt, die bei der Besprechung im Unterricht thematisiert werden können.
- **Fremdverstehen im Leseprozess**: Neben der sprachlichen und der literarischen Erschließung laufen im Leser Prozesse des Verstehens bzw. Nichtverstehens der dargestellten fremden Kultur(en) und des Miterlebens und Nachfühlens mit den Figuren ab, die bei der Besprechung durch adäquate Aufgabenstellungen ins Bewusstsein gehoben werden. Diese Prozesse werden bei der Lehrkraft und den verschiedenen Lernenden aufgrund des individuellen Wissens- und Erfahrungshorizontes durchaus unterschiedlich sein, was Anlass ist, die Relativität des eigenen Standpunktes zu verdeutlichen.

- **Lebensweltliches Fremdverstehen**: Perspektivenwechsel und Perspektivenübernahme, also das Sich-Hineinversetzen in andere bildet auch für das Fremdverstehen im wirklichen Leben die Grundlage. Diese affektiv-kognitiven Kompetenzen können durch den Umgang mit literarischen Texten geübt werden.

Zentral für den Ansatz sind die Aufgabenstellungen, mit denen das interkulturelle Lernen gesteuert werden kann, allen voran kreative Aufgaben zum Perspektivenwechsel. Fingerspitzengefühl ist allerdings gefragt bei der Auswahl der entsprechenden Textstellen bzw. Perspektiven, denn diese sollten einen Anknüpfungspunkt zu den Lernenden bieten, damit nicht völlig unrealistische Entwürfe entstehen. Ferner sollten stets Aufgaben vorgesehen werden, die den Rückbezug zur eigenen Person und zur eigenen Kultur verlangen.

Geeignet für diesen Ansatz sind vor allem Erzähltexte, in denen Jugendliche in einer fremden Kultur zurechtkommen müssen. Dazu gibt es sowohl Kurzgeschichten als auch Romane (z. B. *Ojalá que no* von Lorraine Torres, *La casa en mango Street* von Sandra Cisneros, beide zum Thema *hispanos en EEUU*); darüber hinaus finden sich Jugendbücher mit dieser Thematik (z. B. *Abdel* von Enrique Páez oder *La tierra de las papas* von Paloma Bordons). Interessant sind Werke, in denen die fremde Sicht auf uns Deutsche thematisiert wird, noch dazu aus Jugendperspektive, wie etwa in der chilenischen Exilliteratur (u. a. *No pasó nada* von Antonio Skármeta).

6.2.5 Projektorientierter Ansatz

Projektunterricht, Projektlernen, projektorientiertes Arbeiten – mit dem Begriff Projekt verbindet sich bereits seit der Reformpädagogik die Vorstellung einer Art von Unterricht, die sich am wirklichen Leben orientiert und sich daher in die folgenden Schritte untergliedern lässt: sich für ein Thema interessieren, sich Fragen stellen, Antworten suchen, einen Arbeitsplan erstellen, Vorgaben bei den Arbeitsschritten berücksichtigen, ein Produkt erarbeiten und es präsentieren. Handlungs- und Produktorientierung sind die Schlüsselwörter für dieses Vorgehen, das das selbstständige und das kooperative Arbeiten fördert (vgl. Kap. 2.2). Die Lernenden sind wesentlich an Auswahl, Planung, Durchführung und Bewertung beteiligt; die Herausforderung für die Lehrkraft liegt in der umsichtigen und die Effektivität fördernden Initiierung und Organisation der Prozesse.

Anliegen: Interpretation durch Umgestaltung literarischer Werke in andere Präsentationsformen/Produkte

6. Literatur behandeln

Nach der Lektüre des in Frage stehenden Werkes und der Verständnissicherung geschieht die Interpretationsarbeit bei diesem Ansatz durch die Umgestaltung des Textes in ein Produkt. Dabei kommen kreative Verfahren zum Einsatz, und zwar außer den textproduktiven auch visuelle und akustische wie zum Beispiel:

Visuell gestalten
- Passende Requisiten zu einem Text finden und die Wahl begründen,
- Bilder zu einem Text aussuchen und die Wahl begründen,
- Bilder zu einem Text zeichnen/malen/fotografieren/filmen und erläutern, Illustrationen erstellen und erläutern,
- Bildcollagen zu einem Text erstellen und vorstellen,
- Plakate zu Figuren/Handlungen entwerfen und präsentieren,
- Programmhefte zu einem Theaterstück/Film/Radiosendung gestalten,
- eine Internetseite gestalten.

Akustisch gestalten
- Musik zu einem Text aussuchen, die den Inhalt in gewisser Weise spiegelt, und die Wahl begründen,
- zum Vorlesen/Lesen eines Textes die passende Hintergrundmusik aussuchen, in der sich die Gefühle der Hörer ausdrücken bzw. mit deren Hilfe die Hörer den Text interpretieren,
- mit verschiedenen Vortragsweisen experimentieren („wie in den Nachrichten", „wie in der Werbung" usw.),
- einen Text vertonen (z.B. ein Rap zu einem Gedicht).

Im Gegensatz zum „kreativen" Ansatz (s. Kap. 6.2.2) sind die kreativen Verfahren hier nicht auf einzelne Textstellen begrenzt, sondern beziehen sich auf das gesamte Werk. Folgende **Umgestaltungen** sind erfolgreich durchgeführt worden (s. weiterführende Literatur in Kap. 6.3):

- Umschreiben einer didaktischen Lektüre in ein Theaterstück (Verbindung der bereits vorgegebenen Dialoge durch das Schreiben weiterer Dialoge, Erzählertexte oder Regieanweisungen) und die Aufführung des entstandenen Theaterstücks,
- Umsetzung einer didaktischen Lektüre/einer Kurzgeschichte in eine *fotonovela,*
- Verfilmung einer Kurzgeschichte,
- Umgestaltung von Romanszenen zu einem Comic,
- Erstellen eines *features* zu einem Roman und die Sendung dieses *features* (Vorstellung exemplarischer Textstellen, Informationen zum Autor, zur Zeitgeschichte, Präsentation von authentischen Hörzeugnissen) auf dem offenen Radiokanal der Stadt.

Die Wahl des Produkts richtet sich zum einen nach dem literarischen Text, zum anderen nach den Begabungen, die in der jeweiligen Gruppe stecken. Diese wird stets in Untergruppen mit spezifischen Arbeitsaufträgen aufgeteilt. Als Problem kann angesehen werden, dass in den Gruppenarbeiten zur Erstellung der Produkte naturgemäß viel Deutsch gesprochen wird. Der Umgang mit dem Spanischen ist jedoch durch die Beschäftigung mit dem Originaltext und seiner Transformation in ein neues sprachliches Produkt hinreichend gewährleistet. Als Entschädigung für den meist nicht unerheblichen Organisationsaufwand mag gelten, dass viele Schüler sich bei dieser Art von Literaturunterricht über die Maßen engagieren und die entstehenden Produkte den Lernenden – und der Lehrkraft – meist lange als Highlight des Spanischunterrichts im Gedächtnis bleiben.

Derartige Projekte können ab dem zweiten Lernjahr durchgeführt werden; es eignen sich für diesen Ansatz alle Ganzschriften.

6.2.6 Interpretatorischer Ansatz

Literarische Texte sind, auch wenn man das als Lehrkraft vielleicht manchmal aus dem Auge verliert, nicht für die Interpretation in der Schule geschrieben worden. Sie entwerfen vielmehr Welten, die im Leser Bilder auslösen. Diese Inszenierungen im Kopf in konkrete Szenen umzusetzen, also sichtbar zu machen, und dabei den Lernenden die Möglichkeit zu bieten, in der Auseinandersetzung mit fremden Handlungen und Gefühlen eigene Verhaltensmuster und Empfindungen zu entdecken, ist das Anliegen des literaturdidaktischen Ansatzes, der auf szenischer Interpretation basiert. Wenn auch ursprünglich für die Auseinandersetzung mit dramatischen Texten gedacht, geht es dabei nicht um die Erarbeitung einer Aufführung, sondern um die Interpretation des Textes durch Handlungen der Schülerinnen und Schüler.

> Anliegen: Annäherung an den literarischen Text durch szenische Gestaltung von (inneren) Bildern

Das Verfahren, das für den Deutschunterricht entwickelt wurde, kann auch dazu dienen, das historische Umfeld und den Habitus von Figuren zu erkunden, sich in Figuren, Perspektiven oder Szenen einzufühlen und Szenen sowie Haltungen zu reflektieren. Für den Spanischunterricht lohnend sind all jene Verfahren dieses Ansatzes, die Sprech- und Schreibanlässe bieten. Am häufigsten findet die **Arbeit mit Standbildern** Einsatz: Nach der Lektüre eines bestimmten Textabschnittes fordert die Lehrkraft einen oder mehrere Lernende auf, das Verhältnis der Figuren zueinander oder den Seelenzustand einer Figur (eventuell im Vergleich mit einer anderen Textstelle) darzustellen, indem sie einen oder mehrere Mitschüler vor der Klasse „modellieren", ohne dabei zu sprechen. Die Betrachter beschreiben zunächst die äußere Erscheinung, situieren die Textstelle, begründen die von den Baumeistern gewählte Position aus dem Text heraus. Dann können die Baumeister zur Beschreibung Stellung nehmen; die Betrachter dürfen Veränderungsvorschläge machen, über die wiederum diskutiert wird. Die Intensität der Auseinandersetzung über das Standbild hängt vom Sprachstand der Schüler ab: Im Anfangsunterricht kann das Verfahren eine nonverbale Interpretation sein, die lediglich mit Textzitaten untermauert wird (z. B. zur Entwicklung der Beziehung zwischen Carlos, Laura und Fernando im bereits erwähnten didaktischen Krimi *Soñar un crimen*). Im fortgeschrittenen Unterricht können komplexe Sachverhalte auf diese Weise visualisiert und analysiert werden (z. B. das Verhältnis der Figuren zueinander in Lorcas *La casa de Bernarda Alba*). Wie beim „kreativen" Ansatz geht es auch hier darum, zunächst über etwas Konkretes (das Äußere eines Standbildes) zu sprechen. Indem die Erbauer ihren Entwurf begründen müssen, wird der Textbezug hergestellt; die zunächst intuitive Umsetzung kann dann auf eine Metaebene (Charakterisierung/Analyse der Figurenkonstellation) gehoben werden. Eine Auswahl von Möglichkeiten, die dieser Ansatz bietet, zeigt die folgende Zusammenstellung:

Szenisch gestalten
- Eine Textsituation als lebendes Bild darstellen (als wenn ein Fotograf ein Foto gemacht hätte), eventuell mehrere „Schnappschüsse" im Vergleich, und beschreiben (von den „Fotografen") oder beschreiben lassen (von den Betrachtern),
- eine Statue/ein Standbild bauen, die/das die Botschaft des Textes oder die Figurenkonstellation bzw. eine bestimmte Situation zur Anschauung bringt, und beschreiben (lassen),
- innere Dialoge unter Anleitung eines Spielleiters führen (Leiter fragt z. B. eine Figur, was sie über eine andere denkt, und fragt dann die andere, was sie zu diesen Gedanken sagt),
- Ratgeber einer Figur sein (die Figur und ihr Ratgeber führen ein Gespräch über die Situation, in der sich die Figur befindet, und über zukünftige Handlungsmöglichkeiten),
- eine Textstelle pantomimisch darstellen und von den Betrachtern versprachlichen lassen,
- einen Text oder Textteil auf spielerische Weise darstellen: als Inszenierung oder auch als Puppen-, Marionetten- oder Videoszene; dazu ggf. ein Skript oder eine Rezension schreiben,

- eine Fortsetzung bzw. Ausweitung des Textes als Rollenspiel verfassen und darstellen (z. B. eine Gerichtsverhandlung mit Zeugen, Plädoyers usw.),
- Talkshows mit Figuren des Textes bzw. zur Thematik des Textes veranstalten,
- abstrakte Begriffe auftreten und sprechen lassen (z. B. zu Bernarda Alba: *la muerte, el amor, el deseo, el honor*).

Der Ansatz eignet sich für alle Gattungen, besonders natürlich für Theaterstücke, aber auch für bestimmte Gedichte. Er ist auf jedem Niveau einsetzbar und kann, je nach gewähltem Verfahren, für kurze Unterrichtsphasen oder für ganze Unterrichtseinheiten nutzbar gemacht werden.

6.2.7 Analytischer Ansatz

Die Auflistung der bisher genannten Ansätze erweckt den Anschein, als fände der traditionelle Umgang mit literarischen Texten, die analytische Betrachtungsweise, kaum noch statt, und das, obwohl die klassischen Analyseaufgaben nach wie vor Bestandteile der Rahmenrichtlinien und Abiturvorschriften sind. Nach der Überwindung der rein analytischen Literaturbehandlung mag das Pendel in der Tat zunächst in das andere Extrem ausgeschlagen sein; gegenwärtig allerdings findet eine Rückbesinnung auf alte Tugenden unter neuem Namen statt, nämlich mit dem Ziel der Schulung von literarischer Kompetenz. Dabei ist die explizite Analyse aber nicht wie früher das ausschließliche Verfahren, sondern ein Teil des gesamten Interpretationsprozesses; sie ist auch nicht das Ziel, sondern das Mittel.

Anliegen: Schulung von literarischer Kompetenz durch Textanalyse

Ausgehend von der Definition, dass Kompetenz daran ablesbar ist, wie Wissen in variablen Situationen zur Lösung von Problemen, Aufgaben und Fragen handelnd eingesetzt wird, setzt literarische Kompetenz also, wie alle anderen Kompetenzen auch, zunächst Wissen voraus: Wissen um die Komplexität von Darstellungsverfahren (wie Raum- und Zeitgestaltung, Erzählperspektive, Handlungsstruktur) sowie typisch literarische Sprachverwendung (wie Metaphern und Symbole), Wissen um Gattungskonventionen und die Fiktionalität des Dargestellten. Diese Kennzeichen von Literatur sollten in einem Unterricht, der literarische Kompetenz schulen will, thematisiert werden. Literarische Kompetenz realisiert sich dann in der Einstellung, eine ohne dieses Wissen vielleicht als schwierig oder störend empfundene Erzählstruktur mit Sprüngen in verschiedene Zeitebenen als spannungs- und genusssteigernden Kunstgriff wahrzunehmen und diese ästhetische Erfahrung in ganz unterschiedliche (Lektüre-)Situationen zu übertragen. Eine solche Rezeptionskompetenz fällt nicht vom Himmel, sie muss vermittelt werden, und zwar – Herausforderung in der Literaturdidaktik – ohne den Text „breitzutreten", was der Motivation abträglich wäre. Ein gangbarer Weg ist es, bei der Besprechung eines Werks zwischen **Aspektanalyse** und **Kernstellenanalyse** zu unterscheiden. Unter Aspekten sind die inhaltlich-thematischen Schwerpunkte zu verstehen, die bei einem bestimmten Werk interessant zu besprechen sind. Diese können gut von den Lernenden gruppenteilig erarbeitet werden, sei es als Expertenauftrag bei der vorgreifenden Lektüre oder als durchlaufender Untersuchungsauftrag, der nach der sukzessiven Lektüre besprochen wird. Der Begriff Kernstelle bezeichnet hingegen Textpassagen, die unter formalen Gesichtspunkten in Hinblick auf das zu erwerbende gattungs- oder genrespezifische Wissen interessant sind und die von der Lehrkraft zur exemplarischen Analyse ausgesucht werden. Bei dieser Analyse können durchaus auch kreative Verfahren zur Anwendung kommen; allerdings münden sie immer in der expliziten Bewusstmachung der literarischen Mittel. Optimal ist es, mit den Schülern einen Themenplan für die Besprechung festzulegen, in dem sich Aspekt- und Kernstellenanalyse ergänzen. Dies ist besonders gut möglich, wenn das Werk vorgreifend gelesen wird. Nachfolgend ein Vorschlag zur Planung einer solchen Unterrichtseinheit:

Phase	Ziele	Arbeitsformen
1. Lektüre des Textes (ca. 2–3 Wochen)	Vorbereitung der Textarbeit	gemeinsamer Einstieg in die Lektüre (1–2 Stunden), vorgreifende eigenständige Vorbereitung mit Lektüreaufträgen (allgemeines Textverständnis und thematisches Expertenwissen)
2. Erster Gesamtzugriff (1–2 Stunden)	Verständnissicherung und gemeinsame Planung	Ergebnispräsentation der allgemeinen Lektüreaufträge, Problemaufriss im Unterrichtsgespräch, Festlegung des Themenplans
3. Textarbeit (ca. 12 Stunden)	Erarbeitung von Inhalt und Form: ■ Inhalt: Auswertung der spezifischen Lektüreaufträge und Aspektanalyse ■ Form: Kernstellenanalyse und Textvergleich	■ schülerzentrierte Vermittlung des Expertenwissens: LdL oder Gruppenpuzzle ■ lehrergesteuerte Erarbeitung der literarischen Qualität

4. Zweiter Gesamtzugriff (Dauer nach Wahl)	Reflexion und Vertiefung: ■ Ergebnissicherung ■ Anwendung ■ Einordnung in größere Zusammenhänge	■ Rezension oder Kommentierung; ■ Überprüfung der literarischen Kompetenz im Unterricht oder in einer Klausur an einem Text mit ähnlichen Merkmalen; ■ Recherche oder Projekt zu vertiefenden thematischen Aspekten

Geeignet für diese Form des Arbeitens sind alle authentischen Ganzschriften, die über literarische Qualität verfügen. Das Niveau der Schüler sollte die Kernstellenanalyse auf Spanisch erlauben; der Ansatz richtet sich daher vornehmlich an fortgeschrittene Lerner, die dabei zugleich analytische Arbeitsformen für das Abitur trainieren.

6.3 Literatur

BRUSCH, WILFRIED (1992), Arbeiten mit literarischen Texten. In: Jung, Udo O. H. (Hrsg.), Praktische Handreichung für Fremdsprachenlehrer, Frankfurt a. M., S. 360.

Zu Kapitel 6.2.1

Themenheft „Lesetechniken" (2004): Der fremdsprachliche Unterricht Spanisch 5.

SOMMERFELDT, KATHRIN (2001): Lernerautonomie – ganz praktisch. In: Hispanorama 93, S. 43–62.

SCHINKE, SIMONE/STEVEKER, WOLFGANG (2010): Verfahren der Individualisierung bei der Textanalyse. In: Der fremdsprachliche Unterricht Spanisch 28, S. 40–45.

VENCES, URSULA (1996): Die Lernenden lösen den Fall. Lesevergnügen und Landeskunde am Beispiel eines Krimis im Spanischunterricht der Jahrgangsstufe 12. In: Praxis des neusprachlichen Unterrichts 4, S. 401–407.

VENCES, URSULA (1999): Eine Ganzschrift im Anfangsunterricht der Jahrgangsstufe 11 – Unterrichtsmaterialien zu „Soñar un crimen" von Rosana Aquaroni Muñoz. In: Hispanorama 85, S. 87–99.

VENCES, URSULA (1999): Spanische Romane ohne Mühe!? Die literarische Ganzschrift im Spanischunterricht. In: Altmann, Werner/Vences, Ursula (Hrsg.), Vom Lehren und Lernen. Neue Wege der Didaktik des Spanischen. Berlin 1999, S. 33–58.

Zu Kapitel 6.2.2

CASPARI, DANIELA (1995): Literarische Texte im Fremdsprachenunterricht und/mit/durch kreative Verfahren. In: Fremdsprachenunterricht 39/48, S. 241–246.

SOMMERFELDT, KATHRIN (2004): Kreativer Umgang mit Texten – ein kritisches Plädoyer. In: Der fremdsprachliche Unterricht Spanisch 7, S. 4–9.

STRICKSTRACK-GARCÍA, ROSWITHA (1995): Literatur im neubeginnenden Spanischunterricht: Probleme und Möglichkeiten. In: Hispanorama 70, S. 115–127.

Zu Kapitel 6.2.3

Krähling, Katharina/Löchel, Waltraud (2008): Der Lesekoffer – Individuelle Zugänge zu authentischen Jugendromanen. In: Der fremdsprachliche Unterricht Spanisch 23, S. 24–30.

Rössler, Andrea (2008): Zwischen individueller und kollektiver Lektüre. In: Der fremdsprachliche Unterricht Spanisch 23, S. 4–8.

Sommerfeldt, Kathrin (2001): Lektürewerkstatt im Spanischunterricht. In: Hispanorama 92, S. 84–90.

Themenheft Cómic (2016): Der fremdsprachl. Unterricht Spanisch 554.

Zu Kapitel 6.2.4

Gerling-Halbach, Renate (2007): Bolivien, das Ende der Welt?. In: Der fremdsprachliche Unterricht Spanisch 16, S. 34–43.

Nünning, Ansgar (2001): Fremdverstehen durch literarische Texte. In: Der fremdsprachliche Unterricht Englisch 53, S. 4–9.

Vences, Ursula (2007): Interkulturelles Lernen – weit mehr als Landeskunde. In: Der fremdsprachliche Unterricht Spanisch 16, S. 4–9.

Zu Kapitel 6.2.5

Hannebauer, Judith (2006): Theater – schreiben und spielen. In: Der fremdsprachliche Unterricht Spanisch 10, S. 14–19.

Heyden, Ulrike (2006): Fotonovela. In: Der fremdsprachliche Unterricht Spanisch 10, S. 32–35.

Klink, Hella (1994): Die literarische Ganzschrift im Grund- und Leistungskurs Spanisch – am Beispiel des Romans „No pasó nada" von Antonio Skármeta. In: Die Neueren Sprachen 93.2, S. 148–159.

Sommerfeldt, Kathrin (2006): Projektlernen – eine echte Alternative. In: Der fremdsprachliche Unterricht Spanisch 10, S. 4–10.

Zu Kapitel 6.2.6

Buchholz, Jutta (2007): La casa de Bernarda Alba – ein aktueller Klassiker. In: Der fremdsprachliche Unterricht Spanisch 18, S. 14–18.

García de María, Javier/Vences, Ursula (2004): Alles von der Rolle im Spanischunterricht, Berlin: edition tranvía.

Kannengiesser-Krebs, Gisela (2013): ¿Y eso...qué significa? Szenische interpretation zu enigmatischen Texten am Beispiel von "los dos esqueletos" von Javier Tomeo. In: Der fremdsprachliche Unterricht 42, S. 40–45.

Peck, Christiane (2009): Das Theater mit den Texten: Inszenierung von Kurzgeschichten. In: Der fremdsprachliche Unterricht Spanisch 26, S. 28–33.

Schaeper, Mechthild (2004): Theater spielend interpretieren, in: Der fremdsprachliche Unterricht Spanisch 5, S. 28–33.

Scheller, Ingo (1996): Szenische Interpretation, in: Praxis Deutsch 136, S. 22–32.

Themenheft Sketche (2018): Der fremdsprachl. Unterricht Spanisch 61.

Zu Kapitel 6.2.7

Rössler, Andrea (2008): Zwischen individueller und kollektiver Lektüre. In: Der fremdsprachliche Unterricht Spanisch 23, S. 4–8.

Sommerfeldt, Kathrin (2008): Alfredo Gómez Cerdá: Noche de alacranes. In: Der fremdsprachliche Unterricht Spanisch 23, S. 40–47.

Themenheft Literarästhetisches Lernen (2015): Der fremdsprachliche Unterricht Spanisch 49.

7. Soziokulturelle Inhalte vermitteln und interkulturelles Lernen anbahnen

Kathrin Sommerfeldt

Als Unterrichtsfach im allgemeinbildenden Schulwesen ist der Spanischunterricht dadurch legitimiert, dass er auf spezifische Weise zu den allgemeinen Bildungszielen beiträgt. In dem Maß, wie sich diese im Verlauf der Geschichte verändern, verändern sich auch die Inhalte des Unterrichts und der Umgang mit ihnen. Dies wird besonders deutlich im Bereich der soziokulturellen Inhalte.

7.1 Konzepte, Begriffe und Methoden

Das Lernen einer Sprache ist immer auch eine Form der Begegnung mit einer anderen Kultur. In der Frühzeit des schulischen Lernens moderner Fremdsprachen gegen Ende des 19. Jahrhunderts wurde deren praktischer Gebrauchswert hervorgehoben; es wurden parallel zum Erwerb der Fremdsprache unter pragmatisch-utilitaristischen Gesichtspunkten landeskundliche Kenntnisse vermittelt, die der Orientierung des Reisenden ebenso dienen konnten wie den beruflichen Interessen des grenzüberschreitenden Handels.

Gleichzeitig führte der Vergleich mit den klassischen Sprachen Latein und Griechisch zur Ausrichtung an den tradierten Bildungsidealen und an zeitgenössischen Kulturkonzepten, die den Bildungswert der fremden Kultur betonten. Es entwickelte sich das Konzept der **Kulturkunde**, das den Fremdsprachenunterricht in Deutschland ungefähr ab dem Ersten Weltkrieg bis in die 60er Jahre des 20. Jahrhunderts geprägt hat. Kennzeichnend für die kulturkundliche Didaktik war die Suche nach dem fremden Nationalcharakter. Die fremde Kultur wurde auf ganz wenige Eigenschaften reduziert, die sich aus den kulturellen Äußerungen, insbesondere aus Kunst, Literatur und Sprache, ablesen lassen sollten. Ausgehend von diesem „hohen" Kulturbegriff stand im Unterricht die Auseinandersetzung mit literarischen Texten im Vordergrund. Ein landeskundliches Curriculum erschien nicht notwendig, da die gesellschaftliche Realität der Zielsprachenländer weitestgehend ausgeblendet wurde.

Dies änderte sich im Zuge der Bildungsreformen der 60er und 70er Jahre des 20. Jahrhunderts; die geisteswissenschaftlich orientierte Kulturkunde wurde durch die sozialwissenschaftlich orientierte **Landeskunde** ersetzt. Die Vermittlung von Faktenwissen aus den Bereichen Geografie, Soziologie,

Geschichte, Politik, Wirtschaft und Kultur sollte ein möglichst objektives, umfassendes Bild eines Landes bzw. bestimmter Regionen liefern. Dieser Ansatz wirkt bis in die heutige Zeit hinein. An die Stelle der Exegese von literarischen Einzeltexten traten die Rezeption von landeskundlichen Dossiers und die Nutzung des erworbenen Wissens zur Deutung fremdkultureller Wirklichkeit. Ein verbindliches Curriculum landeskundlicher Inhalte gab und gibt es nach wie vor nicht; für Spanisch als Schulfach gilt aber zumindest das Postulat, dass Spanien und Lateinamerika gleichberechtigt berücksichtigt werden sollen. Parallel zum „faktischen Ansatz" in der Landeskunde entwickelte sich der „kommunikative Ansatz", der, ausgehend vom Leitziel der kommunikativen Kompetenz, die Schulung von (sprachlich) angemessenem Verhalten in Alltagssituationen des Ziellandes ins Zentrum des Unterrichts stellt. Inhalt des so orientierten Unterrichts ist eine Art **„Leutekunde"** (wie Leute miteinander in Verbindung treten, wie Leute sich bilden, wie Leute am Gemeinwesen teilnehmen usw.) bzw. die Alltagskultur; diese Form von Landeskunde findet sich vorrangig in den Lehrwerken, da sie eng mit dem Aufbau kommunikativer Fertigkeiten verbunden ist.

Anliegen bei der Ablösung der Kulturkunde durch die Landeskunde war es, durch vermehrtes Wissen Verständnis für fremde Menschen und Kultur(en) zu schaffen. Es wurde jedoch schnell deutlich, dass das Wissen allein dafür nicht ausreichte, im Gegenteil: Die vermittelten Informationen (z. B. zur Gesellschaftsstruktur in lateinamerikanischen Ländern, zu Verhaltensweisen in anderen Kulturen) führten durch die Betonung der Unterschiede oft gerade zur Verfestigung von Klischees und Vorurteilen. Hier setzt das **Konzept des interkulturellen Lernens** an. In der Welt der Globalisierung und Migration werden die Orientierungsfähigkeit in fremden Kulturen und die kommunikative Kompetenz in interkulturellen Situationen zum übergeordneten Ziel; dazu ist Fremdverstehen erforderlich. Ihrer Bedeutung als Schlüsselkompetenzen des 21. Jahrhunderts entsprechend stellen die interkulturellen Kompetenzen neben den funktionalen, kommunikativen und den methodischen Kompetenzen auch einen der drei Kompetenzbereiche in den Bildungsstandards der modernen Fremdsprachen dar. Der Unterricht greift Begriffe und Themen der Zielkultur(en) auf und klärt deren Bedeutung in der fremden und in der eigenen Kultur. Die Auswahl der Begriffe und Themen ergibt sich aus ihrer Eignung für dieses Konzept, das didaktische und methodische Veränderungen mit sich bringt, erfordert doch der Vergleich zwischen Eigenem und Fremdem zusätzlich zum soziokulturellen Orientierungswissen personalisierende, perspektivierende Materialien und ein eher recherchierendes Vorgehen.

7.1 Konzepte, Begriffe und Methoden

Die Präsenz unterschiedlicher Kulturen in den Klassen und Kursen bietet für interkulturelles Lernen oftmals bereits eine gute Ausgangsbasis. Sie verstärkt die Einsichten der **Theorie des transkulturellen Lernens**, das unter den Oberbegriff des interkulturellen Lernens fällt und als eine Weiterentwicklung (nicht als Gegensatz oder etwas völlig Neues) zu verstehen ist. In der globalisierten Welt kann von einheitlicher kultureller Prägung oft nicht mehr die Rede sein. Ein eindrückliches Beispiel dafür sind die Essgewohnheiten in Deutschland. Das Schülerwörterbuch Spanisch–Deutsch/Deutsch–Spanisch von PONS zeigt im Innenteil auf Farbtafeln als typisch deutsche Gerichte neben dem Heringsbrötchen einen Döner und eine Minipizza. Während der Begriff des interkulturellen Lernens nach wie vor überwiegend „den Aspekt der Differenzen" betont und *das Bemühen um das Verstehen „des Fremden" und „des anderen" in den Mittelpunkt stellt, hebt Transkulturalität den Aspekt des Gemeinsamen hervor und sucht nach Anschlussmöglichkeiten „im Eigenen", welche Grundlagen für transkulturelle Entwicklungsmöglichkeiten bilden können. (FLECHSIG: 2000)

Somit ist Transkulturalität auch dadurch gekennzeichnet, dass sie sich als ein dynamischer Prozess versteht, der ständig Veränderungen hervorbringt. Durch Verschmelzung unterschiedlicher kultureller Manifestationen wird Neues – auch neue transkulturelle Identitäten – geschaffen. Transkulturelles Lernen manifestiert sich im Spanischunterricht auf verschiedenen Ebenen: auf der Gegenstandsebene z. B. durch die Thematisierung der *convivencia de las tres culturas* auf der Iberischen Halbinsel bzw. des *mestizaje* als fruchtbarer Konsequenz der Begegnung der Kulturen auf dem amerikanischen Kontinent, auf der Persönlichkeitsebene durch den Kontakt der eigenen mit den spanischsprachigen Kulturen. Wie beim identitätsstiftenden Begriff des *mestizaje* sollten beim transkulturellen Lernen die positiven, die eigene Kultur bereichernden Aspekte, die ja oft bereits Alltagsrealität sind, in den Vordergrund treten, um eine Begegnung der Kulturen auf Augenhöhe zu ermöglichen und Dominanzstrukturen abzubauen.

> Interkulturelles Lernen impliziert mehr als Landeskunde: Die Wahrnehmung und Deutung des Neuen/Fremden vollzieht sich stets vor dem Hintergrund des Bekannten/Eigenen. Beim interkulturellen Lernen wird beides thematisiert und in Beziehung gesetzt.

Insofern, und das ist wichtig, hat Landeskunde – als Lieferantin von soziokulturellem Orientierungswissen definiert, das für interkulturelles Lernen

unverzichtbar ist – nach wie vor ihre Berechtigung. Jedoch sind die Begrifflichkeiten oft nicht klar:
Neben dem Terminus Interkulturelles Lernen *steht weiterhin der eher traditionelle Begriff* Landeskunde, *und nicht selten werden beide Begriffe miteinander vermischt oder sogar synonym verwendet. So wird die Vermittlung von landeskundlichem Wissen als interkulturelles Lernen bezeichnet, es werden unterschiedliche Definitionen und Zielsetzungen mit dem Begriff verbunden, ja, der Fremdsprachenunterricht wird per se für interkulturelles Lernen gehalten.* (VENCES 2007: 4)
Die nachstehende Tabelle fasst die Unterschiede zusammen:

	Landeskunde	interkulturelles Lernen
Ziel	Erwerb und Wiedergabe von Faktenwissen zu spanischsprachigen Ländern	interkulturelle Kompetenzen
didaktischer Ort	selbstständige Unterrichtseinheiten während der Lehrbuchphase und danach	integrierte sprachliche und thematische Arbeit in der Lehrbuchphase und danach
Inhalte	■ Fakten aus Geografie, Soziologie, Politik, Wirtschaft, Geschichte, Kultur usw. ■ Alltagskultur	■ thematisches soziokulturelles Orientierungswissen ■ Umgang mit kultureller Differenz ■ Strategien zur praktischen Bewältigung interkultureller Begegnungssituationen
angestrebtes Ergebnis	„objektives" Bild eines spanischsprachigen Landes/einer Region	Fremdverstehen/transkulturelle Entwicklung
Methode	Informationsinput vor Konfrontation mit fremdkultureller Wirklichkeit: Dossierarbeit	Konfrontation mit fremdkultureller Wirklichkeit als Ausgangspunkt für Fragen: recherchierende Verfahren

Die Art des Umgangs mit soziokulturellen Inhalten hängt von der Zielsetzung ab: Soll soziokulturelles Orientierungswissen vermittelt werden, sind die Verfahren der Dossierarbeit effektiv. Dabei liefert die Lehrkraft sukzessive Informationsmaterial, das sprachlich und thematisch an Komplexität zunimmt und mit dessen Hilfe Phänomene der fremdkulturellen Wirklichkeit (der realen oder der fiktiven) am Ende der Einheit erklärt werden sollen und können. Steht das interkulturelle Lernen im Vordergrund, kommen eher Verfahren zum Einsatz, bei denen die fremdkulturelle Wirklichkeit den Ausgangspunkt bildet. Sie löst Fragen im Schüler aus, auf die er im Verlauf der Einheit Antworten sucht und hoffentlich findet. Diese grundsätzlich verschiedenen Herangehensweisen und die mit ihnen jeweils verbundenen Verfahren und Materialien können in der Praxis kombiniert werden, wenn etwa bei der Dossierarbeit zu Themen und mit Materialien gearbeitet wird, die auf die Bewältigung interkultureller Begegnungssituationen abzielen (vgl. Beispiel 1), oder bei recherchierendem Vorgehen zusätzliches soziokulturelles Wissen vermittelt werden soll (vgl. Beispiel 5). Wenn im Folgenden der Übersichtlichkeit halber eine isolierte Vorstellung der Verfahren versucht wird, so ist zugleich klar, dass diese Systematik im Sinne einer zeitgemäßen Methodik nicht überall trennscharf sein kann.

7.2 Dossierarbeit

Das Kennzeichen von Dossierarbeit ist die Kombination verschiedener, zumeist authentischer Materialien zu Unterrichtseinheiten. Zu diesen Materialien können Bilder, Grafiken, Hördokumente, Filme, Sachtexte und fiktionale Texte gehören. Dossierarbeit ist stoffzentriert, und selbst wenn bei der Bearbeitung der einzelnen Materialien schüleraktivierende Verfahren eingesetzt werden, handelt es sich um ein lehrerzentriertes, deduktives Vorgehen, da die Stoffauswahl von der Lehrkraft geleistet wird. Dossierarbeit ist sowohl während der Lehrbucharbeit als auch im Anschluss daran möglich.

7.2.1 Dossierarbeit in der Lehrbuchphase

Alle Lehrbücher vermitteln soziokulturelles Wissen aus spanischsprachigen Ländern; die neueren versuchen darüber hinaus, interkulturelles Lernen anzubahnen, indem unterschiedliche Verhaltensweisen in Deutschland und spanischsprachigen Ländern thematisiert und Begegnungen mit authentischem Material ermöglicht werden (vgl. z.B. die Rubrik *España/ Latinoamérica en directo* der Neuauflage von *Encuentros*, Cornelsen 2010). Je nachdem, wie systematisch, aktuell und umfangreich das jeweilige Lehrbuchangebot ist, kann es sich als sinnvoll erweisen, zur Vermittlung von soziokulturellem Wissen und/oder zum interkulturellen Lernen eigene Schwerpunkte in der Lehrbucharbeit zu setzen.

Denkbar sind lehrbuchorganisierende und/oder lehrbuchergänzende Dossiers.

Für das **lehrbuchorganisierende Dossier** werden die vorhandenen Angebote gesichtet und nach thematischen Aspekten prospektiv bzw. retrospektiv neu zusammengestellt. Für das **lehrbuchergänzende Dossier** wird an bestimmten Stellen das Fortschreiten im Lehrbuch unterbrochen und stattdessen ein bestimmter thematischer Aspekt in einem Exkurs durch Zusatzmaterialien oder Handlungsorientierung vertieft.

Beispiel 1: Im Lehrwerk *Línea dos* (Klett 1999) geht es in verschiedenen Übungen im Buch und im *Cuaderno de actividades* (CdA) um erwünschte und unerwünschte Verhaltensweisen sowie Klischees:

- *Unidad 2E, CdA 11: Clichés y estereotipos – indirekte Rede*
- *Unidad 3B, CdA 7b: Las molestias cotidianas – höfliche Formulierungen von Protest (subjuntivo)*
- *Unidad 3C, Übung 6: ¿Sería tan amable de ...? – höfliche Bitten (condicional)*
- *Unidad 4C, CdA 4: Así son los alemanes – Hörverstehensübung zu Pauschalurteilen*
- *Unidad 5A, CdA 1: ¿Comunicarse sin problemas? – andere Länder, andere Sitten*

Isoliert in der jeweiligen Lektion bearbeitet – noch dazu unter rein sprachlichen Gesichtspunkten –, ist der Lerneffekt in soziokultureller Hinsicht gering. Eine Zusammenstellung dieser Übungen jedoch und eine Vertiefung der Thematik um den interkulturellen Ansatz des Vergleichs von Selbst- und Fremdbild sowie eine eventuelle Ergänzung um weitere Aspekte und Materialien heben den inhaltlichen Aspekt ins Bewusstsein der Lernenden. Lehrbuchorganisierend kann sich Folgendes ergeben: In Lektion 2E und 3B werden die angegebenen Übungen zunächst übersprungen. Nach Erarbeitung des *condicional* in 3C wird eine Einheit zum **Thema Höflichkeit** angeschlossen, in der auch bereits die Übungen aus 4C und 5A vorweggenommen werden. Sie umfasst die Themen:

- *La cortesía verbal en español – Einübung (Unidad 3C: 6; Unidad 3B: CdA 7b), Vergleich mit der deutschen Sprache, Entwurf eines Selbstbildes (Sprache und Verhalten)*
- *Cómo nos ven los demás – Rezeption der Hörverstehensübung (Unidad 4C: CdA 4), Kommentierung des Fremdbildes (mithilfe von Unidad 2E: CdA 11), Vergleich mit dem Selbstbild*
- *Para no meter la pata – angeratene Verhaltensweisen bei interkultureller Unsicherheit (Unidad 5A: CdA 1)*

Lehrbuchergänzend könnten an verschiedenen Stellen dieser Reihe zusätzlich Karikaturen, Statistiken, Werbung oder andere Materialien eingesetzt werden. Wenn außerdem noch das Fremdbild, das Deutsche von Spaniern, Mexikanern o. Ä. haben, analysiert und auf weitere, in der letzten Lehrbuchübung nicht angesprochene Verhaltensunterschiede eingegangen wird, eventuell sogar persönliche Erfahrungen, die die Lernenden bereits im Ausland gemacht haben, aufgegriffen werden, ergibt sich ein thematischer Schwerpunkt, der einen hohen Lerneffekt nicht nur bezüglich soziokultureller Inhalte, sondern darüber hinaus auch im Bereich des interkulturellen Lernens hat.

Beispiel 2: Im Lehrwerk *Línea Uno* (Klett 1997) wird in Lektion 8B das Thema *niños de la calle* angesprochen. Nach der zwangsläufig auch auf den Wortschatz und die Grammatik der Lektion eingehenden Behandlung des Lehrbuchtextes bietet es sich an, ein lehrbuchergänzendes Dossier einzuschieben, um nun eine tatsächlich inhaltliche Auseinandersetzung mit diesem in allen lateinamerikanischen Ländern präsenten Phänomen anzustoßen. In einem Exkurs unter dem Titel *Más niños como Fernando* wäre der Einsatz folgender Materialien denkbar:

■ Lieder wie *Falta amor* von Maná, *La historia de Juan* von Juanes, *Chico de la calle* von Walter Olmos oder *Luchín* von Víctor Jara (s. Artikel von NILS EIGENWALD in Hispanorama 109, 2005)
■ Kurzfilm *Quiero ser* (s. Artikel von MARITA LÜNING in Hispanorama 95, 2002)
■ Prospekte oder Broschüren von Hilfsorganisationen wie terre des hommes, Plan, UNICEF. Oft werden darin Kinder beschrieben, denen in einem bestimmten Projekt geholfen wird. Diese Materialien können auf Deutsch genutzt werden. Im Hinblick auf die Leitfragen *¿Quién es el niño y de dónde es?, ¿Qué problema tiene?, ¿Qué hace y qué quiere?,* die in einem Raster festgehalten sind, versprachlichen die Lernenden die Informationen auf Spanisch, was durch den während der Unterrichtseinheit anwachsenden thematischen Wortschatz möglich wird. In Unterrichtsformen, die die Mündlichkeit fördern (Kugellager, Gruppenpuzzle, Omniumkontakt, vgl. Kap. 2), werden diese Informationen dann weitergegeben und das Raster für alle vorgestellten Personen ausgefüllt.

Bei der Behandlung dieses Themas ist es wichtig, auch auf die starken Seiten der Kinder hinzuweisen, die z. B. ihr Recht auf Arbeit und Lernen verteidigen (anders als das Verbot von Kinderarbeit es vorsieht) und die lateinamerikanische Wirklichkeit nicht auf die Elendsthematik zu reduzieren, was nicht zutreffend wäre. Eine pauschalierende Darstellung seitens der Lehrkraft vergrößert häufig noch die Distanz der Lernenden zu der ihnen fremden Welt, was der eigentlichen Unterrichtsintention widerspricht. Wenn die Lernenden hingegen die Möglichkeit haben, zu entdecken, dass es auch in Lateinamerika ein breites Spektrum an Kinderschicksalen gibt und viele Kinder, die, wenngleich oftmals mit einem deutlich geringeren Lebensstandard, mit ähnlichen Wünschen und Hoffnungen aufwachsen wie sie selbst, dann fördert das die differenzierte Einschätzung. Eine sinnvolle Ergänzung zu einem solchen Dossier bestünde daher z. B. in der Einbeziehung von Bildern und Briefen aus dem zweisprachigen Band *Wenn die Straßen sprechen könnten/Si las calles pudieran hablar* aus dem Schmetterling Verlag, in dem ganz „normale" Kinder aus San Carlos in Nicaragua zu Wort kommen und sich zu ihrem Alltag in ihrer Straße äußern.

> Lehrbuchorganisierende und lehrbuchergänzende Dossierarbeit erfordert einen anderen Umgang mit dem Material als Lehrbucharbeit.

Die Materialien eines Dossiers stellen die soziokulturellen Inhalte in den Mittelpunkt des Unterrichts. Diesem Anspruch muss der Umgang mit diesen Materialien Rechnung tragen. Er unterscheidet sich daher hinsichtlich der in der mittleren Spalte der folgenden Tabelle angegebenen Punkte deutlich vom Umgang mit Lehrbuchtexten:

Lehrbucharbeit		Dossierarbeit
Klärung aller Vokabeln, z. B. durch Semantisierung	neue Vokabeln	Annotation der wichtigen Vokabeln; Arbeit mit dem Wörterbuch
klären und üben	unbekannte Grammatik	annotieren oder übergehen, wenn aus dem Kontext klar
lineares Vorgehen, detailliertes Lesen	Texterarbeitung	Schwerpunktsetzung, auch kursorisches Lesen
stets Detailverständnis	abschließendes Textverständnis	teilweise Detailverständnis und teilweise Globalverständnis
zur Arbeit am Text	Aufträge	zur Arbeit am Thema
Alle Schüler kennen jeden Text.	Kenntnisse	Alle Schüler kennen die Informationen/die Ergebnisse – nicht zwingend alle Texte.

Dossierarbeit bietet die Möglichkeit, nicht nur soziokulturelle Inhalte zu vertiefen, sondern auch Methoden zu trainieren, die nach der Lehrbucharbeit wichtig sind, und dies in einem Kontext, wo ihre Anwendung natürlicher erscheint als beim Umgang mit Lehrbuchtexten. Um eine deutliche Unterscheidung zwischen Lehrbucharbeit und Dossierarbeit zu markieren, ist es sinnvoll, dass die Lehrkraft die gewählten Materialien tatsächlich „nur" im Hinblick auf die Inhalte auswertet und nicht nebenbei noch als Steinbruch für andere Ziele missbraucht. Diese beiden Aspekte wirken sehr motivierend und sind ein starkes Argument dafür, auch in Zeiten passgenauer und gut konzipierter Lehrwerke die Arbeit mit ihnen an der einen oder anderen Stelle für ein Dossier zu unterbrechen.

7.2.2 Dossierarbeit nach der Lehrbucharbeit

Im Anschluss an die Lehrbucharbeit findet der Spanischunterricht in aller Regel zu selbst gewählten oder im Rahmen der Abiturvorgaben festgelegten Themen statt. Oftmals steht dabei die Lektüre einer Ganzschrift oder die Analyse eines Films am Ende der Beschäftigung mit dem Thema. Um dies sprachlich und inhaltlich leisten zu können, bedarf es der Vorbereitung.

> Thematische Dossiers umfassen in der Regel mehrere Phasen, in denen soziokulturelles Wissen und sprachliche Mittel progressiv erweitert werden.

Als Phasen eines solchen Dossiers lassen sich festhalten:
- **Einstiegsphase**: In dieser Phase erfolgt die Sammlung von Vorkenntnissen zum Thema. Hierzu eignet sich in besonderer Weise Bildmaterial, anhand dessen soziokulturelles Vorwissen und bereits erlerntes Grundvokabular abgerufen werden können. Das Sammeln und Gliedern des *campo semántico* ermöglicht eine Strukturierung der nachfolgenden Phasen in thematische Schwerpunkte oder Einzelaspekte, die in der nächsten Phase vertieft werden.
- **Aspektphase**: Die in der Einstiegsphase herauskristallisierten thematischen Teilaspekte des Gesamtthemas werden in dieser Phase durch informative, sprachlich wenig komplexe Materialien wie Statistiken, Grafiken, kurze Sachtexte inhaltlich unterfüttert. Dies kann im Plenum oder in Gruppenarbeit geschehen; wichtig ist die Bündelung der Einzelinformationen am Ende der Phase. Gleichzeitig erfolgt bei der Arbeit an diesen Materialien der systematische Aufbau von themenspezifischem Wortschatz. Häufig kommt der Mündlichkeit in dieser Phase besondere Bedeutung zu.

- **Analysephase**: In dieser Phase werden die erworbenen Informationen zum Umgang mit komplexeren Materialien genutzt, deren Umfang aber noch begrenzt ist, wie z.B. Lieder, Filmausschnitte oder literarische Kurztexte. Die Lernenden erkennen den Unterschied im Wirklichkeitsbezug von Sachtexten und fiktionalen Texten und lernen auch verschiedene Textsorten kennen. Zur Deutung der dargestellten Wirklichkeit kommen alle Formen der Textarbeit zum Einsatz, die für fortgeschrittene Lerner verbindlich sind: implizite und explizite Analyse sowie kreative Gestaltung. Die Auseinandersetzung mit den Materialien führt zur Vertiefung und Erweiterung des themenspezifischen Wortschatzes; zusätzlich wird metasprachliches Vokabular eingeführt und benutzt.
- **Anwendungsphase**: Die letzte Phase beabsichtigt, die Lernenden zu selbstständigem Analysieren und Beurteilen von komplexen Materialien und Sachverhalten zu führen, wobei sie ihr sprachliches und ihr soziokulturelles Wissen anwenden. Literarische Ganzschriften und Filme, aber auch Gedichte, die häufig sehr verschlüsselt sind, können nun vor dem Hintergrund des Dossiers entschlüsselt werden.

Nicht für alle thematischen Bereiche werden sich zu jeder Phase geeignete Materialien finden lassen, und nicht mit jeder Gruppe ist die Einhaltung aller Phasen notwendig. Das Dossiermodell beabsichtigt nicht, Materialien und Lernende in ein Korsett zu zwingen, sondern bietet lediglich einen Orientierungs- und Organisationsrahmen für den Umgang mit soziokulturellen Inhalten. Sollten keine Texte für die vierte Phase gefunden werden oder die Lektüre einer Ganzschrift im Original die Möglichkeiten der Lernenden noch übersteigen, so kann der selbstständige Umgang mit Texten auch an den Materialien der dritten Phase geübt werden. Verfügen Gruppen aus bestimmten Gründen bereits über viel Vorwissen, so können die ersten beiden Phasen sehr knapp gehalten werden.

Beispiel 3: Zu den Themen, die nach Abschluss der Lehrbucharbeit häufig unterrichtet werden, gehört die Auseinandersetzung mit den Diktaturen auf dem *Cono Sur*. Solche Unterrichtseinheiten sind, anders als die politisch-historische Ausrichtung des Themas vermuten lässt, weder trocken noch eintönig, denn es gibt sehr viel für den Unterricht geeignetes Material, mit dem sich die angesprochenen Aspekte illustrieren und an individuellen Schicksalen festmachen lassen, wobei zum Teil die Sicht von Kindern und Jugendlichen im Zentrum steht, was nahe am Schülerhorizont ist und damit Anlass zur persönlichen Auseinandersetzung bietet. Es sind, etwa im Hinblick auf Chile, ganz verschiedene Dossiers denkbar, je nachdem, ob der Akzent eher in der Geschichte gesetzt wird (Putsch und Diktatur) oder in der Gegenwart (Vergangenheitsbewältigung und das heutige Chile). Eine

7.2 Dossierarbeit 185

Unterrichtsreihe zum Thema *Chile y la dictadura de Pinochet* könnte nach dem Dossiermodell folgende Bestandteile haben:

Phase	Auswahlliste möglicher Themen/Materialien
Einstiegs-phase	*Conocimientos previos* ■ Landkarte und Fahne Chiles ■ Bilder von chilenischen Landschaften ■ Bildcollage wichtiger Persönlichkeiten aus Geschichte und Gegenwart
Aspektphase	Artikel aus *El País* und *El Mundo* (interessante Sondernummern sowohl zum 30. Jahrestag des Putsches 2003 als auch anlässlich Pinochets Tod 2006), z. B. zu ■ *la situación social en Chile en los años 60* ■ *Salvador Allende y las reformas socialistas* ■ *Augusto Pinochet* ■ *el golpe de estado y la dictadura* ■ *los desaparecidos* ■ *la democracia y la memoria histórica*
Analyse-phase	Lieder: ■ *Yo pisaré las calles nuevamente* von Pablo Milanés ■ *Desapariciones* von Maná ■ *Desaparecidos* von Orishas ■ *CD Homenaje a Salvador Allende, ¡Venceremos! 11 septiembre 1973 – 11 septiembre 2003* von Ángel Parra Hördokument: ■ letzte Rede Allendes Kurze Prosatexte: ■ Antonio Skármeta, *La composición* ■ Luis Sepúlveda, Essays bzw. Artikel aus seinen Sammlungen *Historias marginales* und *La locura de Pinochet* Auszüge aus Ganzschriften: ■ Isabel Allende, *La casa de los espíritus* (Kp. XIII, IVX) ■ Isabel Allende, *Mi país inventado* Film: ■ Anfangsszenen aus dem Film *Desparecido* von Costa-Gavras
Anwen-dungsphase	Ganzschriften: ■ Jordi Sierra i Fabra, *Víctor Jara. Reventando los silencios* ■ Antonio Skármeta, *No pasó nada* ■ Ariel Dorfman, *La muerte y la doncella* ■ Luis Sepúlveda, *Hot Line* ■ Elisabeth Subercaseaux, *Mi querido papá* ■ Jorge Díaz, *Tiempos oscuros* Film: ■ *Machuca* von Andrés Wood

Dieses Thema bietet sich auch für eine interkulturelle Vertiefung an, indem Formen des Übergangs von der Diktatur zur Demokratie und der Vergangenheitsbewältigung in verschiedenen Ländern, z.B. Chile, Argentinien, Spanien und Deutschland verglichen und auf Unterschiede sowie Gemeinsamkeiten hin untersucht werden.

7.3 Recherchierende Verfahren

Kennzeichen der recherchierenden Verfahren ist das Aufwerfen von Fragen, auf die in den Unterrichtseinheiten Antworten gefunden werden sollen. Während beim Dossiermodell die Begegnung mit der Komplexität fremder Lebenswelten schrittweise vorbereitet wird, stellt diese Komplexität bei der Arbeit nach dem interkulturellen und dem projektorientierten Ansatz den Ausgangspunkt der Beschäftigung mit dem Thema dar. Recherchierende Verfahren sind problemorientiert, und selbst wenn die Lehrkraft bestimmte Materialien vorgibt, um das Problembewusstsein auszulösen, handelt es sich um ein schülerzentriertes, induktives Vorgehen, da sowohl die Fragen als auch die Antworten von den Schülern kommen und deshalb bestenfalls selbst die Stoffauswahl überwiegend von den Lernenden bestimmt wird.

7.3.1 Interkultureller Ansatz

Der interkulturelle Ansatz ist stark durch die konstruktivistischen Lerntheorien beeinflusst. Sie gehen davon aus, dass Neues immer vor dem Hintergrund bereits gemachter Erfahrungen oder bereits erworbenen Wissens wahrgenommen wird und daher die Deutung des Neuen stets subjektiv gefärbt ist. Ein und derselbe Input bewirkt demnach bei unterschiedlichen Individuen Unterschiedliches, da er jeweils mit dem individuell vorhandenen Wissen verknüpft wird. So entstehen bei der Vermittlung von soziokulturellen Inhalten unterschiedliche Bilder in den Köpfen: Mit dem Ausdruck *vivir en malas condiciones* beispielsweise assoziiert jemand, der noch nicht in Lateinamerika war, wahrscheinlich etwas wie eine Sozialwohnung und Hartz IV. Jemand, der bereits in Lateinamerika war, sieht Armutsviertel vor sich, Hütten aus Wellblech und Pappe, arbeitende Kinder auf Straßenkreuzungen, Schuhputzer oder auf der Straße schlafende Menschen. Man lernt also, indem man in Beziehung setzt, beteiligt ist, das Eigene in die Auseinandersetzung mit dem anderen einbezieht. Dies gilt nicht nur für anderes, das uns räumlich fern ist, sondern auch für das, was zeitlich entfernt ist. Ein Spanischunterricht, der darauf abzielt, dass die Lernenden Verständnis und Respekt für das „Fremde" aufbringen – also

Fremdverstehen erlangen – und sich in interkulturellen Kommunikationssituationen angemessen verhalten, also über interkulturelle Kompetenz verfügen –, muss daher auch thematisieren, wie das „Eigene" und die für selbstverständlich gehaltenen Verhaltensweisen eigentlich sind.

Der interkulturelle Ansatz umfasst in der Regel mehrere Phasen, in denen die eigene Perspektive und die fremde Perspektive verglichen und hinterfragt werden. Feste Bestandteile sind: die Analyse der eigenen und der fremden Kultur (kognitives Element) und das Provozieren emotionaler Reaktionen (affektives Element).

Als Phasen in diesem Ansatz lassen sich festhalten:
- **Thematisierung der Eigenperspektive**: Meist ist es sinnvoll, dass der eigentlichen Beschäftigung mit dem fremden Phänomen eine Erkundung des Vorwissens der Lernenden und ihrer Einstellungen und Haltungen dazu vorangeht. Nicht immer ist es dabei nötig oder möglich, direkt an persönliche Erfahrungen anzuknüpfen (z. B. bei historischen Themen). Alternativ können auch Bilder oder andere leicht zu kommentierende Materialien verwendet und einer spontanen Interpretation unterzogen werden. Diese Phase hat nicht nur den Sinn, die im Folgenden erforderlichen sprachlichen Mittel und das Weltwissen präsent zu machen, sondern auch, sich des eigenen Standpunktes zu vergewissern; es geht um das Herauskristallisieren der eigenen persönlichen Wahrnehmung. Dies ist die Voraussetzung dafür, dass am Ende reflektiert werden kann, inwiefern sich eine Veränderung der Einstellung ergeben hat. Aufgaben zur Sensibilisierung für die kulturelle Geprägtheit von Wahrnehmungs- und Deutungsmustern sind nach RÖSSLER (2010: 16):
  - *Verzögertes Hören und Lesen zwecks Hypothesenbildung,*
  - *Vermutungen äußern über die Lebensräume, Berufe, Einstellungen und Werte usw. von auf Fotos abgebildeten Personen,*
  - *Bildgeschichten in eine sinnvolle Reihenfolge bringen und deren Anordnung begründen.*
- **Thematisierung der fremden Perspektive**: Ebenso wie bei der Thematisierung der Eigenperspektive wird auch die fremde Perspektive an einem Individuum festgemacht; hier liegt der Fokus auf der fremden persönlichen Wahrnehmung der Wirklichkeit. Idealerweise erfolgt die Begegnung mit der fremden Perspektive durch den Kontakt mit einer Person der anderen Kultur, z. B. anlässlich eines Schüleraustausches oder eines Aufenthaltes im Land der Zielkultur. Dies ist jedoch nur im Ausnahmefall realisierbar; eher möglich ist der Kontakt in der Begeg-

nung mit einem spanischsprachigen Text. Dabei eignen sich besonders literarische Texte, in denen handelnde und fühlende Figuren ebenfalls individuelle Erfahrungen machen. Um ein Hineinversetzen in die Figuren zu ermöglichen, sollten vor allem kreative Aufgaben zum Perspektivwechsel gewählt werden sowie Aufgaben, die den Rückbezug zur eigenen Person und eigenen Kultur verlangen (vgl. Abschnitt 6.2.4 zum interkulturellen Ansatz bei der Literaturbehandlung). Geeignet sind nach RÖSSLER (2010) auch Materialien, in denen die fremden Lebenswelten *„multiperspektivisch bzw. vielstimmig dargestellt werden, d. h. Einblick in die Innenperspektive verschiedener Individuen einer fremden Kulturgemeinschaft bieten (Berichte, Erzählungen, (Auto-)biografien usw.)"*, also sogenannte *testimonios*.

- **Vergleich/Fragestellung**: Je nach Anlage der Unterrichtseinheit kann es auch sinnvoll sein, zunächst die fremde Perspektive zu thematisieren und sie dann mit der eigenen zu kontrastieren. Der Vergleich hat in beiden Fällen eine unwillkürliche emotionale Positionierung zur Folge (Identifikation/Empathie mit der handelnden Person der anderen Kultur, Ablehnung oder Unverständnis). Dies wird im weiteren Verlauf genutzt: Aufgaben zur Formulierung erster Erklärungsansätze für die dargestellte Situation/das dargestellte Verhalten und zur Formulierung des Klärungs- und Informationsbedarfs münden in Rechercheaufträge, die die weitere Arbeit strukturieren.
- **Thematisierung der kollektiven Perspektive**: Individuen sind stets eingebettet in eine bestimmte – historische, gesellschaftliche, soziale – Umgebung, die ihr Fühlen, Denken und Handeln bestimmt. Diese Umgebung gilt es in dieser Phase durch Recherche und/oder Ergänzung von Hintergrundinformationen durch die Lehrkraft zu erarbeiten. Über Aufgaben zur Verknüpfung der gewonnenen Informationen mit dem fremden Standpunkt/Handeln kann dann sowohl die Bedingtheit dieses Standpunkts/Handelns als auch der eigenen Meinung über kulturelle Phänomene erläutert werden. Diese Erkenntnisse sind Voraussetzung für eine Relativierung des eigenen Standpunkts und eine Offenheit gegenüber fremdkulturellen Phänomenen.
- **Reflexion des eigenen Standpunkts**: Inwiefern das gewonnene Wissen eine Bewegung in diese Richtung ausgelöst hat, kann abschließend durch analytische und/oder kreative Interpretationsaufgaben an weiteren Materialien überprüft werden.

Perspektivenvergleich und Sensibilisierung für kulturelle Bedingtheit des Handelns und der Wahrnehmung sind wichtige Bausteine des interkulturellen Lernens. Es sei jedoch darauf hingewiesen, dass die Möglichkeiten, den anderen so wahrzunehmen, wie er an und für sich ist, und die Dinge tatsächlich aus seiner Sicht zu betrachten, beschränkt sind, bleibt doch das Verstehen immer an das Vorverständnis des Verstehenden gebunden, selbst wenn sich dieses durch den Lernvorgang verändert. Vor diesem Hintergrund ist auch klar, dass sich die Lernenden niemals alle „dem Fremden in gleicher Weise nähern und dieses verstehen werden" (VENCES 2007: 6). Und nicht zuletzt ist zu berücksichtigen, *„dass der Zuwachs an interkultureller Sensibilität bei Fremdsprachenlernern nicht unwesentlich von der interkulturellen Kompetenz der Lehrenden und ihren Persönlichkeitsmerkmalen und Kulturkontakt- und Fremdheitserfahrungen abhängt."* (RÖSSLER 2010: 18)

Beispiel 4: Ein beliebtes und vielerorts verpflichtendes Thema für den Spanischunterricht in der Oberstufe ist das Thema des Spanischen Bürgerkriegs. In aller Regel werden Unterrichtseinheiten dazu nach dem Dossiermodell angelegt; dieses Thema eignet sich aufgrund der Verflechtung spanischer und deutscher Geschichte aber auch bestens für den interkulturellen Ansatz. Unter der Überschrift *Alemania y la Guerra Civil española: un enfoque intercultural* schlägt LÜNING (2001) eine Unterrichtsreihe vor, die mit der Unterstützung Hitlerdeutschlands für Franco die spanische Perspektive thematisiert und mit dem Engagement deutscher Widerstandskämpfer in den Internationalen Brigaden eine deutsche Perspektive beleuchtet. Beide Teilbereiche folgen dem oben aufgezeigten Modell, ergänzt jeweils um einen Bezug zur Gegenwart. Die Unterrichtseinheit im Überblick:

Phase	Ziel / Material / Aufgaben
La ayuda de la Alemania fascista a la España nacional	
Eigenperspektive	*Acercamiento* Picasso: *Guernica* ■ Bild: *El simbolismo del cuadro de Pablo Picasso* ■ Text: *Picasso a través del Guernica*
Fremdperspektive	*Testimonios* Video: *La huella humana* ■ *Hablan cuatro supervivientes del bombardeo*
Vergleich/Fragestellung	*¿Qué pasó y por qué?* (Sammlung von Vorwissen und Formulierung von Fragen)

Kollektive Perspektive	*Profundización* ■ *Texto sobre "Gernika" y la ayuda alemana* (Internet) ■ *Texto sobre la intervención alemana* oder: Recherche zu Guernica und Legion Condor
Reflexion	*Aplicación:* ■ *Interpretación del cartel de J. Heartfield* „Blut für Eisen" *Tarea creativa:* ■ *Gritan las figuras del cuadro "Guernica"* *Referencia actual:* ■ *El mensaje de Roman Herzog al pueblo de Gernika*
El apoyo de la Alemania antifascista a la República	
Eigenperspektive	*Acercamiento* ■ *Foto de la losa conmemorativa para Hans Beimler en el "Fossar de la Pedrera" en Barcelona*
Fremdperspektive	*Testimonios* ■ *Texto sobre Hans Beimler* (Internet) ■ *Entrevista a un interbrigadista alemán (El Socialista)*
Vergleich/Fragestellung	*¿Qué pasó y por qué?* (Sammlung von Vorwissen und Formulierung von Fragen)
Kollektive Perspektive	*Profundización* ■ *Textos sobre las Brigadas Internacionales* (Internet) ■ *Recortes de los periódicos de las Brigadas Internacionales* oder: Recherche zu den Internationalen Brigaden
Reflexion	*Aplicación:* ■ *Interpretación del poema "Hans Beimler" de Rafael Alberti* *Tarea creativa:* ■ *Documentos: las huellas de Gerda Taro* *Referencia actual:* ■ *Texto: Nacionalidad española para los Interbrigadistas*

Während es bei der Arbeit in den Teilbereichen des Themas jeweils um die Eigenperspektive der Schüler heute und dann um die Fremdperspektive in der Vergangenheit geht, könnten nach Abschluss der Erarbeitung in der Zusammenschau beider Teilbereiche die deutsche (Eigen-)Perspektive und die spanische (Fremd-)Perspektive in ihrer jeweiligen Vielfalt erneut Ausgangspunkt für einen Vergleich sein, aus dem sich weiterführende Fragen ergeben, sodass der interkulturelle Ansatz noch auf einer zweiten Ebene realisiert werden könnte.

7.3.2 Projektorientierter Ansatz

Der Begriff Projektorientierung findet gemeinhin Verwendung für Unterrichtsvorhaben, die sich vom traditionellen lehrer- und stoffzentrierten Unterricht absetzen und zumindest einige der Kriterien einlösen, die für den als didaktische Großform fest definierten Projektunterricht gefordert sind. Dazu zählen insbesondere Themenorientierung, Prozessorientierung, Schülerorientierung, Handlungsorientierung, Produktorientierung und Öffnung des Unterrichts. Bei der Projektorientierung geht es weder um ein Entweder-Oder von traditionellem oder geöffnetem Unterricht noch darum, den Schülern ständig spannende Aktivitäten zu bieten. Es geht vielmehr um eine Grundhaltung beim Unterrichten: Das Vorgehen ist darauf ausgerichtet, im Unterricht so zu arbeiten, wie im „wirklichen" Leben ein Plan, ein Vorhaben umgesetzt würde.

> Sich für ein Thema interessieren, sich Fragen stellen, selbstständig Antworten darauf suchen, einen Arbeitsplan aufstellen, Vorgaben bei den Arbeitsschritten berücksichtigen, ein Produkt erstellen sind die Schritte, die bei diesem Ansatz zu leisten sind.

Der projektorientierte Ansatz gliedert sich in die Phasen Initiierung, Fragestellung, Bearbeitung und Präsentation. In jeder von ihnen kommt der Eigentätigkeit der Lernenden großes Gewicht zu.

- **Initiierung:** Diese Phase bietet den Lernenden einen ersten Gesamtüberblick über die zum Thema gehörenden thematischen Teilaspekte. Die verschiedenen methodischen Möglichkeiten (Materialtisch, Sammlung von widersprüchlichen Zitaten, ein vorab ganz gesehener Film, ein aktueller Aufhänger wie z. B. eine Ausstellung, ein konkretes Ereignis, Umfrageergebnisse) sollen Fragen provozieren oder Widersprüche aufzeigen und innerhalb des Themas eine individuelle Schwerpunktsetzung ermöglichen, die die Basis für den folgenden interessengesteuerten Erkenntnisprozess liefern.

Initiierung meint immer: Neugier wecken, aktive Beschäftigung auslösen, eine bewusste und eigenständige Entscheidung für einen Teilbereich des Themas herbeiführen. Initiierung ist nur eine kurze Phase beim Projektlernen. Gleichwohl ist sie ungemein wichtig für den weiteren Unterrichtsverlauf. (SOMMERFELDT 2005: 6)

- **Fragestellung:** Das Stellen der „richtigen" Fragen ist der entscheidende Schritt in jedem Erkenntnisprozess. Außerdem ist diese Phase zentral für die Motivation der Schüler, denn Lernen als Antwortsuche auf eigene

Fragen ist ungleich viel interessanter als Lernen als Rezeption dessen, was der Lehrer für relevant hält. Die Phase der Fragestellung ist ebenfalls kurz und ergibt sich aus der Initiierung meist von selbst. Je nach Art der Initiierung und der Vorstellungen der Lehrkraft über den weiteren Verlauf formulieren die Lernenden ihre Fragen zu dem von ihnen ausgewählten Teilaspekt des Gesamtthemas individuell, in Gruppen oder im Plenum. Die Sammlung der Fragen führt zur Benennung der dahinterstehenden Themen, zu denen in der Folge die Recherche der Lernenden stattfinden soll. Hier bietet es sich an, Lernende, die sich für ähnliche Aspekte interessieren, zu Gruppen zusammenzufassen. Wichtig ist in jedem Fall, die Fragen festzuhalten, damit am Ende der Einheit ihre Beantwortung überprüft und sichtbar gemacht werden kann (beispielsweise Streichen von Fragen, Entfernen von Kärtchen).

■ **Bearbeitung:** In dieser zentralen Phase erfolgt das Antwortsuchen. Es kann je nach Umfang und Ausrichtung der Thematik im Unterricht stattfinden oder auch in die eigenständige häusliche Arbeit verlegt werden. Ganz entscheidend für eine effektive Bearbeitung ist eine klare Strukturierung der Aufgaben durch die Lehrkraft. Hierzu bietet es sich an, ein Arbeitsblatt zu entwickeln, auf dem die Terminvorgaben sowie die Aufträge für die Vorbereitung, die Präsentation und das Endprodukt aufgeführt sind (in Analogie zum Arbeitsblatt zum unterrichtsöffnenden Ansatz bei der Literaturbehandlung, s. Kap. 6.2.3). Dieses Arbeitsblatt erfüllt mehrere Funktionen: Es untergliedert den komplexen Arbeitsauftrag für die Schüler in handhabbare Unteraufträge, die auch in Eigenregie auf verschiedene Gruppenmitglieder verteilt werden können, es sichert ein Minimum an Spracharbeit sowie an sachbezogener Kommunikation in der Fremdsprache unter den Schülern und es erlaubt eine gewisse Vergleichbarkeit der verschiedenen Präsentationen, was für die Bewertung sehr hilfreich ist. Es empfiehlt sich, die Besprechung der Bewertungskriterien mit den Lernenden bereits für diese Phase vorzusehen (vgl. Hinweise zur Bewertung von Projektleistungen in Kap. 8.5).

■ **Präsentation:** Projektorientiertes Arbeiten mündet immer in die Präsentation der Arbeitsergebnisse. Diese kann je nach Thema und Ausrichtung des Unterrichts ganz unterschiedliche Form annehmen (interaktive Präsentationen, Expertenmosaik, Kugellager, LdL; vgl. Kap. 2.1). Vermieden werden sollte auf jeden Fall eine monotone Abfolge von Referaten, die jede Schüleraktivität zunichtemachen; vielmehr wäre schon bei der Auswahl der Präsentationsform darauf zu achten, dass sie möglichst viele Kommunikationsanlässe bietet. Für die Dokumentation der Arbeitsergebnisse ist es wichtig, eine Produktform zu wählen, die die Ergebnisse der Gesamtgruppe protokolliert, sodass am Ende ein zweiter, inhaltlich substantiierter Gesamtüberblick über das Thema steht, der die Beantwortung der aufgeworfenen Fragen erkennbar macht. Mögliche Produktformen wären ein thematischer Reiseführer, fachbezogene Spiele, eine Ausstellung, ein Reader, ein Feature, eine Wandzeitung oder eine PPT. Die Präsentationsphase stellt besondere Anforderungen an die Lehrkraft. Es muss eine angemessene Form des Umgangs mit den Präsentationen und Produkten der einzelnen Schüler bzw. Gruppen gefunden werden, und es muss Rückmeldung erfolgen, sowohl in Form einer Würdigung als auch einer Bewertung (Tipps dazu s. Basisartikel von *Der fremdsprachliche Unterricht Spanisch 7*).

Die vier Phasen werden je nach Anlage der Unterrichtseinheit unterschiedliche Ausprägungen haben; für jede von ihnen gibt es verschiedenste methodische Möglichkeiten. Bei ihrer Auswahl und Planung stellen sich aber immer wieder die gleichen übergeordneten **Prüffragen**.

Initiierung
- Welche Teilaspekte impliziert das Thema?
- Wie kann ich einen Gesamtüberblick über diese Teilaspekte liefern?
- Wirft mein Gesamtüberblick Fragen auf?
- Lassen sich Widersprüche/Ungereimtheiten nutzen?
- Haben die Schüler Wahlmöglichkeit innerhalb des Themas?

Fragestellung
- Erarbeiten die Schüler die Fragen allein, in Gruppen oder im Plenum?
- Wie werden die Fragen festgehalten?
- Wie komme ich von den einzelnen Fragen zu übergeordneten Themen?

Bearbeitung
- Wie strukturiere ich die Bearbeitung und die Präsentation?
- Wie mache ich sie vergleichbar?
- Welche Aufgaben zur Spracharbeit und zur Interaktion während der Präsentation gebe ich vor?
- Welche Fristen setze ich?

Präsentation
- Welches Produkt erscheint für das Thema und die unterrichtlichen Rahmenbedingungen sinnvoll?
- Welches sind die Bewertungskriterien?
- Wie gehe ich mit dem Endprodukt um und wie gebe ich Rückmeldung?

Checkliste für die Planung von Projektlernen (Sommerfeldt 2005: 6)

7. Soziokulturelle Inhalte vermitteln und interkulturelles Lernen anbahnen

Beispiel 5: Die projektorientierte Erarbeitung von soziokulturellen Inhalten kann sich auf eine einzelne Stunde beziehen, sie kann sich in einzelnen herausragenden Projekten realisieren – und sie kann das Unterrichtsprinzip für die Planung eines Halbjahres sein. Die folgende Planung eines Halbjahres zum Thema *Cuba – ayer y hoy* verdeutlicht die Kombination aus geöffnetem und „traditionellem" Unterricht beim projektorientierten Ansatz.

Phase	methodisches Vorgehen / Themen und Inhalte
Initiierung	■ Materialtisch: verschiedene Reiseführer, eine Flasche Rum, „Revolutionspostkarten" mit Che Guevara und Fidel Castro, CDs mit kubanischer Musik, eine Zigarre, literarische Werke von José Martí, Nicolás Guillén, Alejo Carpentier und Zoé Valdés, das Video zu *Fresa y chocolate*, eine Ausgabe von *Granma*, CDs von Exilkubanern wie Gloria Estefan oder den Orishas, Zeitungsausschnitte über Fluchten aus Cuba, Castros *La historia me absolverá*, die Miniatur in Ton eines jener berühmten amerikanischen Straßenkreuzer der 50er Jahre, die auf Cuba immer noch fahren ... ■ Auftrag: *Todas estas cosas tienen que ver con Cuba. Después de haberlas mirado, llévense a su mesa el objeto que más les interesa. Apunten lo que ya saben sobre este aspecto de la realidad cubana y formulen las preguntas que tienen sobre este aspecto.*
Fragestellung	■ Sammlung der Fragen auf Kärtchen und Cluster nach Themenbereichen ■ Benennung der hinter den Gegenständen und Fragen stehenden Themen (z. B. *ron, cigarro – economía;* Postkarten – *revolución cubana* usw.) ■ Bildung von Arbeitsgruppen zu den Themen ■ Gliederung in die Großbereiche *Cuba ayer* und *Cuba hoy*
Bearbeitung	■ Austeilen und Besprechen des Aufgabenblattes und der Bewertungskriterien ■ Antwortsuche der Lernenden auf die Fragen: – individuelle Lektüre von *Guantanameras* (Klett) – individuelle Recherche in Informationsmaterial und Internet ■ parallel dazu: Gestaltung von „traditionellem" Unterricht zu den von den Schülern nicht gewählten, aber von der Lehrkraft für wichtig erachteten Themen
Präsentation	■ Gestaltung interaktiver Präsentationsstunden durch die Lernenden ■ Vertiefung wichtiger oder fehlender Aspekte durch Zusatzmaterial durch die Lehrkraft ■ Zusammenstellung eines Readers mit sämtlichen Materialien des Halbjahrs

7.4 Auswahlkriterien für soziokulturelle Inhalte

Aus dem riesigen spanischsprachigen Kulturraum einige unterrichtsrelevante soziokulturelle Inhalte auszuwählen ist eine fast quijoteske Aufgabe. Denn auch wenn sich nach wie vor kein Curriculum für diesen Lernbereich abzeichnet, ist die Auswahl nicht beliebig. Gerade exemplarisches Lernen, das nicht auf die Totalität seines Gegenstandes abhebt, ist auf begründete und zuverlässige Auswahl angewiesen. Als Auswahlkriterien für die Angemessenheit der Themen und Inhalte hat BUTTJES bereits 1989 die folgenden Prüffragen formuliert:

a) Entsprechen die gewählten Stoffe dem historischen Entwicklungsstand und der sozialen Differenzierung der fremden Gesellschaft (Realitätsebene)?

b) Sind die gewählten Sachverhalte in der fremden Umwelt erkennbar und als nachvollziehbare Erfahrung sprachlich artikuliert (Konkretionsebene)?

c) Sind die gewählten Themen auch in anderen Gesellschaften und speziell in der eigenen Umwelt vorzufinden (Transferebene)?

d) Verweisen die gewählten Inhalte – schon im interkulturellen Zusammenhang – auf Bereiche kultureller Differenz und kultureller Kontakte (Identifikationsebene)?

(BUTTJES 1989: 116)

Im Hinblick auf die Förderung des interkulturellen Lernens ist in den letzten Jahren die Suche nach verbindenden, allgemeingültigen Themen verstärkt in den Blick gerückt. Konkret hat dies zur Auswahl von Themen wie *Jóvenes, La condición femenina, Medio ambiente y cambio climático* u.a.m. geführt.

> Gemeinsamkeiten sind als Anknüpfungspunkt wichtig. Es darf jedoch nicht vergessen werden, dass sich mit dem Konzept des interkulturellen Lernens auch ein Bildungsanspruch verbindet und das Spezifische des hispanischen Kulturraums nicht zu kurz kommen darf.

Als sinnvolle Themenbereiche nennen GRÜNEWALD/KÜSTER (2009: 224 f.) unter dieser Bedingung:
- Alltagsrituale und Kulturstandards,
- kollektive Mythen und Symbole,
- Selbstbilder und Fremdwahrnehmung,
- Kulturkontakt und Kulturkonflikt,
- Migrationserfahrung und Entwicklung transkultureller Identitäten.

All diese Themenbereiche bieten Möglichkeiten, spezifisches soziokulturelles Wissen zu erwerben und zugleich interkulturelles Lernen anzubahnen.

Beispiel 6: Ein Thema, das die vier von BUTTJES genannten Ebenen (siehe Seite 195) abdeckt und gleich mehrere der aufgezählten Themenbereiche berührt, das Gemeinsamkeiten aufweist und zugleich erlaubt, Spezifika zu erarbeiten, ist das Thema Fußball. Fußball ist immer auch ein Spiegel der Gesellschaften, in denen er gespielt wird, und so zeigt genaues Hinschauen, dass sich in Lateinamerika mit diesem Sport zumindest teilweise andere Ziele und Träume verbinden als bei uns. Die Unterrichtseinheit *El fútbol hace soñar* (vgl. *Der fremdsprachliche Unterricht Spanisch 13*) benennt mit den Träumen *Soñar con Europa*, *Soñar con héroes* und *Soñar con la igualdad de derechos* drei solcher Träume. Jeweils ausgehend von einem eindrucksvollen Foto, zu dem kreative Aufgaben gestellt werden, wird die entsprechende Thematik vertieft durch Auszüge aus dem Roman *Querido Ronaldinho. La historia secreta del mejor jugador del mundo* von Jordi Sierra y Fabra. Das Material gibt Anlass zu Reflexionen, Diskussionen, Rollenspielen, Schreibübungen, Internetrecherche und Ähnlichem, wobei neben der Erarbeitung von soziokulturellen Inhalten auch und gerade das interkulturelle Lernen immer wieder in den Fokus rückt. Dies ist etwa der Fall, wenn nach der Thematisierung dessen, was die Spielergehälter in der europäischen Fußballliga für Spieler aus Lateinamerika (und für die Klubs und die Fans) bedeuten, darauf eingegangen wird, was das Leben in einer anderen Kultur bedeutet:

„Bremen war ein Albtraum. Es muss die kälteste Stadt dieser Erde sein. Ich habe immer gefroren, ich habe niemanden verstanden, und es ging mir schlecht." (Junior Baiano aus Brasilien, Werder Bremen, zitiert nach: Goethe Institut, Begleitheft zum Thema Weltsprache Fußball – Planet football, München 2004, S. 15)

1. *¿A qué cambios tienen que adaptarse en general los jugadores en el extranjero?*
2. *En grupos: ¿En qué situaciones puede uno meter la pata (= comportarse mal) en un país extranjero? Rellenad la tabla dando ejemplos de diferentes aspectos de la vida: al saludarse, durante la comida ...*

	en otros países, p. ej. en ...	en Alemania
Mejor no ...		
Así está bien:		

3. *Discutid en grupos: ¿Qué reglas de comportamiento hay que respetar en Alemania? Rellenad la segunda parte de la tabla.*
4. *Presentad y comparad los resultados en clase.*
5. *¿Y tú? ¿Te irías al extranjero por un buen puesto de trabajo? Explica por qué (no).*

(SOMMERFELDT 2006: 34)

Der Aufbau von interkultureller Kompetenz ist ein langfristiger Prozess. Die Tatsache, dass bislang nicht hinreichend geklärt ist, wie interkulturelle Kompetenz operationalisiert und vor allem evaluiert werden kann, führt mitunter dazu, dass „*ein Rückfall in den traditionellen Landeskundeunterricht angesichts schwer fassbarer und zum Teil auch nur schwer erfüllbarer, überzogener Standards so verlockend erscheint*" (RÖSSLER 2010, 13). Ein solcher Rückfall wäre sehr bedauerlich angesichts der vielfältigen interkulturellen Lerngelegenheiten, die der Spanischunterricht mit seinen mannigfaltigen soziokulturellen Inhalten bereithält, und der abwechslungsreichen methodischen Möglichkeiten, mit denen diese erarbeitet werden können.

7.5 Literatur

Allgemein zum Thema „Soziokulturelle Inhalte vermitteln und interkulturelles Lernen anbahnen"

BUTTJES, DIETER (1989): Landeskunde-Didaktik und landeskundliches Curriculum. In: Bausch, Karl-Richard/Christ, Herbert/Hüllen, Werner/Krumm, Hans-Jürgen (Hrsg.): Handbuch Fremdsprachenunterricht, Tübingen: Franke, S. 112–119.

GRÜNEWALD, ANDREAS/KÜSTER, LUTZ (2009) (Hrsg.): Fachdidaktik Spanisch, Stuttgart: Klett.

RÖSSLER, ANDREA (2010): Standards für interkulturelles Lernen im Spanischunterricht. In: Hispanorama 127, S. 12–18.

VENCES, URSULA (1998): Interkulturelles Lernen in einer Schulpartnerschaft. In: Bundeszentrale für politische Bildung (Hrsg.): Interkulturelles Lernen, Bonn, S. 101–109.

VENCES, URSULA (2007): Interkulturelles Lernen – weit mehr als Landeskunde. In: Der fremdsprachliche Unterricht Spanisch 16, S. 4–9.

Zu Kapitel 7.3.1

LÜNING, MARITA (2001): Alemania y la Guerra Civil española: un enfoque intercultural. In: Bernecker, Walter/Vences, Ursula (Hrsg.): Von der traditionellen Landeskunde zum interkulturellen Lernen, Berlin: Walter Frey, S. 33–50.

SOMMERFELDT, KATHRIN (2006): El fútbol hace soñar. In: Der fremdsprachliche Unterricht Spanisch 13, S. 29–41.

Zu Kapitel 7.3.2

LÜNING, MARITA (2000): Café – bananos – chocolate: un enfoque crítico. In: Altmann, Werner/Vences, Ursula (Hrsg.): América Latina en la enseñanza del español, Berlin: Walter Frey, S. 61–82.

SOMMERFELDT, KATHRIN (2005): Projektlernen – eine echte Alternative. In: Der fremdsprachliche Unterricht Spanisch 10, S. 4–10.

8. Leistungen erheben und beurteilen

Christine Wlasak-Feik

Leistungserhebungen sind integraler Bestandteil schulischen Spanischunterrichts. Konzeption, Korrektur und Bewertung schriftlicher Prüfungen gehören ebenso zum beruflichen Alltag jeder Spanischlehrkraft wie die Vergabe von Noten auf mündliche Leistungen.

8.1 Lernen und bewertet werden – ein Widerspruch?

Warum gibt es überhaupt Leistungserhebungen? Würden Schülerinnen und Schüler besser lernen, wenn sie nicht dauernd dem leidigen Notendruck ausgesetzt wären? Brauchen sie diese extrinsische Motivation *(Ich strenge mich an, um eine gute Note zu bekommen.)*, um zu lernen? Sind sie nicht durch ihre Begeisterung für Spanisch genügend intrinsisch motiviert *(Ich liebe Spanisch, deshalb beschäftige ich mich gern und viel mit dieser Sprache und Kultur.)*? Würden manche vielleicht noch besser lernen, wenn nicht Frustration durch schlechte Noten drohte? Welchen Sinn hat also die Notengebung im Spanischunterricht, abgesehen von der „Belohnung" bzw. „Bestrafung" erfolgreichen bzw. erfolglosen Lernens?

Funktionen von Leistungserhebungen

Diagnosefunktion:
- Sie geben Lernenden wie Unterrichtenden Rückmeldung über den Lernfortschritt hinsichtlich der erreichten Lernziele.
- Sie sind dadurch Anlass für die Einleitung einer Fehlertherapie.
- Sie sollen Motivation und Ansporn dafür sein, sich stetig zu verbessern und neue Kompetenzen zu erwerben bzw. diese besser zu beherrschen und zu vertiefen.

Juristische Funktion:
- Die Schülerleistung wird benotet im Bereich zwischen „sehr gut" und „ungenügend"; die Notenvergabe muss justiziabel sein.

Die juristische Funktion von Leistungserhebungen, die letzten Endes auch eine Art Selektion mit sich bringt, ist systembedingt und oft dominierend im Bewusstsein von Schülern, Eltern, dem Verwaltungsapparat und manchmal auch der Unterrichtenden, entscheiden doch Noten in letzter Konsequenz über das Aufrücken in die nächste Jahrgangsstufe sowie letztendlich über die Vergabe von Chancen für den weiteren Lebensweg, den Start ins Studium, die Ausbildung, den Beruf. Dieses komplexe Spannungsfeld ist überfachlich und betrifft auch das Fach Spanisch, das – sofern es nicht als Wahlfach oder Arbeitsgruppe belegt wird – in der Regel ein für die Versetzung relevantes Fach ist. Damit die Diagnosefunktion von Leistungserhebungen produktiv für die Förderung des weiteren Lernfortschritts genutzt werden kann (sowie aus psychologischen und pädagogischen Gründen), ist es sinnvoll und notwendig, schriftliche Leistungserhebungen zeitnah zu korrigieren und herauszugeben bzw. mündliche Noten den Lernenden umgehend mitzuteilen. Nur so ist im Bewusstsein der Lernenden eine enge Koppelung von Leistung und Erfolg bzw. Misserfolg gewährleistet; nur so schließt sich sinnvoll und zügig eine Therapie der eventuellen Fehler mit an. Zum produktiven Umgang mit Fehlern im Unterricht und für den individuellen Lernfortschritt vgl. die Kapitel 3.4 und 3.5.

Phasen des Lernens und Phasen der Bewertung

Um angstfreies Lernen zu ermöglichen und die Lernenden zu ermuntern, sich so frei und mutig wie möglich des Spanischen zu bedienen, hat sich im Unterricht eine Trennung von Phasen des Lernens, Übens und Anwendens von Phasen der Bewertung bewährt. Wenn die Lernenden nämlich im täglichen Unterricht ständig die Befürchtung haben müssen, dass ihre – mündlichen oder schriftlichen – Äußerungen benotet werden, wird ein risikofreudiger und selbstständiger Umgang mit der Fremdsprache kaum erreicht werden. Empfehlenswert ist daher, Phasen der Bewertung vorher anzukündigen, um in den Übungsphasen ein angstfreies Klima zu schaffen, in welchen die Lernenden ermutigt werden, zunehmend frei und spontan mit der Fremdsprache umzugehen, und dies sowohl bei mündlichen Äußerungen als auch beim Verfassen von Texten. Kommen dabei beispielsweise falsche Analogien heraus *(*resultato)*, so kann das Erkennen und Anwenden von Wortbildungsmechanismen im Spanischen dennoch positiv hervorgehoben werden – insbesondere, wenn das Erreichen des Kommunikationszieles durch derartige kleine Fehler nicht gefährdet ist.

Notengebung und Individualisierung

Angesichts der Forderung nach Individualisierung des Unterrichts stellt sich die Frage, ob sich diese nicht auch bei der Vergabe von Noten widerspiegeln müsste. Individualisierung heißt ja, die Lernvoraussetzungen des einzelnen Schülers zu berücksichtigen und ihm ein speziell auf seine Bedürfnisse abgestimmtes Lernangebot zu machen. Berücksichtigt werden also der individuelle Lernstand und in der Folge der individuelle Lernfortschritt. Individualisierung in letzter Konsequenz müsste dann auch heißen, dass die Lernfortschritte in Relation zum Ausgangsniveau bewertet werden.

Beispiel: Für Schülerin A ist es bereits ein Fortschritt, wenn sie nach vielem Üben eine Geschichte mit sehr begrenztem Wortschatz in einfachen, einigermaßen aufeinander aufbauenden, sprachlich aber noch kaum verknüpften Sätzen weitgehend verständlich beschreiben kann. Ihr Mitschüler B hingegen verbessert sich im selben Zeitraum mithilfe anderer, ihm angesichts seines Ausgangsniveaus zur Verfügung gestellter Materialien dahingehend, dass er seine Geschichte unter Verwendung eines recht diversifizierten Wortschatzes sehr anschaulich erzählen kann; er benutzt dabei neuerdings auch komplexe Satzstrukturen und verknüpft die einzelnen Handlungsschritte mit passenden Konnektoren.

Beide Schüler haben also deutliche Fortschritte gemacht. Bei der herkömmlichen Bewertung wird die Leistung von Schülerin A dennoch einige Notenstufen unter derjenigen von Schüler B liegen. Die Individualisierung betrifft dann also nur das Üben an sich, nicht die Bewertung der Ergebnisse, was Individualisierung eigentlich aber, nähme man sie wirklich ernst, bedeuten würde. Echte Instrumente für die Individualisierung in der Bewertung müssen zwar erst entwickelt werden, die Anwendung von Bewertungsbögen erlaubt aber bereits jetzt eine gewisse Flexibilität. Grotjahn/Kleppin schlagen vor, einen Extrapunkt nur für den Lernfortschritt in die Bewertung von Leistungserhebungen zu integrieren – sicherlich ein Schritt in die richtige Richtung:

Dadurch wird auch eine individualisierte Rückmeldung möglich: Was hat dieses Mal schon besser geklappt als beim letzten Mal? Zusätzlich können die Schülerinnen und Schüler von sich aus am Ende der Arbeit ein Phänomen angeben, auf das sie besonders geachtet haben (z. B. Ich habe dieses Mal darauf geachtet, die Vergangenheitsformen möglichst korrekt einzusetzen). Wenn dies dem Lerner weitgehend gelungen ist, bekommt er einen Extrapunkt. (GROTJAHN/KLEPPIN 2010, 13)

Rückwirkung formeller Testaufgaben

Seit den 90er Jahren gibt es eine verstärkte Tendenz, an Schulen formelle Testaufgaben durchzuführen. Solche Testaufgaben werden nach wissenschaftlichen Kriterien erarbeitet, durch Probedurchläufe standardisiert und im Rahmen von Vergleichsstudien auf Länder- und Bundesebene oder international eingesetzt (z. B. VERA-8), um festzustellen, welches Leistungsniveau eine Lerngruppe im Vergleich zu anderen zu einem bestimmten Zeitpunkt erreicht hat. Den Bezugsrahmen bilden dabei die Kompetenzniveaus, die Lernende der entsprechenden Jahrgangsstufe im jeweiligen Bereich erworben haben sollten und die in den entsprechenden Bildungsstandards oder Lehrplänen in Anlehnung an den GeR formuliert sind.

Im Fach Spanisch spielen solche Vergleichsarbeiten zwar noch eine relativ geringe Rolle (vgl. aber Rodríguez Ojea/Wischhusen 2007). Es ist jedoch zu erwarten, dass die Bedeutung von Vergleichsarbeiten bundesweit zunehmen wird. Schon heute haben die entsprechenden Aufgabenformate – die im Fach Spanisch schon länger durch den Bundeswettbewerb Fremdsprachen und die diversen Zertifkatsprüfungen (vgl. Kap. 9.3) bekannt waren – Einfluss auf die Gestaltung von Lehrwerken und damit auf den Unterricht sowie auf die Leistungserhebungen.

Aufgabenformate in Tests und Zertifikaten (Auswahl)

Auswahlaufgaben
- ■ *tareas de selección múltiple* (meist mit mindestens drei Distraktoren; z. B.
  Escoge una de las siguientes palabras para decir lo mismo: Le quiero mandar una carta. 1. envidiar 2. enviar 3. marcar)
- ■ *veradero/falso*-Aufgaben

Lückentexte
- ■ mit fehlenden Wörtern, die nach Auswahl aus einem Menü in der richtigen Form zu ergänzen sind, z. B.: *Completa el texto siguiente con el verbo adecuado (escuchar, estar, ir, tomar): Hoy Pedro ____ a la fiesta en el Centro cultural. Sus amigos ya ____ allí. ____ agua y zumos y ____ música.*
- ■ kombiniert mit Auswahlantworten; für jedes der im Text fehlenden Wörter sind mehrere Möglichkeiten vorgegeben, z. B.: *Completa el texto siguiente eligiendo para cada uno de los blancos una de las tres opciones que se te ofrecen: a) La vida en el instituto puede _____ agotadora. b) A veces los profesores les ____ muchos deberes a los alumnos. a) 1. estar 2. ser 3. existir b) 1. hacen 2. dan 3. ponen*
- ■ mit Wörtern, von denen nur ein Teil vorgegeben ist; zu ergänzen sind z. B. Suffixe, Verbendungen oder auch das komplette, passende Lexem, von dem nur der Anfangsbuchstabe angegeben ist, z. B.: *Completa el texto siguiente: Marta es una ch____ muy guap__: tiene ___s ojo_ v____ y el p____ rubi__.*

Aufgabenformate mit Auswahlantworten stehen allerdings von jeher in der Kritik. Ihnen wird vorgeworfen, die Lernenden zu sehr in ein reaktives Verhalten zu leiten, weil sich ein Großteil des Handelns durch das bloße Ankreuzen von Auswahlantworten – bei dem auch ohne jegliche sprachliche Kompetenz das Glück bzw. die Wahrscheinlichkeit zu Hilfe genommen werden könne – erledigen lasse. Diese Bedenken sind nicht von der Hand zu weisen; der Einsatz solcher Aufgabenformen bei schulischen Leistungserhebungen sollte deshalb mit Augenmaß erfolgen (vgl. dazu Kap. 8.3).

8.2 Objektivität vs. Subjektivität

Allgemein anerkannt ist die Forderung, dass Leistungserhebungen jeder Art die drei „klassischen" Hauptkriterien erfüllen sollen:

Kriterien für Leistungserhebungen
Objektivität: Sind Durchführung und Bewertung unabhängig von der durchführenden und bewertenden Person?
Reliabilität: Werden die Ergebnisse genau erfasst, sind sie also zuverlässig? Würde die Prüfung bei einer Wiederholung zu den gleichen Ergebnissen führen?
Validität: Prüft die Aufgabe genau das, was geprüft werden soll? Sind die Prüfungsergebnisse also gültig?

GROTJAHN (2007) zählt eine Reihe von weiteren Gütekriterien auf, die für Leistungserhebungen gelten, darunter Fairness, Trennschärfe, Rückwirkung, Nützlichkeit, Transparenz und Ökonomie.

Subjektive Faktoren bei Leistungserhebungen

Bei realistischer Betrachtung stellt sich die Frage, wie objektiv und damit wie gerecht die Notenvergabe jeweils wirklich sein kann, sind doch schulische Leistungserhebungen systembedingt vielen subjektiven Faktoren unterworfen.

Entscheidungsspielräume bei der Konzeption
Mündliche wie schriftliche Leistungserhebungen werden i. d. R. von den jeweiligen Unterrichtenden selbst konzipiert. Sie treffen damit eine Reihe von Entscheidungen hinsichtlich der zu überprüfenden Kenntnisse und Kompetenzen, von zu setzenden Schwerpunkten, Aufgabenformen und ggf. der Gewichtung von Teilaufgaben.
Dieses Verfahren ist sinnvoll, da die Leistungserhebungen im Laufe eines Schuljahres damit – vor dem Hintergrund der relativ weit gesteckten Rahmenlehrpläne bzw. Bildungsstandards – auf den konkreten Unterricht (Lernziele und -inhalte, Methoden) abgestimmt werden können. Allerdings ist es wichtig, darauf zu achten, Leistungserhebungen im Laufe eines Schuljahres möglichst abwechslungsreich zu gestalten, um mit vielfältigen Aufgabenformen ein möglichst breites Spektrum an Kompetenzen abprüfen zu können und die Lernenden nicht nur auf wenige, stets vergleichbare kommunikative Situationen vorzubereiten.

8. Leistungen erheben und beurteilen

Beispiel: Drei Lehrer stellen eine schriftliche Leistungserhebung nach Unidad 5 von *Encuentros* 1. *Edición* 3000 (2010). In der vorangegangenen Unterrichtseinheit ging es um Alltagsprobleme von Jugendlichen (Kleidung, Familie).

Lehrer A	Lehrer B	Lehrer C
Unterrichtliche Schwerpunkte		
■ Verstehen kurzer schriftlicher Äußerungen von Jugendlichen (Ergänzung der Lehrbuchtexte um weitere Impulstexte) ■ Formulieren von Leserbriefen und persönlichen E-Mails ■ Beschreiben von soeben ablaufenden Vorgängen (lexikalische Mittel; *gerundio*)	■ Hörverstehen sämtlicher Lehrbuchtexte und zusätzlicher Texte zu den gleichen Themen ■ Rollenspiele zum Thema Kleidungskauf, z. T. mit vorheriger schriftlicher Konzeption ■ Übungen zur Sprachmittlung	■ am Lektionsaufbau orientierte unterrichtliche Arbeit ■ als Abschluss der Lektion mehrstündige Projektarbeit an der die Lektion abschließenden Lernaufgabe *(Punto final)*
Schriftliche Leistungerhebung: Klassenarbeit, jeweils bestehend aus drei Teilen		
1. Versprachlichen von Bildimpulsen (fünf Jugendliche, die bestimmte Tätigkeiten ausführen): *Describe lo que están haciendo los chicos. Escribe una frase por imagen.* (max. 15 Punkte) 2. Leseverstehen von zwei kurzen, adaptierten Ausschnitten aus einer Jugendzeitschrift: *tareas de selección múltiple* (max. 20 Punkte) 3. Gelenkte Textstellung: Verfassen eines Leserbriefs zu einem weiteren kurzen Text anhand einiger auf Deutsch vorgegebener Stichpunkte: *¿Qué consejos le das tú a Miguel? Escribe un e-mail.* (max. 25 Punkte)	1. Hörverstehen der Beschreibung mehrerer Jugendlicher (Kleidung, Aussehen): Zuordnung Bild/Text (max. 10 Punkte) 2. Gelenkte Textstellung: Verfassen eines Dialogs (Konfliktsituation in der Familie) anhand einiger auf Spanisch vorgegebener Stichpunkte (max. 20 Punkte) 3. Sprachmittlung: schriftliche Wiedergabe der Rolle des Dolmetschers in einer Einkaufssituation (max. 20 Punkte)	1. Lückentext zur Überprüfung der direkten Objektpronomen (max. 10 Punkte) 2. Umformungsübung zur Überprüfung der indirekten Rede im Präsens (max. 10 Punkte) 3. freie Textstellung zu einem an die Lektionstexte angelehntem Thema: *Describe un día en la vida de Luis/a (en la familia, con los amigos, en una tienda).* (max. 30 Punkte)

Alle drei Lehrkräfte haben mit demselben Buch gearbeitet, alle drei erfüllen die Vorgaben der Lehrpläne bzw. Rahmenrichtlinien – und doch stellen alle drei sehr unterschiedliche Aufgaben; sie gewichten auch die Einzelteile unterschiedlich. Eine vierte Lehrkraft würde an dieser Stelle möglicherweise überhaupt keine Leistungserhebung einplanen oder den Leistungsstand durch mündliche Aufgaben überprüfen.

Um arbeitsökonomischer vorzugehen, aber auch um eine größere Vergleichbarkeit von Leistungserhebungen herzustellen, konzipieren manche Lehrkräfte von Parallelklassen die Prüfungen in Teamarbeit; es versteht sich von selbst, dass sie dann auch Absprachen hinsichtlich ihres Unterrichts treffen müssen.

Die Qualität selbst konzipierter Prüfungsaufgaben kann die Lehrkraft anhand einer Checkliste kritisch überprüfen.

Checkliste für die Konzeption von Prüfungsaufgaben

- Zielt die Aufgabenstellung genau auf die konkret zu prüfenden Lernziele ab?
- Ist die Arbeitsanweisung verständlich?
- Wird bei der Aufgabenstellung deutlich, welche Leistung erwartet wird?
- Ist der Schwierigkeitsgrad der Aufgabe angemessen für meine Lerngruppe?
- Beschränkt sich die Aufgabenstellung auf das Abrufen von Inhalten, die im Unterricht eingeübt wurden? Oder ist Transfer erwartet? Wenn ja, ist dieser Transfer von der Lerngruppe leistbar?
- Ist den Schülern das Aufgabenformat vertraut?
- Ist die Aufgabenstellung offen oder geschlossen? Wie wirkt sich dies auf die Bewertungskriterien aus?
- Wurde anhand eines Erwartungshorizonts die Machbarkeit der Aufgabe überprüft?
- Ist die den Prüflingen zur Verfügung stehende Zeit ausreichend bemessen?
- Bekommen die Prüflinge Einblick in die Bewertungskriterien und sind diese transparent?
- Bei mehrteiligen Prüfungen: Wie werden Teilaufgaben bei der Bildung der Gesamtnote gewichtet?

Eine Abkehr von der Input- hin zur Outputorientierung, also Kompetenzorientierung im Sinne der Fokussierung auf Lernprozesse und weniger auf Lerninhalte heißt bei Leistungserhebungen, dass nie das bloße Abspulen von Wissen, sondern stets das Nachweisen von Können, also das sprachliche Handeln in konkreten Verwendungszusammenhängen, unter Beweis gestellt und bewertet werden soll.

Entscheidungsspielräume bei der Bewertung

Auch bei der Bewertung von Leistungserhebungen lässt sich eine gewisse Subjektivität keinesfalls vermeiden: Die Unterrichtenden entscheiden darüber, welche Bewertungskriterien bei der konkreten Arbeit angewandt werden (vgl. dazu Kap. 8.3), sie bilden einen Punkte- und Notenschlüssel, sie korrigieren und benoten dann auch die einzelnen Schülerleistungen. Die Bewertung der Schülerarbeiten erfolgt in der Regel auch im Hinblick auf die Stellung des einzelnen Schülers innerhalb seiner Lerngruppe und nicht – zumindest nicht ausschließlich – im Bezug auf ein überindividuelles und Gruppen überschreitendes Bewertungssystem, es sei denn, es gibt innerhalb der Fachschaft Spanisch an einer Schule strenge Absprachen über den einzuhaltenden Punkteschritt.

Ein in der insgesamt leistungsstarken Klasse 9a mittelmäßig benoteter Schüler kann somit in der eher schwächeren Parallelklasse 9b bei derselben Lehrkraft durchaus gut abschneiden, da die einzelne Lehrkraft ihre Leistungserhebungen konzeptionell zum einen auf die jeweilige Lerngruppe hin zuschneidet (Was kann ich der Klasse 9a bzw. 9b zumuten? Welche Anforderungen bewältigen diese Schülerinnen und Schüler? Wie weit sind wir im Stoff vorangekommen?) und sich zum anderen die Bewertung (z. B. der Punkteschritt, oftmals aber auch der Notenspiegel) häufig am Durchschnitt der Lerngruppe orientiert. Besteht die Gefahr, dass eine Arbeit zu gut oder zu schlecht ausfällt und damit genehmigungs- bzw. wiederholungspflichtig wird, so wird der Notenspiegel mancherorts auch gern einmal ein wenig nach unten oder oben korrigiert.

Das Bewusstsein für diese – zumindest in Teilen unvermeidbare – Subjektivität bei der Konzeption und Bewertung von schulischen Leistungserhebungen ist für die tägliche Arbeit im Unterricht sicherlich ein gesundes Korrektiv. Es kann helfen, den Glauben an die Aussagekraft schulischer Noten zu relativieren, und es kann den einzelnen Unterrichtenden immer wieder an seine Verantwortung, aber auch an seine Grenzen erinnern.

8.3 Kriterienorientierung als Grundprinzip der Bewertung

Lange Zeit wurden Prüfungsaufgaben in den modernen Fremdsprachen in den meisten Bundesländern hinsichtlich der erbrachten sprachlichen Leistung normorientiert korrigiert und bewertet. Ziel war – je nach Aufgabenstellung neben einem inhaltlichen Erwartungshorizont – eine möglichst fehlerfreie sprachliche Leistung; Verstöße gegen die sprachliche Richtigkeit wurden als Fehler angestrichen. Diese Fehler wurden nach der Schwere des Verstoßes gewichtet (z. B. ½, 1 oder 1,5 Fehler je nach Fehlertyp), addiert und entweder in Punkte umgerechnet (z. B. 1 Punkt Abzug pro 1,5 Fehler) oder direkt den einzelnen Notenstufen zugeordnet. In einzelnen Bundesländern wurde die Bewertung anhand eines Fehlerquotienten vorgenommen, der die Fehlerzahl in Relation zur Wortzahl setzte.

Kriterienorientierung

Lediglich einzelne Bundesländer haben schon früh Bewertungskriterien zur Beurteilung sprachlicher Leistungen veröffentlicht. Aber erst die Veröffentlichung des *Gemeinsamen europäischen Referenzrahmens* und in seiner Folge die kompetenzorientierte Formulierung von Bildungsstandards haben zu einem Umdenken geführt: Nunmehr wird die sprachliche Leistung nicht mehr in Bezug zur absoluten sprachlichen Norm, zu einem fehlerfreien, korrekten Spanisch gesetzt, sondern in Bezug auf bestimmte Kriterien bewertet. Im Vordergrund steht dabei die Frage, inwieweit **Kommunikation** zustande kommt bzw. ein Kommunikationsziel erreicht wird. Diese Kriterien sind in Richtung auf ein bestimmtes Sprach- und damit Anforderungslevel zu sehen; idealiter wird der Lernende somit auch nicht aufgrund seiner Leistung innerhalb der Lerngruppe, sondern im Hinblick auf ein zu erreichendes Kompetenzniveau beurteilt: Auf dem Niveau A2 wird eine geringere Komplexität der Syntax und eine geringere Bandbreite in der Lexik erwartet werden als auf dem Niveau B2. Dieselbe sprachliche Äußerung, die auf dem Niveau A2 mit der vollen Punktzahl bewertet wird, kann somit im Bereich B2 unter Umständen nur eine mittlere Bewertung erhalten, da die Ansprüche an die kommunikativen Kompetenzen hier höher sind. Es gibt keine direkte Relation zwischen Fehlern und Punkten; eine gewisse Anzahl an die Kommunikation nicht störenden Fehlern wird toleriert, sofern andere Kriterien erfüllt werden. Dass die Kriterien positiv formuliert sind, im Sinne von *kann*-Beschreibungen (Was kann die Schülerin/der Schüler? Und nicht: Wie viele Fehler hat sie/er gemacht?), ist für die Motivation der Lernenden ein nicht zu unterschätzender psychologischer Vorteil.

Mit der positiven Würdigung der sprachlichen Leistungen geht eine größere **Fehlertoleranz** einher: Fehler werden nur dann schwer gewichtet, wenn sie das Zustandekommen von Kommunikation deutlich beeinträchtigen oder behindern, also sinnerschwerend oder sinnstörend sind. Dieser Grundsatz läuft einem systematischen Durchzählen von Fehlern entgegen; die sprachlichen Mittel sind damit auf ihre dienende Funktion reduziert (z. B. Warum versteht man den Satz nicht, wenn hier kein *potencial* angewandt wird?) und nicht mehr Selbstzweck (Beherrscht der Schüler/die Schülerin die Bildung des *potencials*?).

Eine kriterienorientierte Bewertung ermöglicht zudem die **Berücksichtigung verschiedener Aspekte einer sprachlichen Leistung:** Neben der – beim traditionellen Vorgehen im Vordergrund stehenden – Sprachrichtigkeit können die Beachtung der Aufgabenstellung, die Variation in Lexik und Idiomatik, die Komplexität der Syntax, die Logik der Gedankenführung usw. separat bewertet werden. Dies erlaubt eine detaillierte Leistungsanalyse und eine entsprechend exakte Rückmeldung an die Lernenden über Schwächen und Stärken in bestimmten Bereichen. Auch der „Mut zum Risiko" kann positiv berücksichtigt und sollte gefördert werden: Wenn die Lernenden sich nicht nur darauf beschränken, parataktische Sätze zu bilden, um möglichst fehlerfrei zu formulieren, sondern den Mut haben, komplexere Satzstrukturen anzuwenden oder sprachkreativ zu werden (vgl. S. 200 **resultato*), werden sie damit eventuell mehr Fehler produzieren. Wenn diese Fehler die Kommunikation nicht stören, sollten sie nicht geahndet, sondern der Mut zum Risiko positiv berücksichtigt werden; man kann hierfür einen Extrapunkt vorsehen.

Diese Einzelaspekte der sprachlichen Leistung können unterschiedlich gewichtet werden, wenn sie nach einem für die jeweilige Aufgabenstellung sinnvollen Schlüssel in eine Note umgerechnet werden. Bei Aufgaben im Anfangsunterricht, die sich oft auf die Umwälzung bekannten Materials beschränken müssen, wird die inhaltliche Komponente deutlich geringer gewichtet werden als die sprachliche. Bei freieren Aufgaben im Fortgeschrittenenunterricht hingegen spielen zunehmend Kriterien wie Gedankenführung, inhaltliche Tiefe/Variation usw. eine Rolle.

Bewertungskriterien jenseits sprachlicher Fähigkeiten und Fertigkeiten
In die Bewertung einfließen werden bei einer Leistungserhebung im schulischen Kontext je nach Aufgabenstellung neben dem Umfang der sprachlichen Kompetenzen auch inhaltliche Kenntnisse, interkulturelle Kompetenz sowie die methodische Selbstständigkeit in der Aufgabenerfüllung. Damit unterscheiden sich schulische Leistungserhebungen von denjenigen der Anbieter internationaler Sprachenzertifikate. Schulischer Spanischunterricht zielt ja nicht nur auf das zunehmende Gelingen von Kommunikation in der Fremdsprache ab, sondern auch auf den Erwerb soziokultureller Kenntnisse, interkultureller Kompetenzen und das Entwickeln von Einstellungen und Haltungen. Inwiefern Letztere auch in die Leistungsbewertung mit einfließen können, ist freilich eine Frage, die noch im Bereich des pädagogischen Ermessens der Unterrichtenden liegt: Hat sich ein Schüler be-

sonders für ein Partnerschulprojekt mit einem mittelamerikanischen Land engagiert, darf er dann mit einer guten Note belohnt werden? Wenn ja, nach welchen Kriterien kann hier möglicherweise auch abgestuft werden zwischen einzelnen Beteiligten? Hierzu müssen erst noch Aufgabenformate entwickelt werden, die etwa eine Reflexion über die Entwicklung der Einstellung zu einem Thema (Person, Gegenstand) im Laufe eines solchen Engagements abfragbar und damit bewertbar machen (zur Bewertung von Projekten vgl. S. 223 f.). Dieses Beispiel mag stellvertretend dafür gesehen werden, wie komplex das Thema Leistungserhebung und -beurteilung im Spanischunterricht ist, wenn man all seine Ziele und die Vielfalt der angestrebten Kompetenzen sowie die Öffnung des Unterrichts ernst nimmt.

Transparenz der Bewertung
Bewertungsbögen erlauben die Dokumentation und präzise, transparente Rückmeldungen über die erbrachte Leistung. Entsprechende Kriterienraster existieren inzwischen für die meisten Arten sprachlicher Leistungen, mündliche (Beispiele in Kap. 8.5) wie schriftliche (vgl. Kap. 8.4). Die vorhandenen Modelle können übernommen und nach den eigenen Bedürfnissen angepasst werden.
Im Sinne einer Förderung der Selbstständigkeit und der kritischen Distanz zur eigenen Leistung, aber auch zur Förderung der Motivation beim Lernen und der Identifikation der Lernenden mit dem Unterricht ist es günstig, die Kriterien der Notenvergabe so transparent wie möglich zu machen. Dabei ist es für den Lernprozess immer hilfreich, vor einer Leistungserhebung gemeinsam mit den Schülerinnen und Schülern zu überlegen, welche Aspekte bei der zu erbringenden Leistung und ihrer Bewertung wichtig sind.

8.4 Schriftliche Leistungserhebungen

Schriftliche Leistungen werden in Form von Klassenarbeiten/Schulaufgaben und punktuellen Tests/Stegreifaufgaben erhoben. Mit schriftlichen Leistungserhebungen kann bis auf die *expresión oral* (vgl. Kap. 8.5) das ganze Spektrum der *destrezas* überprüft werden: *comprensión auditiva, comprensión lectora, expresión escrita, mediación* (siehe Kap. 8.6), aber auch die ihnen untergeordneten Bereiche, die Verfügbarkeit sprachlicher Mittel (Wortschatz, grammatische Strukturen).
Mit einer schriftlichen Prüfung kann auf relativ ökonomische Weise eine komplette Lerngruppe geprüft werden. Deshalb bilden schriftliche Klassenarbeiten nach wie vor in den meisten Bundesländern die wichtigste Säule der schulischen Leistungserhebungen, wenn auch in jüngster Zeit

eine Verschiebung zugunsten mündlicher Leistungserhebungen zu beobachten ist.

Überprüfung der schriftlichen Produktion

Aufgaben, die die produktiv-schriftliche Kompetenz prüfen, reichen von der gelenkten und freien Texterstellung sowie Aufgaben zum kreativen Schreiben bis hin zu Aufgaben, in denen das Verstehen, Analysieren und Kommentieren eines fremden Textes mit eigenen Worten gefordert ist (Textaufgabe, siehe unten).

> **Aufgabentypen zur Überprüfung der *expresión escrita* (Auswahl)**
> Versprachlichen (Beschreiben/Analysieren) von Bildern – Beschreiben von Personen, Gegenständen, Wegen oder Vorgängen – Berichten und Erzählen von Vorfällen – Verfassen von Dialogen zu Alltagssituationen – Ergänzen von Fragen oder Antworten eines zusammenhängenden Interviews – Erstellen von bestimmten Textsorten nach Information in Stichworten (Brief, Bericht, Interview, Märchen usw.)

Im Anfängerunterricht greifen die Impulse zur Texterstellung noch stark auf Bekanntes zurück (z.B. Fotos oder Illustrationen aus dem Lehrbuch, Stichwörter auf Deutsch oder Spanisch, die sich an Lehrbuchgeschichten anlehnen). Ein möglicherweise verlangter Transfer wird sich in engen Grenzen halten, den thematischen Rahmen bilden auf Niveau A1/A2 Situationen aus dem persönlichen Bereich und dem Alltagsleben.

Textaufgaben
Textaufgaben beinhalten sprachrezeptive und sprachproduktive Anteile: Zu einem oder mehreren Texten bzw. (audio)visuellen Dokumenten, bildlichen, grafischen Darstellungen (zum erweiterten Textbegriff siehe Kap. 5) werden Aufträge in schriftlicher Form bearbeitet. In den Prüfungen der Sekundarstufe II und im Abitur müssen diese Texte authentisch sein und dürfen eine bestimmte Wortzahl nicht unter- und überschreiten (vgl. die Bestimmungen der einzelnen Bundesländer).

8.4 Schriftliche Leistungserhebungen

> **Aufgaben zur inhaltlichen Wiedergabe von Informationen und ihrer Analyse (Auswahl)**
> Beantworten von Fragen zu einem Text – Gliedern eines Textes – Finden von Zwischenüberschriften zu einem Text – Sammeln und Wiedergeben von Informationen zu bestimmten Aspekten aus einem oder mehreren Texten – Inhaltsangabe von Texten/Textteilen – Nacherzählen – Kommentieren oder Korrigieren der Aussagen eines Textes
>
> **Aufgaben zum Werten und Gestalten (Auswahl)**
> Darlegen eines eigenen Standpunktes/eigener Erfahrungen – Erörtern textübergreifender Fragestellungen – alle Arten der kreativen Umformung von Texten (vgl. Kap. 6)

Die Aufgaben der Abiturprüfung Spanisch liegen auf der Ebene von drei Anforderungsbereichen (vgl. EPA Spanisch, S. 22 und S. 98 ff.). Für die Konzeption von Prüfungsaufgaben in der Oberstufe ist zu empfehlen, sich an diesen Anforderungsbereichen und den entsprechenden Operatoren zu orientieren:

- Im Anforderungsbereich I (Reproduktion und Textverstehen) müssen die Prüflinge ihr Textverständnis nachweisen. Entsprechende Arbeitsanweisungen können Operatoren enthalten wie *describir, contar, resumir, nombrar*.
- Im Anforderungsbereich II (Reorganisation und Analyse) wird die Anwendung fachspezifischer Kenntnisse und Methoden verlangt. Dies kann das Analysieren, Interpretieren, Kommentieren von Textaussagen betreffen. Hier kommen Operatoren wie *analizar, examinar, explicar, caracterizar/retratar, comparar, interpretar* zum Tragen.
- Der Anforderungsbereich III (Werten und Gestalten) betrifft textübergreifende Aufgabenstellungen, da es darum geht, Ergebnisse aus den Anforderungsbereichen I und II in größere Zusammenhänge einzuordnen. Um einen entsprechenden Zieltext zu erstellen, müssen entsprechende Signale aus dem Ausgangstext wahrgenommen, gedeutet und angemessen umgesetzt werden. Operatoren aus diesem Anforderungsbereich sind z. B. *convencer, discutir, justificar, imaginar(se), opinar, convertir en* (plus Angabe der Textsorte), *ponerse en el lugar de*.

Nicht immer sind die Anforderungsbereiche eindeutig voneinander zu trennen; es kann – je nach Grundlagentext und Aufgabenstellung – zu Überschneidungen kommen.

Problembereich: Auswahl geeigneter Texte im Hinblick auf Schwierigkeitsgrad, Länge, thematische Passung, inhaltliche Relevanz und ggf. Aktualität, Ergiebigkeit für Aufgabenstellungen

Bewertung der schriftlichen Produktion

Die Bewertung schriftlicher Textproduktionen erfolgt am besten nach Kriterien (vgl. S. 213). Ein Bewertungsbogen für eine nach vorgegebenen Stichwörtern (oder nach Bildern) verfasste *historieta* im Anfangsunterricht kann so aussehen:

Bewertungsbogen für eine gelenkte Textproduktion (A1)				
Punkte	**Inhalt**		**Sprache**	
	Aufgabenerfüllung	Kohärenz	Wortschatz	Syntax und Verbalgrammatik
5	Vorgaben komplett eingehalten, Ausgestaltung mit eigenen Ideen	durchgehend	korrekte Anwendung; Bemühen um Variation	praktisch durchweg korrekte Verwendung der gelernten einfachen Strukturen
4	Vorgaben komplett eingehalten, keine weitere Ausgestaltung	weitgehend	relativ variantenreiche Formulierungen	Verwendung einfacher Strukturen; wenige Fehler beeinträchtigen das Textverständnis kaum
3	1–2 Vorgaben nicht eingehalten; keinerlei eigene Ideen	teilweise unkohärent	Monotonie im Ausdruck durch Verwendung eines relativ begrenzten Wortschatzes	relativ häufige, aber kaum gravierende Fehler erschweren das Textverständnis an einzelnen Stellen
2	3–4 Vorgaben nicht eingehalten	häufig unkohärent	Verfügen über sehr wenig Wortschatz	Text aufgrund mehrfacher gravierender Fehler häufig kaum verständlich
1	5 Vorgaben nicht umgesetzt	kaum noch kohärent	äußerst lückenhafter Wortschatz	völlig fehlerhafte Anwendung der erlernten Strukturen, Text in weiten Teilen nicht mehr verständlich
0	Umsetzung der Vorgaben nicht mehr erkennbar	zusammenhanglos	völlig unzureichend	völlig unzureichend

Inhalt: max. 10 Punkte; Sprache: Faktor 4, also max. 40 Punkte
Beispiel für Notenschlüssel:
50–46 = 1, 45–40=2, 39–36=3, 35–31=4, 30–25=5, 25–0=6

Problembereich: Gewichtung Sprache/Inhalt

Auf dem Niveau A1 hält sich die im Inhaltsbereich mögliche Leistung durch das geringe Spektrum der verfügbaren sprachlichen Mittel noch in engen Grenzen, da der Zieltext noch in starker Anlehnung an die Texte des Lehrbuchs gestaltet werden wird. Deshalb bietet sich eine relativ hohe Gewichtung der sprachlichen Komponente an – je nach Grad der Reproduktion/des verlangten Transfers bzw. des Neuarrangierens bekannter sprachlicher Mittel. Auf höherem Niveau können die Kriterien in der Formulierung entsprechend angepasst, erweitert und in der Gewichtung verändert werden, bis hin zu einer Gleichgewichtigkeit der Kriterien von Sprache und Inhalt in Aufgaben, bei denen ein fremder Text analysiert werden soll (Niveau B2/C1; Textaufgabe).
Je nach Aufgabenstellung und Anforderungsniveau können bei der Bewertung schriftlicher Produktion unterschiedliche Kriterien zum Tragen kommen.

Kriterien zur Bewertung der *expresión escrita* (Auswahl)
Inhalt/Strategie: Textaufbau – Beachtung von Merkmalen der Textsorte – Qualität der Informationen – Überzeugungskraft der Argumente – Umgang mit Textbelegen – Kohärenz
Sprache: Ausdrucksvermögen/lexikalische Kompetenz – Orthografie – Satzbau und Konnektoren – grammatische Strukturen

---

Überprüfung der Verfügung über sprachliche Mittel

Ein grammatisches Phänomen oder lexikalische Einheiten sollten nie um ihrer selbst willen und isoliert abgeprüft werden, sondern im Hinblick auf ihre Anwendung in einer Kommunikationssituation. Nimmt man die dienende Funktion sprachlicher Mittel ernst, so verbietet es sich von selbst, Vokabeln oder grammatische Formen zum Gegenstand einer Leistungserhebung zu machen, die wenig frequent und von geringer Relevanz für die Kommunikationssituationen des jeweiligen Kompetenzniveaus sind. In der Regel sind Aufgaben zur Überprüfung von Wortschatz und Grammatik als Auswahlaufgaben oder als Lückentexte, also als Übungen, gestaltet (vgl. S. 202). Bei der Konzeption solcher Aufgaben sollte darauf geachtet werden, dass sie nicht nur mit dem quasi automatischen Einsetzen der richtigen Form gelöst werden können, sondern dafür auch der Sinn des umgebenden Textes erfasst werden muss.

Zum Thema Aufgabentypen zur Überprüfung von Wortschatzkenntnissen siehe Kap. 3 (S. 87 f. „Vokabeln sinnvoll abprüfen") und Kap. 4 (S. 121 „wiederholende Einprägung und testmäßige Überprüfung").

Die Verfügung über sprachliche Mittel kann auch anhand weiter geführter Aufgaben überprüft werden. Beispiel *potencial*:
- als **situative Aufgabe**: *Si ganaras un millón de euros, ¿qué harías?*
- als **komplexe Lernaufgabe**: *En una ciudad española se está preparando un festival para celebrar el aniversario de la hermandad con tu ciudad en Alemania. ¿Cómo podría presentarse tu ciudad en aquella fiesta? Tú eres el delegado de tu ciudad y viajarás a España. Para informar a los españoles antes de la reunión sobre tus ideas, les envias una carta con tus propuestas. Redáctala.*

Die Verfügung über das *potencial* ist hier nur eine der Kompetenzen, die für die Bewältigung dieser Aufträge erforderlich sind. Zur Terminologie von Übungen, situativen Aufgaben und komplexen Lernaufgaben nach LEUPOLD (2008) vgl. Kap. 2.4.

Bewertung der Verfügung über sprachliche Mittel

Die Bewertung von Leistungen im Bereich der Verfügung über sprachliche Mittel erfolgt bei eng geführten Aufgaben meist anhand von Punkten (z. B. pro richtiger Auswahlantwort oder gefüllter Lücke 1 Punkt). Aufgaben, die komplexere Leistungen abfordern und sich damit nicht auf die Überprüfung der Verfügung über sprachliche Mittel beschränken (situative Aufgaben oder komplexe Lernaufgaben), werden anhand von Kriterienrastern bewertet (siehe oben „Bewertung schriftlicher Produktion").

Überprüfung rezeptiver Leistungen

Sollen Verstehensleistungen schriftlich überprüft werden, so reicht das Spektrum möglicher Aufgaben über das reine Prüfen der rezeptiven Leistung bis hin zu solchen, bei denen die rezeptive Leistung integraler Bestandteil einer sprachproduktiven Leistung ist.

Aufgabenformen zur Überprüfung rezeptiver Leistungen ohne bzw. mit geringem sprachproduktivem Anteil (Auswahl)
- *tareas de selección múltiple*
- *correcto/falso*-Aufgaben
- Zuordnung Bild/Text (z. B. Wegbeschreibung in Stadtplan einzeichnen, Porträt einer Personenbeschreibung zuordnen)
- Angabe der Reihenfolge von ungeordneten Textteilen/Bildern

Ausführlicher wird dieser Punkt in Kapitel 3.3 erläutert.

8.4 Schriftliche Leistungserhebungen 215

Die reine Lehre der getrennten Überprüfung sprachlicher Fertigkeiten bedeutet, dass man Hörverstehen bzw. Hör-/Sehverstehen sowie Leseverstehen nur mithilfe solcher Aufgaben überprüfen sollte, bei denen keinerlei sprachproduktive Äußerung erwartet wird.

Problembereich: Konzeption valider Aufgaben

Sollen die sprachlichen Fertigkeiten wirklich komplett getrennt voneinander überprüft werden, so dürften bei Hörverstehensaufgaben eigentlich keine schriftlichen Auswahlantworten gegeben werden, da ihr Verstehen ja wieder die *comprensión lectora* voraussetzt. Dieses Beispiel zeigt, dass die Forderung nach getrennter Überprüfung der Kompetenzen so streng kaum eingehalten werden kann, zumindest aber eine deutliche Trennung von einerseits rezeptiven und andererseits produktiven Leistungen anmahnt.

Bei allen Aufgaben, bei denen etwas angekreuzt werden soll, muss zudem auf die Anzahl und Qualität der Distraktoren geachtet werden. Bei *tareas de selección múltiple* ist es nicht immer einfach, genügend Antwortmöglichkeiten vorzugeben, ohne dass bereits eine oder zwei allein durch Anwenden des gesunden Menschenverstandes, weniger durch das Verstehen des konkreten spanischsprachigen Textes ausgeschlossen werden können. Solche Aufgaben sind sinnlos und erfüllen nicht ihren Zweck.

Zur Verringerung des Rateglücks können Auswahlaufgaben durch eine weitere Rubrik ergänzt werden; bei zwei dieser Typen müssen die Lernenden ihre Antworten begründen und anhand des Textes nachweisen:

Erweiterungsmöglichkeiten von Auswahlaufgaben
☐ verdadero ☐ falso ☐ no está en el texto
☐ verdadero ☐ falso ¿por qué? _____
☐ sí ☐ no, sino: _____

Bei den beiden letztgenannten Erweiterungsmöglichkeiten werden sprachproduktive Leistungen erwartet, wie auch bei wohl allen anderen Aufgabentypen, bei denen rezeptive Leistungen (mit) überprüft werden: Es muss z. B. Gehörtes/Gesehenes/Gelesenes paraphrasiert, zusammengefasst, kommentiert oder begründet werden. Welcher Aufgabentyp sich jeweils am besten eignet, ist in Abhängigkeit vom jeweiligen Text, dem Anforderungsniveau und der konkreten Lerngruppe zu entscheiden.

Insbesondere im Anfangsunterricht – aber nicht nur dort – kann zur Überprüfung von Hör- oder Leseverstehen der Rückgriff auf das Deutsche sinnvoll sein, ist doch die bloße Wiedergabe eines im Text vorkommenden spanischen Ausdrucks nicht immer ein Nachweis, dass der Text verstanden wurde. Das vertiefte Verstehen eines Textes kann überprüft werden anhand von Aufgaben, die Unausgesprochenes thematisieren (zwischen den Zeilen lesen/hören) oder bei denen Textsignale gedeutet werden müssen.

Globalverstehen – selektives Verstehen – Detailverstehen

Aufgaben zum globalen Verstehen überprüfen ein globales Hörverstehen bzw. können i. d. R. nach einer kursorischen Lektüre eines Textes beantwortet werden. Beispiele:
De los siguientes títulos, elige el que te parezca el más adecuado.
Indica el tema del texto.
Contesta a las preguntas ¿quién? ¿dónde? ¿cuándo? ¿por qué? ¿para qué? ¿cómo?
Aufgaben zum selektiven Verstehen greifen in einem Text wesentliche Detailinformationen heraus, z. B. eine bestimmte Uhrzeit in einer Durchsage. Sie fragen nach ausgewählten Einzelheiten; der Rest des Textes muss nicht verstanden werden.
¿A qué hora/en qué lugar/quién/dónde ...?
Aufgaben zum Detailverstehen stellen die höchste Anforderung. Hier werden sinntragende Einzelheiten erfragt; der Sinn eines Textes muss in jeder Einzelheit erfasst werden, z. B. Wegbeschreibung, Kochrezept, jede Art von textanalytischen Aufgaben.

Bewertung rezeptiver Leistungen

Bei Aufgaben, bei denen die Verstehensleistung im Vordergrund steht, sollten Verstöße gegen die Sprachrichtigkeit nicht oder kaum geahndet werden; zumeist empfiehlt sich ein Punktesystem, bei dem richtigen Antworten jeweils eine bestimmte Anzahl von Punkten zugeordnet wird.

8.5 Mündliche Leistungserhebungen

Das Schattendasein, das mündliche Leistungen im Spanischunterricht lange geführt haben, wurde mit der Veröffentlichung des GeR und den in der Folge erarbeiteten Lehrplänen, Richtlinien und Standards beendet. So wird inzwischen die Gleichwertigkeit aller sprachlichen Fertigkeiten und damit eine gegenüber ihrem vorherigen Stellenwert deutliche Aufwertung des Mündlichen postuliert. Dem tragen die Bestimmungen der meisten Bundesländer Rechnung; es ist zunehmend möglich oder gar obligatorisch, einzelne schriftliche Klassenarbeiten durch mündliche Leistungserhebungen zu ersetzen. In der Regel beziehen sich solche mündlichen Prüfungen auf die Überprüfung der *expresión oral* (zur ebenfalls möglichen mündlichen Überprüfung der *mediación* siehe Kap. 8.6). Da rezeptive Leistungen *(comprensión auditiva, comprensión lectora)* in schulischen Leistungserhebungen häufig schriftlich überprüft werden, werden sie in Kap. 8.4 beleuchtet.

Die folgenden Ausführungen stützen sich auf die für diesen Bereich grundlegende Veröffentlichung des bayerischen Staatsinstitutes für Schulqualität und Bildungsforschung von 2005 (siehe Literaturverzeichnis), die wohl als eine der Initialzündungen für die bundesweite Weiterentwicklung der angemessenen Würdigung und nachvollziehbaren Bewertung mündlicher Leistungen im Fremdsprachenunterricht angesehen werden kann.

Unterrichtsbeiträge und mündliche Prüfungen

Mündliche Leistungsnachweise können in Form von Unterrichtsbeiträgen und mündlichen Prüfungen erhoben werden.

Unterrichtsbeiträge

Unter dem Begriff Unterrichtsbeiträge werden im allgemeinen Sprachgebrauch die ungeplanten, spontan aus dem Unterrichtsgeschehen heraus erwachsenden Beiträge der Schüler ebenso verstanden wie „inszenierte" Beiträge, etwa Rollenspiele, Beiträge zu Diskussionen oder Debatten, Minutenreden, Referate und Präsentationen. Nimmt man die Aufwertung des Mündlichen und die kriterienorientierte Bewertung ernst, so kann die – zumindest lange Zeit – weit verbreitete Praxis der umgangssprachlich sogenannten „Mitarbeitsnote", bei der die Beiträge eines Schülers über eine oder mehrere Unterrichtsstunden hinweg mit einer globalen Note bewertet werden, im Fremdsprachenunterricht keine oder nur noch eine geringe Rolle spielen. Mehr noch: Die immer wieder erhobene Forderung nach einer Trennung von Übungs- und Beurteilungsphasen verbietet es geradezu, unangekündigt Beiträge des Schülers zum Unterrichtsgeschehen zu bewerten. Für angekündigte Leistungsnachweise im Rahmen von Unterrichtsbeiträgen hingegen gibt es eine ganze Fülle von Aufgabentypen zum monologischen und interaktiven Sprechen.

Unterrichtsbeiträge als Leistungsnachweise

Monologisches Sprechen
- *charla (de un/dos minuto/s):* vorbereitete Rede oder Stegreifrede zu einem selbst gewählten oder zugeteilten Thema (geeignet ab Mitte des 1. Lernjahres)
- *ponencia/presentación:* Referat bzw. Präsentation, i.d.R. bild- und/oder materialgestützt, z.B. Buch- oder Textpräsentation, Vortragen von Rechercheergebnissen
- *descripción:* Beschreiben von Bildern, Personen, Vorgängen …
- *narración:* Erzählen und Erfinden von Geschichten, Erlebnissen …
- *lectura/recitación:* Vorlesen oder Vortragen ausgewählter Texte

Dialogisches Sprechen/mündliche Interaktion
- *discusión:* Vetreten des eigenen Standpunktes in einer Diskussion
- *debate:* Vertreten von Argumenten für eine vorgegebene These; zwei gegnerische Mannschaften treten nach bestimmten Regeln gegeneinander an
- *mesa redonda:* Einnehmen von mit Rollenkarten vorgegebenen Standpunkten und Diskussion aus Sicht der jeweiligen Rolle
- *juego de roles:* Rollenspiel (zu realen Situationen, z.B. Einkauf, Bewerbungsgespräch – oder im Sinne des kreativen Arbeitens als Sich-Hineinversetzen in eine fiktive Person zu imaginierten Situationen)

Die Kunst des Lehrers besteht u.a. darin, zu gewährleisten, dass im Laufe eines Halbjahres die Schüler in ihrem Anforderungsprofil vergleichbare Aufgaben zu bewältigen haben. Bei all diesen Formen hat es sich bewährt, die Leistungen kriterienorientiert zu bewerten.

Beispiele für Aufgaben und Bewertungsraster

Beispiel 1: Monologisches Sprechen (A2)
Tarea
Presenta en clase tu lugar favorito. Expón tus ideas en unos 5 minutos:
- *Sitúa el lugar y descríbelo.*
- *Explica lo que te fascina en él y cuenta una cosa interesante que te pasó allí.*
- *Trae también una foto del lugar y explícala.*

¡Ojo! Tus compañeros de clase te pueden hacer preguntas si quieren que profundices un aspecto.

Ficha de evaluación

I. Lengua:						
Pronunciación y entonación	5	4	3	2	1	0
Vocabulario (variación, riqueza, uso adecuado)	5	4	3	2	1	0
Gramática (sintáxis, corrección)	5	4	3	2	1	0
II. Estrategias:						
Volumen y velocidad	5	4	3	2	1	0
Fluidez e independencia de los apuntes	5	4	3	2	1	0
Contacto con los oyentes, postura	5	4	3	2	1	0
Flexibilidad, reacción a preguntas	5	4	3	2	1	0
Uso de la foto	5	4	3	2	1	0
III. Contenido:						
Selección de la información	5	4	3	2	1	0
Coherencia y estructura	5	4	3	2	1	0

    I.   Lengua: (...... puntos) x 3 = ... puntos
    II.   Estrategias: .... puntos
    III.   Contenido: ......puntos
    Total: .... puntos
    80–73= 1, 72–65=2, 64–57=3, 56–49=4, 48–40=5, 39–0=6 Nota: ....

Beispiel 2: Diskussion mit 3 Teilnehmer/innen (ab Niveau A2)
Situación:
Vas a hacer un viaje de trekking con dos compañeros/-as. Cada uno/-a de vosotros/-as quiere llevar también a un/a amigo/-a más, pero no hay sitio para más de cuatro personas. Así que tenéis que decidiros quién os acompañará. Cada uno/-a de los/las tres está convencido/-a de que su amigo/ amiga es quien debería venir con vosotros.
Tarea:
- *Elige a una persona de las fotos* (hier einige Fotos oder Zeichnungen vorgeben, z. B. von bekannten Musikkünstlern, Sportlern, Comicfiguren oder auch von völlig unbekannten Menschen). *Será tu amigo/-a al/a la que quieres proponer para que os acompañe en vuestro viaje.*

8. Leistungen erheben und beurteilen

- *Inventa su biografía (nombre y apellidos, edad, de dónde viene, dónde vive, qué hace / cómo se gana la vida, sus pasatiempos, su carácter / sus cualidades, lo que te fascina de él/ella usw.).*
- *Presenta a tu amigo/-a (ficticio/-a) a los demás.*
- *Habiendo escuchado las presentaciones de tus compañeros/-as, intenta convencerles de por qué crees que tu amigo/-a sería vuestro/-a compañero/-a ideal en el trekking.*
- *Entre los/las tres, tenéis que llegar a una decisión.*

Ficha de evaluación

I. Lengua:						
Pronunciación y entonación	5	4	3	2	1	0
Vocabulario (variación, riqueza, uso adecuado)	5	4	3	2	1	0
Gramática (sintáxis, corrección)	5	4	3	2	1	0
II. Estrategias:						
Volumen y velocidad	5	4	3	2	1	0
Flexibilidad e interacción (iniciar y mantener el contacto, ceder la palabra, interrumpir)	5	4	3	2	1	0
Estrategias de compensación	5	4	3	2	1	0
Capacidad de convencer a los demás	5	4	3	2	1	0
Capacidad de llegar a un compromiso	5	4	3	2	1	0
III. Contenido:						
Selección de la información, originalidad	5	4	3	2	1	0
Argumentación (calidad y relevancia de los argumentos)	5	4	3	2	1	0

Lengua: (..... puntos) x 3 = ... puntos
Estrategias: .... puntos
Contenido: (......puntos) x 2 = ... puntos Total: .... puntos
90–82= 1, 81–73=2, 72–64=3, 63–53=4, 54–45=5, 44–0=6 Nota: ....

Die auf den Seiten 219 f. abgedruckten Bewertungsbögen enthalten eine Reihe von Kriterien, die je nach Kompetenzniveau, Aufgabenformat und anderen individuellen Bedürfnissen stärker oder schwächer gewichtet, weggelassen oder durch weitere ergänzt werden können.

Mündliche Prüfungen
Das dargestellte Bewertungsverfahren eignet sich nicht nur für die qualifizierte, transparente und nachweisbare Bewertung von Unterrichtsbeiträgen einzelner Lerner, sondern auch für die Erhebung von mündlichen Leistungen der gesamten Lerngruppe.
Mündliche Prüfungen ermöglichen es, mündliche Leistungen
- in großen Lerngruppen,
- transparent und mit nachvollziehbaren Kriterien,
- bei überschaubarem Aufwand,
- auf gymnasialem Anspruchsniveau,
- dokumentierbar

zu erheben.

Damit können Klassenarbeiten im mündlichen Bereich durchgeführt werden. Ihre Vorbereitung und Durchführung ist allerdings aufwändig.

> Problembereich: Konzeption genügend gleichwertiger Aufgaben

Für alle Prüfungsdurchläufe müssen ausreichend verschiedene Impulse bzw. Rollenbeschreibungen vorgelegt werden – nur den Schülern kann die jeweils gleiche Aufgabe vorgelegt werden, die sich nicht miteinander austauschen können, weil sie parallel geprüft oder beaufsichtigt werden. Im Gegensatz zu schriftlichen Klassenarbeiten entfällt bei mündlichen Prüfungen die Korrektur. Bewährt hat sich in der Praxis eine mehrteilige, aber mindestens zweiteilige Gestaltung, wobei jeweils mindestens eine Aufgabe zum monologischen sowie mindestens eine zum Sprechen in Interaktion gestellt werden sollte. So könnten die auf Seite 218 ff. abgedruckten Aufgabenbeispiele zu einer zweiteiligen mündlichen Prüfung kombiniert werden. Denkbar ist auch ein Aufgabenteil, bei dem gedolmetscht werden soll.

> **Gestaltungsmöglichkeiten einer mündlichen Prüfung**
> *Monólogo:* Sprechen zu einem Bild- oder Sprachimpuls, Kurzreferat
> *Interacción:* Rollenspiele oder Diskussionen als Partner- oder Gruppenprüfung (sinnvollerweise maximal drei Personen)
> *Mediación:* Dolmetschsituation (siehe Kap. 8.6)

Während bei den internationalen Zertifikatsprüfungen (z. B. D.E.L.E.) die interaktiven Prüfungsteile als Paarprüfungen gestaltet sind, in denen der Prüfer den Gesprächspartner spielt, werden bei den mündlichen Prüfungen im schulischen Bereich meist zwei bis drei Schüler miteinander ins Gespräch gebracht, während die Lehrkraft sich auf die Durchführung und Bewertung der Aufgabe beschränkt. Andernfalls wäre insbesondere bei großen Klassenstärken ein viel zu hoher Zeitaufwand erforderlich, um alle Schüler zu prüfen.

Problembereich: Kombination der Prüflinge

Bei der Paar- oder Gruppenbildung sollte – sofern nicht ein Losverfahren gewählt wird – darauf geachtet werden, dass nicht ein Schüler dominiert. Die Bewertung kann anhand eines Bewertungsbogens vorgenommen und dokumentiert werden. Dabei wird für jede Teilaufgabe ein eigenes Raster angelegt (vgl. Beispiele S. 218 ff.). Es empfiehlt sich, auf diesem Bewertungsbogen auch Raum für Notizen vorzusehen, um den Prüflingen eine exakte Rückmeldung geben zu können. Hier können als Gedächtnisstütze besonders lobenswerte Aspekte der erbrachten Leistung, aber auch Kardinalfehler notiert werden, um neben der Diagnose auch Informationen für die nötigen „Therapien" festzuhalten.

Kriterien für die Bewertung der *expresión oral* (Auswahl)
Sprache: Aussprache und Intonation – Wortschatz – grammatische Strukturen – Satzbau – soziolinguistische Angemessenheit – Idiomatik
Strategie: Flüssigkeit – Sprecherwechsel/Kooperation – Flexibilität – Kompensation – Kontrolle und Reparaturen
Inhalt: Information (Korrektheit/Relevanz) und Sachwissen – Kohärenz – Themenentwicklung und Genauigkeit – Argumentation – Aufgabenerfüllung

---

Eine Vielzahl praktischer Aufgabenbeispiele mit Bewertungsrastern enthält die bereits erwähnte Handreichung *Time to talk* (vgl. Literaturverzeichnis).

Bewertung mündlicher Leistungen unter Einbezug der Lernenden
Wenn die Bewertung nach Kriterien anhand von Beurteilungsbögen erfolgt, können einerseits die Transparenz erhöht und andererseits ein Perspektivwechsel erreicht werden, indem der Blick von außen auf die eigene Leistung gerichtet wird: Die Lernenden werden im Vorfeld von Leistungserhebungen mit den Beurteilungskriterien nicht nur vertraut gemacht, sondern auch bei deren Anwendung, eventuell sogar bei deren Erstellung, mit ein-

bezogen. Sie sollen dann versuchen, eine eigene (mündliche oder schriftliche) Leistung oder die eines Mitschülers anhand eines Kriterienrasters zu beurteilen. Nach der Vorstellung werden die Ergebnisse verglichen, besprochen und eine gemeinsame Bewertung wird ausgehandelt. Weichen Urteile einzelner Schüler oder die der Schüler von der des Lehrers deutlich voneinander ab, so kann das ein willkommener Gesprächsanlass sein, um die Bedeutung einzelner Aspekte der Leistung sowie Schwächen und Stärken deutlicher ins Bewusstsein der Schüler zu heben. Die ansonsten vorwiegend passiven Zuhörer werden dann zu aktiven Beurteilern; es wird ihnen zudem deutlicher, worauf sie bei ihrem eigenen Auftritt zu achten haben. Wichtig ist dabei natürlich, dass der Lerngruppe bewusst ist, dass es nicht um das Herabsetzen ihrer Mitschüler, sondern um einen fairen Umgang miteinander geht: Alle müssen sich gleichermaßen der Kritik ihrer Mitschüler stellen, und alle werden gleichermaßen davon profitieren.

Das letzte Wort bei der Notengebung muss sich – auch aus juristischen Gründen – die Lehrkraft vorbehalten. Außerdem verfügen die Lernenden nicht immer über die Maßstäbe, um die Erfüllung jedes Kriteriums – insbesondere im sprachlichen Bereich – beurteilen zu können. Erfahrungsgemäß akzeptieren aber die Lernenden solche, aus der Autorität bzw. dem Wissens- und Kompetenzvorsprung der Lehrkraft heraus getroffenen Entscheidungen umso leichter, je mehr sie von Anfang an in eine transparente Bewertung mit einbezogen werden.

Partner- und Gruppenarbeit – Projekte

Partner- und Gruppenarbeit sowie Projekte spielen im Unterricht angesichts der Forderungen nach einer Öffnung des Unterrichts und Schülerzentrierung eine zunehmend große Rolle. Je mehr Raum diese Sozialformen einnehmen, desto stärker stellt sich die Frage nach ihrer Benotung. Wie können Partner- bzw. Gruppenarbeit und Projekte angemessen bewertet werden? Wie kann herausgefunden werden, worin der Beitrag des Einzelnen besteht? Besteht die Gefahr, dass ein Schüler sich auf Kosten anderer profiliert bzw. sich mit fremden Federn schmückt?

All diesen Sozialformen ist gemeinsam, dass neben dem **Produkt** auf jeden Fall auch der **Prozess** in die Bewertung mit einfließen muss, da nur die Summe der Teilleistungen der einzelnen Schüler zu einem gemeinsamen Produkt führen wird. Wenn die Aufgabenteilung bzw. die Kooperation innerhalb eines Paares/einer Gruppe bewertet wird, so heißt das, dass auch Sozial- und Methodenkompetenz zu den Bewertungskriterien gehören. Auch bei arbeitsteiligem Vorgehen innerhalb einer Gruppe muss dabei andererseits sichergestellt sein, dass jedes Gruppenmitglied einen qualitativ wie quantitativ vergleichbaren Part übernommen hat. Für die Leistungsbewertung beim Projektlernen können folgende Kriterien verwendet werden (erstellt auf der Basis von SOMMERFELDT (2005), S. 7 ff., und dem Kriterienraster des LISUM Berlin-Brandenburg zur Bewertung einer Präsentation in den Fremdsprachen, abrufbar auf dem Brandenburger Bildungsserver. Aus den Noten für die drei Teilbereiche, die durch die Bewertung der jeweiligen Einzelkriterien ermittelt werden, wird die Endnote errechnet.

Bewertungskriterien für Projekte

1. Individueller Arbeitsprozessbericht
- **Sach- und Methodenkompetenz:** Vollständigkeit (Angemessenheit des Umfangs, Prägnanz) – sprachliche Darstellung (Sprachrichtigkeit, terminologische Angemessenheit usw.) – Übersichtlichkeit – Wissenszuwachs
- **Selbstkompetenz:** Differenziertheit in der Einschätzung und Reflexion der eigenen Lernerfahrungen – Urteilsvermögen in der Einschätzung der Gruppenprozesse – Reflexion möglicher Handlungskonsequenzen bzw. -alternativen

2. Gemeinsam erarbeitetes Projektprodukt/Präsentation
- **Sach- und Methodenkompetenz:** Sachbezug (Informationsgehalt/Korrektheit der Information) – Auswahl der Materialien – Struktur – Grad der Vertiefung
- **Präsentationskompetenz:** Qualität der Vermittlung (Verständlichkeit, Übersichtlichkeit, Layout usw.) – Aktivierung der Mitschüler – Funktionalität des Materials – Kooperation in der Gruppe
- **Kommunikative Kompetenz:** Verständlichkeit – Anwendung von Gesprächsstrategien – Korrektheit – Grad der Freiheit beim Sprechen

3. Individuelles Lernhandeln und Gruppenprozess
- **Selbst- und Sozialkompetenz:** Umgang mit der Selbstständigkeit – Zielgerichtetheit – Gegenstandsbezug/Sachorientierung
- **Konstruktivität/Effektivität in der Zusammenarbeit**

Bei der Bewertung eines Gruppenprodukts können die Schüler auch einbezogen werden: Die Schüler beraten zunächst innerhalb der Gruppe, wie groß der reale Arbeitsanteil jedes Schülers war bzw. wer sich besonders viel oder wenig beim Erarbeiten des Produkts eingebracht hat; sie teilen dabei 100 % unter sich auf. Nach der Präsentation des Produkts geben sowohl die Lehrkraft als auch die beteiligten Schüler eine Note dafür, die jeweils 50 % zählt. Das Ergebnis wird mit der Zahl der Gruppenmitglieder multipliziert und ergibt die Punktzahl der Gruppe (= 100 %). Jedes Mitglied erhält davon den im Gruppenprozess ausgehandelten Anteil.

8.6 Leistungserhebungen im Bereich der Sprachmittlung

Die Sprachmittlung als „fünfte Fertigkeit" erstreckt sich sowohl auf den schriftlichen wie auf den mündlichen Bereich. Sie kann auf einen der beiden Bereiche beschränkt sein (z. B. schriftlich: Ein Lesetext wird in der anderen Sprache schriftlich zusammengefasst; mündlich: Dolmetschsituation), es kann aber auch ein Hörtext oder audiovisueller Text schriftlich in der anderen Sprache zusammenfassend wiedergegeben oder Gelesenes mündlich paraphrasiert werden. Sprachmittlung kann monodirektional (nur vom Spanischen ins Deutsche bzw. umgekehrt) oder bidirektional (bei Dolmetschaufgaben) sein. Alle diese Typen eignen sich für Leistungserhebungen.

Konzeption von Aufgaben zur Sprachmittlung

„Mediation ist keine Übersetzung!" Dieser schlagwortartige Satz begleitet die Diskussion um die Einführung des Begriffs der Mediation in die Diskussion über Fremdsprachenunterricht an der Schule spätestens seit Bekanntwerden des GeR und der Einführung der Bildungsstandards. Wurden die Aufgaben damit einerseits realitätsnäher, indem nicht mehr eine Übersetzung *al pie de la letra* eines vorgegebenen spanischen bzw. deutschen Textes ins Deutsche bzw. Spanische gefordert wird, sondern vielmehr seine Zusammenfassung oder ungefähre Wiedergabe unter einem bestimmten kommunikativen Aspekt, so zeigen sich andererseits in der Praxis mehrerlei Schwierigkeiten bei der Aufgabenkonzeption.

Problembereich: Auswahl der Ausgangstexte

Als Übersetzungstexte konnten dereinst nur solche verwendet werden, bei denen gewährleistet war, dass die entsprechenden Wörter und Strukturen in der jeweils anderen Sprache verfügbar waren. Für die Sprachmittlung hat es sich nicht nur als machbar, sondern auch als sinnvoll erwiesen, wenn bei den spanischsprachigen Basistexten (letztlich ebenso wie bei Texten, die Grundlage einer Textaufgabe sind) das Sprachniveau des Ausgangstextes leicht über dem Niveau der Schülersprache liegt: Die Lernenden werden von Anfang an angehalten, Strategien der Wort- und Sinnerschließung zu entwickeln. Die Anwendung derartiger Strategien sollen sie in einer Sprachmittlungsaufgabe auch nachweisen, zumal es nie um eine wortwörtliche Übersetzung, sondern um eine sinngemäße, oft auch zusammenfassende Übertragung geht. Vor einer Überforderung ist allerdings zu warnen; Schüler sind oft seltsam blind vor in Lehreraugen scheinbar eindeutig erschließbaren Wörtern bzw. Sätzen, sodass sie sich bei sprachlich zu anspruchsvollen Texten leicht Dinge zusammenreimen können, die völlig neben dem Sinn des Ausgangstextes liegen. Bei deutschsprachigen Texten sollte darauf geachtet werden, dass die Informationen nicht zu komplex bzw. nicht zu fachspezifisch sind, sodass sie auf dem jeweiligen Kompetenzniveau auf Spanisch zwar vereinfachend, aber sinngemäß wiedergegeben werden können.

Problembereich: Auswahl der Informationen für den Zieltext

Bei jeder Sprachmittlungsaufgabe stehen die Prüflinge vor folgenden Fragen: Welche Informationen müssen im Zieltext unbedingt wiedergegeben werden, welche eventuell, welche sind auf jeden Fall überflüssig? Hier ist bei der Aufgabenstellung auf die Einbettung in einen möglichst sinnvollen kommunikativen Rahmen zu achten. *Resume la información para tu compañero/a español/a que quiere estudiar un año en Alemania* wird zu einer anderen Auswahl von Informationen aus einem Artikel über die Essgewohnheiten der Deutschen führen als die Aufgabenstellung *Elige la información más curiosa para darla a un periodista que quiere redactar una guía satírica sobre Alemania* zum selben Text. Es empfiehlt sich – wie bei der Konzeption aller Leistungserhebungen – selbst einen Erwartungshorizont anzufertigen, bevor die Aufgabe den Prüflingen vorgelegt wird. Eine Gefahr der komplexen Lernaufgabe mit ihrer geforderten situativen Einbettung besteht in der Überforderung der Lernenden.

Problembereich: Überprüfung interkultureller Kompetenz

Es liegt in der Natur der Sache, dass eine Person, die sprachmittelnd tätig wird, auch gleichzeitig Mittlerin zwischen zwei Kulturen ist. Interkulturelles Lernen ist Teil des schulischen Spanischunterrichts, und so versteht es sich nahezu von selbst, dass eine sinnvolle Sprachmittlungsaufgabe auch Aspekte enthält, bei deren Übermittlung interkulturelle Kompetenz nötig ist. Die Lernenden müssen in der Lage sein, an bestimmten Stellen zu entscheiden, ob ein Wort/ein Inhalt kommentarlos in der anderen Sprache wiedergegeben bzw. zusammengefasst werden darf oder ob eine zusätzliche kurze Erklärung/Paraphrasierung nötig ist, weil die Sache oder das Phänomen in der jeweiligen Zielkultur keine genaue Entsprechung hat – z. B. Realschule, Bundestag, Kirchensteuer; *la sobremesa, la ONCE, la tertulia*.

Bewertung sprachmittelnder Leistungen

Kriterienraster sind auch für die angemessene Bewertung sprachmittelnder Aufgaben ein geeignetes Instrument; mit einer Fehlerzählung, wie sie bei den bis vor einigen Jahren im Spanischunterricht üblichen Übersetzungsaufgaben üblich war, kann die Komplexität solcher Leistungen nicht erfasst werden. Die Sprachmittlungskompetenz besteht nach Hallet (zitiert nach Rössler 2009, 160) aus folgenden Komponenten:
- sprachlich-kommunikative Kompetenz,
- interkulturelle Kompetenz,
- interaktionale Kompetenz,
- strategisch-methodische Kompetenz.

Diese Bereiche können getrennt gerastert und bewertet werden; es können hier Bewertungsraster analog zu denen zur Überprüfung der *expresión escrita* bzw. *oral* (s. S. 212, 219 f.) erstellt werden.

Kriterien für die Bewertung der mediación (Auswahl)
Inhalt: Textverständnis – Auswahl und Strukturierung der Informationen – soziolinguistische Angemessenheit – Adressaten- und Situationsbezug
Strategie: Umgang mit dem Wörterbuch (bei schriftlichen Aufgaben) bzw. Nachfragen bei Verständnisproblemen (bei mündlichen Aufgaben) – Umschreibungs- und Ersetzungsstrategien
Sprache: Ausdrucksvermögen/lexikalische Kompetenz – Satzbau und Konnektoren – Verfügung über grammatische Strukturen

---

Auch hier gilt, dass die Beschreibungen der einzelnen Kompetenzbereiche auf das jeweilige Anforderungslevel abgestimmt werden müssen.
Bei Mediationen vom Spanischen ins Deutsche ist zu überlegen, wie hoch die Anforderungen an die Sprachrichtigkeit und Gewandtheit im deutschen Ausdruck gestellt werden sollen. Sind Lernende nichtdeutscher Herkunftssprachen unter den Prüflingen, so ist zu überlegen, ob dieser Wettbewerbsnachteil mit berücksichtigt werden soll.

8.7 Instrumente der Selbstevaluation

An einzelnen Schulen hat seit Jahren die Verwendung eines sprachenübergreifend angelegten Europäischen Portfolios der Sprachen (EPS) Einzug gehalten. Es gibt eine inzwischen kaum noch überschaubare Anzahl von Versionen dieses Instrumentes, das auf den Kompetenzbeschreibungen des GeR basiert. Nicht alle Versionen wurden durch den Europarat offiziell anerkannt. Gemeinsam ist aber den meisten Versionen, dass sie gleichzeitig

Lernbegleiter sein wollen, aber in ihnen auch sprachliche Kenntnisse dokumentiert werden. Deshalb bestehen sie meist aus drei Teilen:

- **Sprachenpass**: Er informiert in kurzer Form über die aktuellen Kenntnisse der Lernenden, aber auch über ihre interkulturellen Erfahrungen. Erworbene Zertifikate oder Bestätigungen werden darin dokumentiert.
- **Sprachenbiografie**: Darin wird die persönliche Geschichte des Sprachenlernens und der interkulturellen Erfahrungen dokumentiert. Außerdem enthält sie Skalen zur Selbst- und Fremdeinschätzung sowie Hilfen zur Planung und Reflexion des Sprachlernprozesses. Sie ist der für den Sprachlernprozess wichtigste Teil des Portfolios.
- **Dossier**: Darin sammeln die Lernenden aus ihrer Sicht besonders gelungene eigene Produkte.

Wem die Arbeit mit einem derartigen Produkt zu aufwändig ist, der kann dennoch den Portfolio-Gedanken sinnvoll und nutzbringend in den Spanischunterricht integrieren. Zum einen enthalten die meisten modernen Lehrwerke Seiten zur Selbsteinschätzung bezüglich der bis zu einem bestimmten Zeitpunkt erreichten Kompetenzen sowie Tipps für weitere Übungen, sollten die Lernenden Zweifel am erfolgreichen Erreichen des jeweiligen Zieles haben. Zum anderen kann es ein sehr ertragreiches Vorgehen sein, vor Initiierung eines Lernprozesses gemeinsam mit den Lernenden die zu erreichenden Ziele und Kompetenzen zu definieren, sie während des Prozesses um eine Dokumentation desselben zu bitten und sie am Ende einer Unterrichtseinheit bei der kritischen Reflexion über Erreichtes und Verfehltes beratend zu unterstützen.

8.8 Literatur

Allgemein zum Thema „Leistungen erheben und beurteilen"

THEMENHEFT EVALUAR (2016), Der fremdsprachliche Unterricht Spanisch 53.

BESCHLÜSSE DER KULTUSMINISTERKONFERENZ (2004), Einheitliche Prüfungsanforderungen in der Abiturprüfung Spanisch. Beschluss vom 1. 12. 1989 in der Fassung vom 5. 2. 2004.

EUROPARAT/RAT FÜR KULTURELLE ZUSAMMENARBEIT (2001), Gemeinsamer europäischer Referenzrahmen für Sprachen: Lernen, lehren, beurteilen, Strasbourg: Langenscheidt.

GROTJAHN, RÜDIGER (2007), Qualitätsentwicklung und -sicherung. Gütekriterien von Tests und Testaufgaben. In: Der fremdsprachliche Unterricht Französisch 88, S. 44 ff.

HINGER, BARBARA (2010), Diagnostik, Evaluation und Leistungsbewertung. In: Grünewald, Andreas/Küster, Lutz (Hrsg.), Fachdidaktik Spanisch. Tradition. Innovation. Praxis, Stuttgart: Klett/Kallmeyer, S. 269–310.

LEPPERT, URSULA (2010), Ich hab eine Eins! Und du? Von der Notenlüge zur Praxis einer besseren Lernkultur, Uni-Online Press.

Zu Kapitel 8.2

LEUPOLD, EYNAR (2008), Tâches et tests: une course d'obstacles. Lern- und Testaufgaben unterscheiden. In: Der fremdsprachliche Unterricht Französisch 96, S. 34–39.

PASTOR VILLALBA, CARMEN (2008), Evaluar la narración, In: Der fremdsprachliche Unterricht Spanisch 22, S. 14–19.

RODRÍGUEZ OJEA, JOSEFA/WISCHHUSEN, SUSANNE (2007), Vergleichsarbeiten im Fach Spanisch. In: Der fremdsprachliche Unterricht Spanisch, Heft 19, S. 31–37.

RÖSSLER, ANDREA (2009), Strategisch sprachmitteln im Spanischunterricht. In: Fremdsprachen Lehren und Lernen 38, S. 158–174.

Zu Kapitel 8.3

GROTJAHN, RÜDIGER/KLEPPIN, KARIN (2010), Transparente Notengebung. Mündliche Leistungen kriterienorientiert bewerten. In: Der fremdsprachliche Unterricht Französisch 104, S. 9–13.

SOMMERFELDT, KATHRIN (2005), Projektlernen – eine echte Alternative, in: Der fremdsprachliche Unterricht Spanisch 10, S. 4–10.

STAATSINSTITUT FÜR SCHULQUALITÄT UND BILDUNGSFORSCHUNG MÜNCHEN (2005), Time to talk! Parlons! Parliamo! ¡Tiempo para hablar! Pora pogovoritj! Eine Handreichung zur Mündlichkeit im Unterricht der modernen Fremdsprachen, Cornelsen: Berlin.

WLASAK-FEIK, CHRISTINE (2006), Kriterienorientierte Evaluation mündlicher Beiträge. In: Der fremdsprachliche Unterricht Spanisch 14, S. 12–20.

WLASAK-FEIK, CHRISTINE (2007), Mündliche Schulaufgaben. Der Referenzrahmen als Hilfe bei der Erstellung kalibrierter Aufgaben. In: Der fremdsprachliche Unterricht Spanisch 19, S. 24–30.

Zu Kapitel 8.4 und 8.5

CASSANY, DANIEL (2007), El PEL: puente entre la clase y el Marco Común, in: Der fremdsprachliche Unterricht Spanisch 19, S. 42–46.

WIRTZ-KALTENBERG, PETRA (2012): Eine mündliche Prüfung? –Was muss ich denn da alles können? In: Der fremdsprachliche Unterricht Spanisch 39, S. 51–56.

Zu Kapitel 8.6

REIMANN, DANIEL (2013): Mündliche Sprachmittlung im Spanischunterricht. In: Der fremdsprachliche Unterricht Spanisch 43, S. 4–11.

REIMANN, DANIEL (2014): Wie evaluiert man Sprachmittlungskompetenz? Zur (Weiter-)Entwicklung diagnostischer Instrumente. In: Französisch heute 1, S. 27–33.

9. Spanisch – über den Unterricht hinaus

Christine Wlasak-Feik

Lehrkräfte, die Spanisch unterrichten, stehen nicht nur Tag für Tag vor inhaltlichen, methodisch-didaktischen und pädagogischen Entscheidungen, zu denen in den vorangegangenen Kapiteln Stellung bezogen wurde. Es gibt auch immer wieder organisatorische Fragen und außerunterrichtliche Veranstaltungen, für die es nützlich ist, einige Tipps zur Hand zu haben.

9.1 Informationsveranstaltungen zur Fremdsprachenwahl

Es versteht sich von selbst, dass auf Elternabenden oder Informationsveranstaltungen zur Wahl von Spanisch als schulische Fremdsprache die Rahmenbedingungen, Vorschriften und Lehrpläne der jeweiligen Bundesländer, aber auch die Gegebenheiten und Gepflogenheiten der einzelnen Schule berücksichtigt werden müssen. Steht Spanisch als neu einsetzende, spät beginnende Fremdsprache ab Jahrgangsstufe 10 zur Wahl, so werden andere Gesichtspunkte zu erörtern sein als etwa auf einem Informationsabend zu Spanisch als zweiter Fremdsprache ab Jahrgangsstufe 6. Es müssen andere Argumente erwogen werden, wenn die Schülerinnen und Schüler eine bislang erlernte Fremdsprache zugunsten von Spanisch abwählen müssen, weil die spät beginnende Fremdsprache eine erste oder zweite Fremdsprache ersetzt, als wenn Spanisch die dritte oder vierte – und damit parallel belegte – Fremdsprache darstellt.

Die folgende Stichwortliste kann einige Anregungen bieten, die die einzelne Lehrkraft jedoch auf die individuellen Erfordernisse vor Ort übertragen muss.

Informationen zum Spanischen:
 – Verbreitung, Nutzen, Bildungswert der Sprache

Informationen zum Fach Spanisch:
■ **Organisation**
 – Anzahl der Lernjahre, Anzahl der Wochenstunden
 – erreichtes Niveau am Ende des Lehrgangs
 – Abschlussmöglichkeiten (Abitur, Zertifikat, Abwahl am Ende einer bestimmten Jahrgangsstufe)
 – Klassen- oder Gruppenbildung

■ **Unterricht**
- Lehrplan, Lehrwerk
- Parallelen/Unterschiede zum Unterricht in anderen Fremdsprachen
- bei Spanisch als zweiter oder später einsetzender Fremdsprache: Verknüpfungen mit anderen, bereits erlernten Fremdsprachen
- Stellenwert des Mündlichen im Unterricht und bei der Bewertung
- Leistungserhebungen generell: Art und Gewichtung
- Stellenwert der häuslichen Vorbereitung
- Schwerpunktsetzung der jeweiligen Lehrkraft

■ **Zusatzangebote**
- Schulfahrten, Austausch
- Besuch von Kino-, Theater- oder Literaturveranstaltungen
- Kontakt zu oder Einbindung von Muttersprachlern vor Ort
- weitere außerschulische Kontakte, z. B. zu einer Partnerstadt oder -schule, zu kirchlichen oder humanitären Organisationen

Zur Gestaltung solcher Informationsveranstaltungen bietet sich für Spanisch an:
- ■ Angebot einer Schnupperstunde (z. B. Erwerb erster Begrüßungs- und Vorstellungsfloskeln; Leseverstehen relativ transparenter Texte, wenn Vorkenntnisse aus anderen romanischen Sprachen vorhanden sind; Hospitation in Stunden fortgeschrittener Lerner)
- ■ Stationen mit Sprachspielen (z. B. Memory mit Tieren/Früchten/Gebäuden, Zahlen von 1 bis 20, Zuordnung von Vokabeln aus dem Spanischen und verschiedenen anderen Sprachen) und Wissensspielen (z. B. Puzzle zur geografischen Verteilung spanischsprachiger Länder; Quiz zu Spanien und Lateinamerika; Ratespiele zu Persönlichkeiten aus dem spanischsprachigen Raum)
- ■ Ausstellung mit Plakatwänden oder Bildschirmpräsentationen (z. B. Präsentationsprodukte fortgeschrittener Lerner, Lernposter, Impressionen aus spanischsprachigen Ländern)
- ■ Einbindung in eine *velada española* (z. B. mit Vorführung von Sketchen durch fortgeschrittene Lerner, *discoteca latina*, kulinarischen Kostproben, Tombola zugunsten eines Partnerprojekts)

Spanisch ist ein sehr attraktives Fach mit generell hoher Schülerakzeptanz, für das es vergleichsweise leicht ist, Werbung zu machen. Die Ideen der Spanischlehrkräfte sind nahezu unerschöpflich. In der Regel identifizieren sie sich in hohem Maße mit ihrem Fach. So ist es Herzensanliegen für sie, mit ihrer Begeisterung für diese Sprache und Kultur, die sich oft aus ihrem persönlichen Hintergrund speist, möglichst viele Schülerinnen und Schüler anzustecken. Dennoch sei der Hinweis erlaubt, dass es die Fairness gebietet, bei der Beratung den Schülerinnen und Schülern Spanisch nicht als „leichte Sprache" zu verkaufen. Spanisch hat häufig den Ruf, einfacher zu erlernen zu sein als Französisch oder Latein. Das trifft insbesondere für den Anfangsunterricht zu, wo dank der engen Verknüpfung von Schreibung und Lautung innerhalb kurzer Zeit motivierende Lernfortschritte erreicht werden. Wer Spanisch aber nur aus diesem Grund wählt, geht ein Risiko ein. Dass im Spanischen zur gelingenden Kommunikation ab einem bestimmten Niveau ein wesentlich komplexeres Tempus- und Modussystem aktiv beherrscht werden muss als etwa im Französischen (wo sowohl das *pretérito simple* wie der *imperfecto de subjuntivo* nur rezeptiv beherrscht werden müssen, weil sie auf die gehobene Schriftsprache beschränkt sind), ist den wenigsten klar. Vor Spanisch sollte deswegen im Umkehrschluss freilich nicht gewarnt werden; es sollte den Interessenten aber vor Augen geführt werden, dass das Erlernen dieser anfänglich sehr einfach wirkenden Sprache mit fortschreitendem Niveau gewisse Anstrengungen und kontinuierliche häusliche Vorbereitung erfordert.

Argumentationshilfen: warum Spanisch?

Für die Beratung der Schülerinnen und Schüler, die alljährlich vor der Entscheidung stehen, ob sie Spanisch als Wahlpflichtfach wählen sollen, sowie für entsprechende Elterngespräche können die folgenden Argumente ebenso nützlich sein wie für Diskussionen mit der Schulleitung und im Kollegium bzw. in der Verhandlung mit außerschulischen Partnern, wenn an einer Schule die erstmalige Einrichtung von Spanisch zur Debatte steht.

Spanisch ist weit verbreitet:

- Spanisch ist eine Weltsprache und nach Englisch die verbreitetste internationale Verkehrssprache der Welt (Stand 2010).
- Spanisch ist nach Chinesisch und vor Englisch die häufigste Muttersprache, nämlich für 329 Millionen Menschen. Zählt man die Sprecher hinzu, für die Spanisch die offizielle Sprache ihres Landes ist, so kommt man auf über 416 Millionen Menschen – Tendenz steigend.
- Spanisch ist somit ein Schlüssel zur Welt: zu Europa (Spanien), den USA (ca. 36 Mio. Muttersprachler) und zu Lateinamerika (Mexiko, Kuba, Puerto Rico, Dominikanische Republik, Guatemala, Belice, Honduras, El Salvador, Nicaragua, Costa Rica, Panama, Kolumbien, Venezuela, Ecuador, Peru, Bolivien, Paraguay, Uruguay, Argentinien, Chile). In Brasilien wurde Spanisch inzwischen zur obligatorischen Fremdsprache erklärt;

dieses Land erwartet also in den nächsten Jahren riesige Zuwächse an Sprechern des Spanischen. Selbst in Asien (Philippinen) und Afrika (Äquatorialguinea) wird vereinzelt Spanisch gesprochen.
- Spanisch ist offizielle Amtssprache der Europäischen Union und der Vereinten Nationen. Spanischkenntnisse eröffnen damit berufliche Chancen in vielen europäischen und internationalen Organisationen.
- Im Internet ist Spanisch nach Englisch die zweithäufigste Sprache. Mithilfe der modernen Kommunikationstechnologien eröffnet Spanisch damit den Zugang zu weltweiten Informationen.

Spanischkenntnisse sind nützlich:
- Spanischkenntnisse sind eine wichtige berufliche Qualifikation. Die wirtschaftlichen, politischen und kulturellen Kontakte mit dem EU-Mitglied Spanien sowie mit Mittel- und Südamerika werden immer intensiver. Viele Betriebe und Firmen suchen Mitarbeiter mit Spanischkenntnissen; solche Sprachkenntnisse eröffnen somit Chancen in Wirtschaft, Handel und Tourismus sowie in humanitären Organisationen. Viele Länder Lateinamerikas sind Schwellenländer; hier öffnen sich für Deutschland wichtige Exportmärkte, die immer mehr an Bedeutung gewinnen.
- Spanischkenntnisse sind eine wertvolle Zusatzqualifikation für das Studium. Es gibt zunehmend Studiengänge, für die das Beherrschen zweier lebender europäischer Sprachen eine Zulassungsvoraussetzung ist.
- Spanien ist seit langer Zeit das bevorzugte Reiseland des deutschen Tourismus; Reisen nach Lateinamerika haben Konjunktur. Spanischkenntnisse ermöglichen den direkten Kontakt mit der Bevölkerung des jeweiligen Reiselandes und erleichtern den Zugang zu ihrer Kultur, ihren Lebens- und Denkweisen. In spanischsprachigen Ländern wird die *lingua franca* Englisch oft abgelehnt. Wird Spanisch gesprochen, öffnen sich die Herzen – diese Sprache erlaubt also auf der emotionalen Ebene eine ganz andere Annäherung an die Bevölkerung dieser Länder.

Spanisch lernen bildet:
- Spanisch erschließt mit dem Land Spanien einen Kulturraum, der Europa existenziell bereichert hat und weiter bereichern wird. Er ist christlich-abendländisch geprägt, bildet aber seit vielen Jahrhunderten die Brücke zwischen Europa und Afrika, dem Christentum und dem Islam.
- Spanischkenntnisse ermöglichen den Zugang zu allen Ländern Lateinamerikas, die spanisch geprägt sind, aber ganz eigene – teils indianische, teils afrikanische, teils europäische – Wurzeln haben. Spanisch als Brückensprache ist hier auch der Schlüssel zu vielen indigenen Kulturen.

- Spanischkenntnisse ermöglichen den direkten Zugang zur zunehmend multikulturellen Gesellschaft der USA, in denen die *Hispanos* wirtschaftlich, kulturell und auch politisch eine große Bedeutung erlangt haben, welche weiter zunehmen wird.
- Der Spanischunterricht gibt Einblicke in Lebenswirklichkeiten spanischsprachiger Länder in Vergangenheit und Gegenwart. Er zeigt, wie diese mit der Entwicklung Europas zusammenhängen, regt an zum Entdecken von Gemeinsamkeiten und Unterschieden und schärft damit in Zeiten der Globalisierung das Bewusstsein für die „eine Welt".
- Spanischsprachige Literatur im Original zu lesen ist ein besonderer Genuss, ihre Ästhetik eine bereichernde Erfahrung, die thematische und formale Vielfalt schier unerschöpflich (vom Urvater des modernen europäischen Romans „Don Quijote" über die Gedichte und Dramen Federico García Lorcas bis hin zur Erzählkunst lateinamerikanischer Romanciers wie Gabriel García Márquez).

Spanisch lernen macht Freude:
- Die steile Progression im Anfangsunterricht ermöglicht schnelle, deshalb sehr motivierende Lernfortschritte.
- Vorkenntnisse aus Latein oder Französisch erleichtern das Erlernen von Spanisch erheblich.
- Spanischkenntnisse vereinfachen das Erlernen anderer romanischer Sprachen.
- Musik aus Spanien und Lateinamerika ist insbesondere unter Jugendlichen sehr populär. Aktuelle, aber auch traditionelle Lieder sind immer wieder Gegenstand des Spanischunterrichts.
- Spanisch ist eine wohlklingende Sprache.

Generell empfiehlt es sich, an der Schule auf ein „Gesamtkonzept Fremdsprachen" hinzuwirken: Die schulischen Fremdsprachen sollten nicht gegeneinander kämpfen, sondern sich gegenseitig stützen und ergänzen. Der Dialog mit Kolleginnen und Kollegen, die andere Sprachen unterrichten, sollte daher immer gesucht werden – auch und gerade dann, wenn Spanisch neu eingeführt wird. Meistens lassen sich gute Wege einer Koexistenz finden. Manchmal bieten sich dann auch gemeinsame Informationsveranstaltungen an, in denen einerseits jede Fremdsprache ihre Besonderheiten herausstellen kann, andererseits aber auch das Lernen der Sprachen voneinander thematisiert wird: Mehrsprachigkeitsdidaktik ist ein Weg, der in Zukunft noch viel stärker als bislang beschritten werden sollte.

9.2 Externe Sprachprüfungen und Zertifikate

Die im schulischen Spanischunterricht erworbenen Sprachkenntnisse können auch mit außerschulischen Zertifikaten nachgewiesen werden. Solche Zertifikate sind eine wertvolle Zusatzqualifikation und helfen bei der Bewerbung um Ausbildungs-, Berufs- oder Studienplätze, insbesondere im spanischsprachigen Ausland, aber auch in Deutschland.

D.E.L.E. (Diplomas de Español como Lengua Extranjera):
Diese auf die Niveaustufen des GeR abgestimmten und in Zusammenarbeit mit ALTE (Association of Language Testers in Europe) entwickelten Prüfungen werden im Namen des spanischen Bildungsministeriums vergeben. Sie werden von der Universidad de Salamanca konzipiert, korrigiert und bewertet und in der ganzen Welt durch die Instituto Cervantes, die spanischen Kulturinstitute, abgenommen. Die *D.E.L.E.* werden auf allen Niveaustufen des GeR angeboten; es gibt also folgende Zertifikate: *Diploma de Español Nivel A1, Diploma de Español Nivel A2, Diploma de Español Nivel B1, Diploma de Español Nivel B1, Diploma de Español Nivel B2, Diploma de Español Nivel C1, Diploma de Español Nivel C2*.
Zusätzlich bieten die Institutos Cervantes in Deutschland die Niveaus *A1 Escolar* und *A2/B1 Escolar* an. Sie sind von den gewählten Situationen und Materialien auf die Lebenswelt der Schülerinnen und Schüler angepasst und ermöglichen daher auch jüngeren Lernern, die Prüfung abzulegen. In etlichen Bundesländern hat das Instituto Cervantes mit der Schulverwaltung Kooperationsverträge geschlossen. Sie räumen den Schülerinnen und Schülern Sonderkonditionen ein und ermächtigen bestimmte Schulen, *D.E.L.E.*-Prüfungen auf eigenen Niveau abzunehmen. Das Netz dieser Prüfungsschulen wird weiter ausgebaut. Informationen erteilen die Schulministerien der einzelnen Bundesländer bzw. das nächst gelegene Instituto Cervantes.
Die für Schülerinnen und Schüler interessantesten Zertifikate sind außer den *Escolar*-Prüfungen das *D.E.L.E. Nivel B1*, das – je nach Lehrplänen der einzelnen Bundesländer – in etwa dem Abschluss von Spanisch als dritter Fremdsprache nach drei Lernjahren bzw. dem Abschluss des Lehrgangs von Spanisch als spät beginnender Fremdsprache entspricht. Das *D.E.L.E. Nivel B2* wird meist Schülerinnen und Schülern aus fortführenden Spanischkursen auf erhöhtem Niveau mit guten oder sehr guten Spanischkenntnissen empfohlen, sowie Lernenden, die im Ausland waren. Die Prüfungsteile der *D.E.L.E.* beziehen sich auf Hörverstehen, Lesevestehen, Schreiben sowie monologisches und interaktives Sprechen.

TELC (The European Language Certificates)
Die telc GmbH, ein Tochterunternehmen des Deutschen Volkshochschulverbandes, soll die Allgemeinheit auf dem Gebiet der persönlichen und beruflichen Fort- und Weiterbildung unterstützen; sie ist deshalb als gemeinnützig anerkannt. Sie bietet über 50 Prüfungen für neun Sprachen an. Die Prüfungen sind auf die Niveaustufen des GeR abgestimmt. Für Spanischschüler am interessantesten ist das *TELC escuela*. Diese Prüfung wird empfohlen für Schülerinnen und Schüler im Alter von ca. 14 bis 17 Jahren, z.B. bei Spanisch als zweiter Fremdsprache in Jahrgangsstufe 10. Geprüft werden Hörverstehen, Leseverstehen, Sprechen und Schreiben.

Certificaciones de Español de los Negocios
Diese Zertifikate der spanischen Industrie- und Handelskammer werden auf verschiedenen Niveaus angeboten und gelten als wichtigster Qualifikationsnachweis für Wirtschaftsspanisch.

Zertifikate der Kultusministerkonferenz im beruflichen Bereich
Diese Zertifikate sind insbesondere für Schülerinnen und Schüler interessant, die eine berufliche Ausbildung machen.

9.3 Schulfahrten und Schüleraustausch

Bei allen Schulfahrten und Schulaustauschfahrten ist es günstig, die Lernenden nicht nur in der Rolle von eher passiven Konsumenten zu lassen, sondern sie aktiv in die Vor- und Nachbereitung sowie die Durchführung einzubeziehen. Dazu einige Vorschläge, die jeweils für den Empfang der Besucher bei einem Schüleraustausch, aber auch bei Studienfahrten in ein spanischsprachiges Land angewendet werden können:

- Vorbereitung: Brainstorming über Programmpunkte, Expertenteams für einzelne Punkte (Tourismus, Freizeitaktivitäten), Anfertigen eines spanischsprachigen Stadtführers
- Durchführung: Stadtrallye, durch Schüler geführte Besichtigungen, Videodokumentation, Interviews mit Straßenpassanten
- Nachbereitung: Reisetagebuch, Artikel für Schülerzeitung, Jahresbericht oder Lokalzeitung/-rundfunk, Dokumentation des Austauschs im Schulhaus (Fotos, Texte, Souvenirs in Schaukästen) und auf der Homepage der Schule, jahrgangsübergreifendes Fest unter Einbezug der Vorgänger- und Nachfolgeklassen, Präsentation eines besonders originellen *recuerdo*

Projekte vor Ort

Soll ein Austausch aktiver als in einer Mischung aus touristischen Besichtigungen und Besuchen des örtlichen Schulunterrichts gestaltet werden, so bietet es sich an, sich eines oder mehrere Projekte zu überlegen, die vor Ort stattfinden können und bei denen die Gastgeber und Gäste miteinander agieren. Bewährte Beispiele sind:

- Videodokumentation des Alltags einer spanischen Familie,
- Suchaufträge, die sich aus dem Unterricht ergeben haben, z. B. die Analyse der Tageszeitungslandschaft in Spanien, die Beobachtung und kontrastive Analyse eines Schultags an einer spanischen Schule (im Vergleich zur eigenen), die Recherche nach Überresten des Islams in der spanischen Architektur,
- Interviews mit Passanten, Familienmitgliedern, Schülern, Lehrern usw. zu einem aktuellen Thema (z. B. die Einstellung zur Erweiterung der EU, zur Situation der Zuwanderung aus Afrika): Fragen erarbeiten, Rollen in der Gruppe verteilen (Interviewer, Protokollant, usw.), Ergebnisse dokumentieren, evtl. im Plenum vorstellen und zusammen mit den Gastgebern darüber diskutieren, um die Ergebnisse zu verifizieren. Hinweis: Für derartige Umfragen sollte man vorab die Genehmigung der Schulleitung einholen;
- gemeinsame Erarbeitung von Sketchen, kleinen Theaterstücks oder der Folge einer *telenovela*,
- gemeinsame Planung und Durchführung einer *fiesta*, evtl. zu Benefizzwecken.

Von der EU werden im Rahmen des COMENIUS-Programms Schulpartnerschaften mit Partnereinrichtungen aus mindestens zwei Teilnehmerstaaten gefördert.

Sollte eine Schule aus bestimmten Gründen kein offizielles EU-Projekt in diesem Rahmen durchführen können oder wollen, so ist es möglich, sich an bereits erprobten Projektideen zu orientieren und ein Projekt unter Berücksichtigung der lokalen Bedingungen zu adaptieren. Zwei Beispiele solcher Projektideen:

Lecturas cruzadas
Bei dieser Art von binationalem Projekt (ausführlich dazu KÖBERICH 1994) steht das gemeinsame Erleben von Literatur aus beiden Ländern im Zentrum, der touristische Aspekt tritt mehr oder weniger in den Hintergrund.

Voraussetzung ist, dass sich beide Teilnehmergruppen im Vorfeld auf einen gemeinsamen Lektürefundus (z. B. je zwei, drei aktuelle Jugendbücher aus Spanien und Deutschland, die bestimmte Schwerpunktthemen gemeinsam haben) geeinigt und die Bücher bereits gelesen haben. Bei der Begegnung beider Schülergruppen kann dann eine Fülle von Aktivitäten entwickelt werden, die von gemeinsamen Diskussionen (Thematik und Interpretation der Lektüren, Realitätsbezug, Besprechung von Zeitungsartikeln zum selben Thema) über die kreative Umsetzung der Lektüren (siehe Kapitel 6.2.2) bis hin zu weiterführenden Aktivitäten (Dokumentation der Aktivitäten durch ein Foto- und/oder Film- sowie ein Journalistenteam, gemeinsame Erstellung eines Bühnenbilds, Begegnung mit einem oder mehreren Autoren usw.) reichen können.

Lernen im Tandem
Die Idee der Tandem-Methode ist, dass sich zwei Menschen unterschiedlicher Nationalität gegenseitig ihre Muttersprache beibringen. Grundregel dabei ist, dass jeweils die Hälfte der Zeit der einen, die andere Hälfte der Zeit der anderen Sprache gewidmet wird und die jeweiligen Phasen so weit wie möglich einsprachig ablaufen. Was liegt schließlich näher, als das Expertenwissen der Partner, nämlich das Beherrschen ihrer Muttersprache, bei einer direkten Begegnung für das Erlernen der jeweiligen Fremdsprache nutzbar zu machen? Diese Methode erfreut sich deshalb insbesondere beim Austausch von Einzelpersonen steigender Beliebtheit. Es gibt Internetplattformen, auf denen sich Tandempartner finden können; für Studierende bieten die meisten Universitäten inzwischen die Vermittlung von Tandempartnern an oder organisieren Tandemaustausche (z. B. die Ruhr-Universität Bochum zusammen mit der Universität Oviedo). Insofern ist es denkbar, diese Methode – freilich in begrenztem Rahmen – während eines Schüleraustauschs anzuwenden: Zwei, drei Vormittage könnten für Arbeit im Tandem genutzt werden. Sinnvoll kann dabei ein Wechsel der Paarungen sein, damit nicht nur die jeweiligen im Sinne des Schüleraustauschs „zusammengehörenden" Partner miteinander arbeiten. Die dabei zu bearbeitenden zweisprachigen Aufgaben können von den Lehrern bereitgestellt werden oder aber – was Reiz und Nutzen dieser Arbeit gleichermaßen erhöht – zumindest teilweise im Vorfeld des Austauschs von der deutschen und der spanischsprachigen Schülergruppe in Freiarbeit erstellt worden sein. Die Tandem-Methode kann dann nach Beendigung des Schüleraustauschs via E-Mail fortgesetzt werden.

Internet-Klassenpartnerschaften

Eine reale Begegnung von Schülern im Rahmen eines Austauschprogramms ist nicht immer durchführbar, da es für deutsche Schulen oft schwierig ist, einen Partner auf der Iberischen Halbinsel zu finden; ein Austausch mit einer hispanoamerikanischen Schule wiederum ist kostspielig. In diesem Fall bleibt immer noch die Möglichkeit von virtuellen Begegnungen im Internet. Auch auf diese Art und Weise lassen sich Projekte durchführen, bei denen die Schülerinnen und Schüler selbst aktiv werden, ihre Spanischkenntnisse anwenden, neue Medien nutzen und interkulturelle Handlungskompetenz beweisen müssen. Beim Aufbau und bei der Durchführung virtueller Begegnungen mit einer spanischen Schule kann z.B. das Projekt *eTwinning. Netzwerk für Schulen in Europa* von Schulen ans Netz e.V. nützlich sein. Diese Initiative fördert europäische Schulpartnerschaften, die über das Internet geknüpft werden. Das Projekt richtet sich sowohl an Schulen, die bereits eine Partnerschule haben und den Kontakt per Internet vertiefen wollen, als auch an Schulen, die einen Partner suchen. Über eTwinning kann ein passender Partner ausgewählt werden. Mittels einer benutzerfreundlichen Internetplattform arbeiten dann zwei oder mehrere Partnerklassen an einem gemeinsamen Unterrichtsthema. Jede Partnerschaft nutzt einen eigenen, geschützten „virtuellen Klassenraum"; kommuniziert wird per E-Mail, Chat und Dateiaustausch. eTwinning wird im Rahmen des eLearning-Programms von der Europäischen Kommission gefördert.

9.4 Fortbildung und Information

Nützliche Kontakte

- **Deutscher Spanischlehrerverband (DSV):** Eine Mitgliedschaft im bundesweiten Fachverband von Spanischlehrkräften aller Schularten ist sehr zu empfehlen. Der DSV engagiert sich in schulpolitischen Fragen, verfügt über geballte Kompetenz zu praktisch allen Fragen des Spanischunterrichts und bietet vielerlei Möglichkeiten zum eigenen Engagement.
- *Consejería de Educación*, Lichtensteinallee 1, 10787 Berlin: Die Vertretung des spanischen Erziehungsministeriums in Deutschland verfügt über ein ausgezeichnetes Serviceangebot für Spanischlehrkräfte, darunter themenorientierte Materialsammlungen und eine spezielle Multimedia-Bibliothek mit Fernleihe.

9. Spanisch – über den Unterricht hinaus

- *Instituto Cervantes*: Die spanischen Kulturinstitute in Berlin, Bremen, Frankfurt/Main, Hamburg und München bieten eine große Palette interessanter kultureller Veranstaltungen an. Sie haben vielfältige Fortbildungsangebote für Spanischlehrkräfte auf dem Programm, die sie nach Absprache auch vor Ort anbieten. Außerdem verfügen sie über sehr gut ausgestattete und ständig aktualisierte Multimediabibliotheken, auf die man auch über Fernleihe Zugriff hat.

Fortbildungen
- *Jornadas hispánicas* (bundesweite Fortbildungsveranstaltung des DSV im zweijährlichen Rhythmus)
- DSV-Tagungen in einzelnen Bundesländern (meistens jährlich)
- Deutscher Hispanistentag (alle zwei Jahre)
- bundesweite Tagung des Gesamtverbandes der modernen Fremdsprachen GMF mit Beteiligung des DSV (alle zwei Jahre)
- regionale GMF-Tagungen in den verschiedenen Bundesländern mit Beteiligung des DSV
- Lehreraustausch- und Hospitationsprogramme (Vermittlung über die Kultusministerien der Länder)
- Didaktik- und Sprachkurse des *Ministerio de Educación* in Spanien (Vermittlung über die Kultusministerien bzw. die *Consejería* in Berlin)
- Fortbildungsveranstaltungen der Schulministerien und Regierungspräsidenten sowie der Landesinstitute für Fortbildung in den einzelnen Bundesländern
- Fortbildungsveranstaltungen der Schulbuchverlage

Zeitschriften
- Hispanorama (Zeitschrift des DSV): vierteljährlich erscheinendes Magazin, jeweils mit einem *tema monográfico* sowie Artikeln zu weiteren Themen aus Spanien und Lateinamerika, mit Beiträgen zur Didaktik, Buchbesprechungen und aktuellen Nachrichten
- Der Fremdsprachliche Unterricht Spanisch (vierteljährlich erscheinende pädagogische Zeitschrift mit jeweils einem thematischen Schwerpunkt: Basisartikel und Praxisbeispiele für verschiedene Lernerniveaus)
- Zeitschrift für Romanische Sprachen und ihre Didaktik (auch mit Beiträgen zu Spanisch)

- ECOS (monatlich erscheinendes Magazin für Fremdsprachenlerner mit annotierten Eigenbeiträgen und Übungen zur Sprachpraxis; geeignet als Quelle für landeskundliche Dossiers und für die selbstständige Lektüre durch fortgeschrittene Lerner)
- Revista de la prensa (monatlich erscheinende Zusammenstellung von – meist gekürzten – Originalbeiträgen aus der spanischsprachigen Presse mit deutschen Worterklärungen; geeignet auch für die selbstständige Lektüre durch Schülerinnen und Schüler auf fortgeschrittenerem Niveau)
- Puntoycoma (zweimonatlich in Spanien erscheinende Audio-Zeitschrift für Spanischlerner etwa ab Niveau B1; kostenpflichtige Downloads authentischer Hörtexte im Internet

Buchreihen
- Theorie und Praxis des modernen Spanischunterrichts – Buchreihe des DSV beim tranvía Verlag
- Romanische Sprachen und ihre Didaktik – Reihe des ibidem-Verlags mit Beiträgen zu Spanisch

Verlage mit Spanisch im Programm
- AOL-Verlag Lichtenau
- C.C. Buchner Bamberg
- Cornelsen Verlag Berlin
- Verlag Moritz Diesterweg Frankfurt/Main
- Hueber Verlag Ismaning
- Ernst Klett Verlag Stuttgart
- Langenscheidt Verlag München
- Raabe Verlag Stuttgart
- Schmetterling-Verlag Stuttgart
- Toro-Verlag Hamburg

9.5 Literatur

Zu Kapitel 9.1

INSTITUTO CERVANTES (2010): El español, una lengua viva. Informe, Instituto Cervantes.

Zu Kapitel 9.3

BÖTTCHER, GERHARD (2003): Handbuch internationaler Schüleraustausch. Tipps und Tricks zur erfolgreichen Gestaltung des Schüleraustausches, München: Bayerischer Jugendring.

DEUTSCH-FRANZÖSISCHES JUGENDWERK (1999) (Hrsg.), Die Tandem-Methode. Theorie und Praxis in deutsch-französischen Sprachkursen, Stuttgart: Klett. Die Website des Deutsch-Französischen Jugendwerks enthält eine ganze Fülle von Erfahrungsberichten und Materialien zum Tandemlernen, die auch auf das Spanische übertragbar sind.

GARCÍA-GRIZELJI, NICOLE (2007): DELE – Diplomas de Español como Lengua Extranjera. In: Der fremdsprachliche Unterricht Spanisch 19, S. 38–41.

KÖBERICH, JOACHIM (1994): Lectures croisées – Jugendliteratur im Austausch. In: Französisch heute 3, S: 323 ff.

MÜLLER-HARTMANN, ANDREAS/GRAU, MAIKE (2004): Nur Tourist sein oder den Dialog wagen? Interkulturelles Lernen in der Begegnung. In: Der fremdsprachliche Unterricht Englisch 4, S. 2–9.

SOMMERFELDT, KATHRIN (2014): De intercambio. Zweisprachiges Tandemlernen. In: Der fremdsprachliche Unterricht Spanisch 44, S. 12–15 plus Zusatzmaterial zum Heft von Lisa Glenk, Joanna Langhoff und Alexander Runge.

VENCES, URSULA (1998): Interkulturelles Lernen in einer Schulpartnerschaft. In: Bundeszentrale für Politische Bildung (Hrsg.): Interkulturelles Lernen. Arbeitshilfen für die Politische Bildung, Bonn, S. 101–109.

VENCES, URSULA (1998): Sprachenlernen im Tandem. Vom Schüleraustausch zur interkulturellen Begegnung. In: Ebd., S. 188–203.

VENCES, URSULA (1993): Vom Lernen voneinander und füreinander – Ein Bericht zur didaktischen Umsetzung der Schulpartnerschaft, in: Neusprachliche Mitteilungen aus Wissenschaft und Praxis, Heft 3, 3. Quartal 1993, S. 186–190.

VENCES, URSULA (2009): Bilder sagen mehr als Worte: ein interkulturelles Filmprojekt mit Schülern aus Deutschland und Nicaragua. In: Eva Leitzke-Ungerer (Hrsg.): Film im Fremdsprachenunterricht. Literarische Stoffe, interkulturelle Ziele, mediale Wirkung. Stuttgart: Ibidem, S. 259–274.

Herausgeberin und Autoren

Kathrin Sommerfeldt hat Spanisch, Französisch und Sport am Johanneum in Lübeck unterrichtet. Sie ist derzeit als Studienleiterin und Landesfachberaterin am IQSH für die Aus- und Fortbildung der Spanischlehrer in Schleswig-Holstein zuständig. Außerdem arbeitet sie als nebenamtliche Fachaufsicht für Spanisch und Vorsitzende der Zentralabiturskommission in diesem Fach für das Ministerium für Bildung und Kultur in Kiel. Kathrin Sommerfeldt ist Mitherausgeberin und Autorin der Zeitschrift „Der fremdsprachliche Unterricht Spanisch".

Wolfgang Steveker unterrichtet die Fächer Spanisch und Französisch am Carl-Fuhlrott-Gymnasium in Wuppertal und arbeitet als Moderator und Fachberater für Spanisch bei der Bezirksregierung Düsseldorf. Er entwickelt Unterrichtsmaterialien und ist als Koautor von Lehrwerken und Herausgeber der Reihe „Espacios literarios" tätig. Wolfgang Steveker ist Verfasser fachwissenschaftlicher Beiträge und Fortbildungsreferent.

Ursula Vences hat die Fächer Deutsch und Spanisch am Gymnasium sowie Fachdidaktik an den Universitäten Bochum und Köln unterrichtet. Sie ist Koautorin verschiedener Lehrwerke sowie Autorin von Unterrichtsmaterial und fachwissenschaftlichen Beiträgen. Ferner gehört sie zum Redaktions- und Herausgeberteam der fachdidaktischen Zeitschrift „Der fremdsprachliche Unterricht Spanisch". Ursula Vences ist stellvertretende Vorsitzende des Deutschen Spanischlehrerverbands und in dieser Eigenschaft Mitherausgeberin der Reihe „Theorie und Praxis des modernen Spanischunterrichts".

Dr. Christine Wlasak-Feik unterrichtet die Fächer Spanisch, Französisch und Deutsch am Walter-Gropius-Gymnasium in Selb. Sie ist Koautorin von Lehrwerken für Spanisch und Französisch sowie Mitherausgeberin und Autorin der Zeitschrift „Der fremdsprachliche Unterricht Spanisch". Von 1999 bis 2004 koordinierte sie als Referentin am Institut für Schulqualität und Bildungsforschung in Bayern Arbeitsgruppen zur Konzeption von Lehrplänen, zentralen Prüfungsaufgaben und Lehrerhandreichungen für die Fächer Spanisch und Französisch am Gymnasium.

Register

Aktivierung 23–24, 102, 105, 160, 164, 236
Alltagskultur 176, 178
alternative Aufgabenstellungen 144, 162
alternative Unterrichtsmethoden 128, 140
Amtssprache 233
Analyse 72, 76, 134, 136, 143, 162, 170–172, 184, 187, 211, 237
Analysephase 184–185
Annotationen 134
Anwendungsorientierung 12
Anwendungsphase 184–185
Aquarium 61, 71
Arbeitstechniken 12, 26, 53
Aspektanalyse 172
Aufgabenapparat 92, 134
Aufgabenformate 56, 146, 164, 202, 209, 211, 213–214, 217
aufgeklärte Einsprachigkeit 72
Aussprache 40, 102, 109, 137–138, 222
Ausspracheschulung 102, 104, 109, 137
Aussprachevarianten 137
Auswahlaufgaben 202, 213, 215

Bedeutungserschließung 103, 107
Behaltenseffekt 78, 85, 119, 139
Behaltenswirksamkeit 132, 141
berufsbildende Schulen 16
berufsfeldbezogene Inhalte 16, 236
Bewertung 73, 121, 123, 135, 145–146, 161, 167, 192–193, 199, 200–201, 203, 206–209, 212–214, 216–217, 221–224, 227, 231
Bewertungsbögen 201, 209, 221–222
Bewertungskriterien 192–194, 205–208, 223–224
Bewertungsraster 165, 227
Bildmaterial 132, 141, 143, 183
Bildsprache 141
Bildungsanspruch 195
Bildungsstandards 23, 40–41, 166, 176, 202–203, 207, 225

Bildungsziele 175
bilinguale Schulen 15
Bingo 133
Binnendifferenzierung 20, 30, 95, 106, 164
Blended learning 145
Brainstorming 73
Brückensprache Spanisch 14

Curriculum 38, 175–176, 195

D.E.L.E. 222, 235
Detailverstehen 52, 182, 216
dezentrale Übungen 24, 62
Diagnose 30, 80, 82, 199, 222
didaktische Analyse 97, 112, 140, 156
didaktische Prinzipien 23
Didaktisierung 133–134, 138
Distraktor 202, 215
Dokumentation 192, 209, 228, 236, 238
Dossierarbeit 178–179, 182–183
Dossiermodell 184–186, 189
Dreischritt 31, 134
Drillübungen 64–65, 67, 115

Easy Reader 153, 160
Eigenkontrolle 39, 104, 110, 116
Eigenperspektive 187, 189–190
Einprägung 101, 117–118, 121, 214
Einsatz von Spielen 147, 149
Einsprachigkeit 20, 72, 100, 103, 113, 215
Einstieg 44, 92, 99, 146, 156, 172
Empathie 10, 188
Erarbeitungsstunden 98–99
Erschließung 51, 53, 117–118, 134, 166
Erschließungsstrategien 38, 137, 158, 160
Erschließungstechniken 51–52, 107, 118
Erwartungshorizont 206, 226
Europalehrer 10
Expertengruppen 26, 106
Expertenmosaik 26, 106, 192
explizit-analytisch 162, 171

Register 247

Fachkompetenz 18
Faktenwissen 175, 178
Fehlerdiagnose 80
Fehlergruppierung 82
Fehlerprotokoll 82
Fehlertherapie 71, 83, 199
Fehlertoleranz 35, 71, 207
Fertigkeiten
  rezeptive 21, 49
  sprachliche 40, 46, 49, 215–216
  sprachproduktive 49
Festigung 101, 117–118, 147
Filme 61, 131–132, 138, 141, 144, 179, 184
Filmskripte 155
Filmsprache 141
Flexibilität 13, 19, 134, 201, 222
Fließbandkorrektur 78
Flussdiagramme 64
Fortbildung 10, 239–240
Fragekarten 105, 116
Fragestellung 188–191, 193, 194
Fremdverstehen 166–167, 176, 178, 187
Funktion sprachlicher Mittel 88, 112, 213

Ganzschrift 152–153, 165, 169, 173, 183–185
Gedächtnisstrategien 39
gemeinsamer europäischer Referenzrahmen 16, 23, 40, 49, 60, 202, 207, 225, 235
Gesamtüberblick 191, 193
Gestik 38, 57, 60, 137–138
Gewichtung 203, 213, 231
Globalsimulation 37
Globalverstehen 51, 57, 216
Grammatikarbeit 88, 105, 113
Grammatikerarbeitung 96, 112–114
grammatisches Beiheft 93
Gruppenarbeit 20, 27, 37, 78–79, 83, 116, 183, 223
Gruppenrallye 27
Guía de lectura 108

Habitualisierung 112
Handlungsorientierung 23, 35, 37, 140, 180, 191
Handlungsprodukte 35
heißer Stuhl 133
Herkunftssprache 12, 19
Heterogenität 11, 20, 30
Hör-/Sehverstehen 49, 93, 96, 138, 142
Hörübungen 60, 131, 137, 142
Hörverstehen 56, 97, 137–138, 140, 204, 215–216, 235–236
Hörverstehensstrategien 59
Hypothesenbildner 12
Hypothesenbildung 52, 58, 88, 106, 136, 156, 158, 160, 187

Ideenstern 74
Identifikationspotenzial 157
implizit-analytisch 160, 162
indigene Völker 16
Individualisierung 30–31, 95, 99, 163–164, 200–201
individuelle Förderung 30–31, 94
Informationsaufnahme 134
Informationsbewertung 134
Informationsveranstaltung 230
Informationsverarbeitung 134
Inhaltsorientierung 35, 42, 115–117
Initiierung 167, 191–194, 228
Instruktion 88–89, 103
Interaktion 70, 104, 116, 146, 164, 193, 218, 221, 237
interaktive Gesprächsformen 61, 70
Internet 36, 132, 135, 138, 144–147, 190, 194, 233, 238–239
Intonation 40, 60, 109–110, 137, 222

Kanon 151
Kernstellenanalyse 172–173
Klassenarbeiten 209, 216, 221
Klausurbogentechnik 69
Klischee 94, 141, 176, 180
Kognitivierung 112
Kohärenz 161, 213, 222
Kommentar 134, 136, 211
Kommunikation 14, 38, 42, 49, 71–72, 99, 112, 117, 144, 192, 207–208

Kommunikationskärtchen 66, 104, 116, 124
Kommunikationssituation 58, 68, 84, 213
Kompensationsstrategien 38, 59, 84
Kompetenz
   interkulturelle 92, 96, 187, 189, 197, 208, 226–227
   kommunikative 49, 96, 176, 227
   literarische 152, 154, 171, 173
Kompetenzorientierung 37, 41, 94, 152, 205
Kompetenzschulung
   gleichgewichtige 49
   integrative 42–43, 49, 56
Konstruktivismus 160, 186
Kontrollfunktion 145
Kontrollstrategien 39
Korrektur auf Folie 79
Korrekturlesen 78
Kriterienorientierung 206, 208, 212, 217–218, 227
Kritikfähigkeit 136, 146
kritisches Sehen 141
Kugellagergespräch 61, 70, 111, 192
Kulturkunde 175–176
Kurzumfragen 65
Kurzvortrag 61, 69, 104

Landeskunde 92, 175–178
Lateinamerika 16, 19, 94, 96, 137, 149, 176, 182, 186, 196, 231–234, 240
latentes Sprachwissen 19
Laufzettel 25, 164
Lehrbuch 13–14, 19, 43, 91, 93, 96, 98, 112, 117, 128, 154, 158, 180, 210
Lehrbucharbeit 96–98, 122–124, 152, 179, 182–184
Lehrwerk 10, 20, 84, 87, 91–94, 183, 228
Leistung
   rezeptive 214
   sprachproduktive 214
Lektorieren 78
Lektüre
   sukzessive 156, 172
   vorgreifende 156, 172
Lektüren 124, 153–154, 157, 160, 164

Lektürewerkstatt 163–165
Lernaufgaben 35–38, 42–44, 46–47, 50, 122, 204, 214, 226
Lernen
   autonomes 23, 25, 95, 145, 147, 167
   entdeckendes 88, 113, 186
   interkulturelles 92, 123, 130, 166, 175, 177–179, 196, 226
   kooperatives 24–25, 117, 167
   transkulturelles 177
Lernen durch Lehren 105, 114, 140
Lernen im Tandem 64, 104, 116, 238
Lernerautonomie 25, 99, 145, 163
Lernerorientierung 23, 30, 42, 103–104, 149, 157, 186, 191
Lernerprofil 13–14
Lernertypen 30, 95
Lernfortschritt 20, 32, 34, 199–201
Lernprozess 21, 38, 103, 109, 132, 147, 209
Lernstand 27, 31–32, 59, 75, 119, 137, 149, 158, 160, 164, 200
Lernstrategien 11, 23–24, 38–39, 92, 96
Lerntechniken 86, 113–114
Lerntempo 12–13, 23–25, 30–31, 113, 147
Lerntheke 25, 30–31, 33–34, 115
Lernziel 130, 137, 149
Lesekoffer 164–165
Lesekompetenz 49, 51–52, 103, 160, 163
Lesemotivation 152, 154, 163
Lesen
   detailliertes 52, 153, 159, 182
   globales 51, 153, 159
   selektives 51, 153, 159
Leserbrief 35, 52, 79
Lesestile 51, 154, 159
Lesetraining 50, 52–53, 104, 109, 158
Leseverstehen 49, 50, 96, 97, 136, 140, 204, 215, 231, 235–236
Lieder 14, 35, 61, 123, 131, 138, 140, 181, 184–185, 234
literarische Qualität 157, 160, 173
Literaturdidaktik 172
Lückentexte 59, 116, 120, 127, 161, 202, 213
Lyrik 123, 153, 154, 156, 163, 165, 171

Register

Marktplatz 70, 111
Material
 auditives 131, 137
 authentisches 12, 35, 88, 91, 93, 96, 133–134, 137
 didaktisiertes 133, 137, 153
 provozierendes 130
Medienkompetenz 144
Mehrsprachigkeitsdidaktik 19, 20, 234
Metaebene 161, 170
Methodenkompetenz 102, 114, 121, 223–224
Methodenrepertoire 10, 13, 20, 118
Methodenvielfalt 24
Mimik 38, 57, 60, 137–138
Motivation 11, 13, 20–21, 35, 50, 72, 80, 132–133, 146–147, 172, 191, 199, 207, 209
 extrinsische 199
 intrinsische 199
mündliche Prüfungen 221
Mündlichkeit 15, 20, 102, 116, 135, 155, 181, 183, 216–217
Murmelgespräch 28, 61, 68
Museumsgang 79
Musik 17, 87, 132, 140, 143, 168, 194, 234
Mustertexte 76
Muttersprache 20–21, 50, 52, 54, 72, 84, 107, 113, 151, 160, 238
Mut zum Risiko 208

neue Medien 132, 144–146
Notengebung 199–200, 223

Objektivität 135–136, 203
Obligatorik 18
Öffnung des Unterrichts 24–25, 102, 105, 163, 209, 223
Organisationstechniken 39
Orientierungsfähigkeit 176
Orientierungswissen 176, 178
Outputorientierung 41, 205

Partnerarbeit 24, 62, 64, 66, 69, 108, 111, 116, 123, 164
persönliches Wörterbuch 87
Perspektive

 fremde 187–189
 kollektive 188, 190
Perspektivwechsel 46, 56, 122, 166–167, 188, 222
Phasen der Bewertung 200
Phasen des Lernens 200
Planung 12, 39, 42, 73, 75, 97–98, 167, 172, 193–194, 228, 237
Platzdeckchen 28
Podcast 144–146
Podiumsdiskussion 44, 56, 61, 70–71
Portfolio 39, 80, 83, 93, 228
Präsentationskompetenz 224
Problemorientierung 186
Produkt 24, 36, 43, 78–79, 146, 149, 151, 167–169, 191, 193, 223, 228
Progression 10–13, 21, 42, 84, 94–96, 112, 116, 128, 154, 234
Projektarbeit 24, 36, 128, 147, 204
Projektorientierung 167, 169, 191, 193–194
Prozessorientierung 23, 38, 191
Prüfungsaufgaben 134, 205–206, 211

Qualifikation 233

Raffung 156–157
Realia 131
recherchierendes Vorgehen 176, 186
Redemittel 60, 62, 68–69, 71, 77, 92, 96, 97, 123, 133–134, 148
Redundanzen 134, 138, 153, 156, 160
Reflexion 26, 173, 188, 190, 209, 224, 228
Regelfindung 114
Regelformulierung 88, 112
Reliabilität 203
Rendezvous-System 66
retroaktiver Effekt 20
Rezeptionsästhetik 160
Rollenspiel 68, 84, 171, 218
Rückmeldung 123, 193, 199, 201, 208–209, 222
runder Tisch 70

Sachfachunterricht 15
Sachkompetenz 102
Sachtext 123, 131, 135–136

Schreibanlässe 72, 133, 140–141, 151, 157, 161, 169
Schreiben als Prozess 73
Schreibkonferenz 78
Schreibschablone 75
Schulaufgaben 209
Schwerpunktsetzung 98, 156–157, 182, 191, 231
Selbsterstellen von Übungsmaterial 125, 164
Selbstevaluation 148, 227
Selbstkompetenz 102, 224
Selbstständigkeit 25, 145, 147–148, 164, 167, 191, 208–209
Selektion 199
selektives Verstehen 216
situative Aufgabe 43, 214
Skriptkooperation 28
Sozialformen 99, 223
Sozialkompetenz 102, 224
soziokulturelle Inhalte 175, 178–179, 181–183, 196, 208
spielerische Lernformen 14, 16, 116, 147
Spracharbeit 49–50, 149, 152
Sprachdorf 37
Sprachenfolge 14, 20, 230
Sprachlernerfahrung 11
Sprachmittlung 49, 84, 204, 225
Sprachrichtigkeit 145–146, 206, 208, 216, 224, 227
Sprachunterricht 49
Sprachvarianten 17, 138
Sprechanlässe 35–36, 60–61, 94, 123, 133, 140–141, 144, 151, 161, 163
Sprechen
 dialogisches 60
 freies 61, 66, 70, 110
 gesteuertes 61, 62, 66
 monologisches 60
Sprechfertigkeit 60, 71, 116
Sprechschulung 60, 110
Sprechtempo 104, 137–138
Standardorientierung 40, 207
Standardsprache 40, 137–138
Standbild 170
Stationenlernen 25, 93, 115, 126, 140, 163, 165

Stegreifaufgaben 209
Stichwortzettel 69
Strategiewissen 52
Studium 11, 199, 233
Stundeneinstieg 99, 104
Stundenthema 104, 114
Stundenziel 98
Subjektivität 203, 206
Systematisierung 12, 113, 158
szenisch gestalten 122, 170

Tafelanschrieb 100, 113, 118
Tandembogen 32, 64–65, 116
Teamarbeit 205
Teilaufgaben 203, 205
Testaufgaben 201
testimonios 135, 188
Tests 31, 121, 202, 209, 213
Text
 authentischer 50, 96, 123, 133
 literarischer 122, 135, 151–153, 158, 160–161, 163, 166–167, 169, 171, 175
 narrativer 75, 110, 155, 167
Textanalyse 171
Textaufgaben 210
Textbegriff 131, 210
Textbezug 73, 161, 169–170
Texteinführung 96, 99, 102, 105
Texterstellung 161, 210
Textpräsentation 102, 218
Textsorten 50, 75, 77, 88, 93, 97, 135, 152, 154, 163–164, 166, 184, 210
Theaterstücke 155, 169, 171
thematische Arbeit 152, 157, 178
Think-Pair-Share-Prinzip 28
Transfer 96, 98, 112, 119, 122, 205, 210
Transferstunden 98–99
Transparenz 19, 203, 209, 222

Überprüfung 60, 79, 87–88, 94, 96, 102, 117, 121, 173, 204, 210, 213–215, 217, 226–227
Übersetzung 105, 127, 165, 225
Übertragung 23, 87, 225
Übungsstunden 98–99, 115
Übungstypologie 58, 84, 115
Umgang mit Fehlern 71, 80, 148, 200
Umgang mit Texten und Medien 92, 152

Umgestaltung 162, 167–168
Unterricht
  aufgabenorientierter 38
  gelenkter 24, 99, 102
  kompetenzorientierter 41, 94, 171
  offener 23, 105, 163
Unterrichtsangebot 10–12, 20–21, 30, 91
Unterrichtsroutinen 104, 124

Validität 203
Variantenreichtum 17, 57, 131, 138
Verfahren
  analytisches 162, 171
  kreative 105, 122, 162, 168, 172
Verfügung über die sprachlichen Mittel 40, 49, 85, 96
Visualisierung 100, 112–113, 141
Vokabelkartei 86, 120
Vokabelsemantisierung 99, 100
Vokabelverzeichnis 92–93, 106, 118–119
Vorentlastung 92, 112

Vorkenntnisse 14, 19, 30, 52, 55, 103, 113, 183, 231, 234

Wandzeitung 79
WebQuest 146
Weltsprache 9, 15–16, 196, 232
Wiederholung 31, 38, 58, 60–61, 70, 94, 121, 124, 126, 139, 203
Wikis 146
Wortbildungsmechanismen 19, 38, 54, 60, 108, 200
Wortfeldkartei 87
Wort-für-Wort-Lesen 52, 136, 159
Wortschatzarbeit 85, 117, 119
Wortschatzerarbeitung 96, 117
Würdigung 79, 193, 207, 217

Zeitungsartikel 35, 97, 131, 135
Zentralabitur 18
Zertifikatsprüfungen 222
Zielkultur 176, 187, 226
Zielorientierung 98

Der eigene Weg zur Lösung

Mit Lernaufgaben für den Wochenplan:
differenziert, individualisiert, inklusionsgeeignet

Kopiervorlagen

Diese Lernaufgaben können alle bearbeiten und dabei selbst entscheiden, wie sie vorgehen. Der Wochenplan hilft, den Lernprozess zu strukturieren.

Spanisch 1./2. Lernjahr
Aus dem Inhalt:
Mi cumpleaños, El look adecuado, Mascotas, Un intercambio escolar.

Kopiervorlagen
88 Seiten, geheftet, A4
978-3-589-15701-3

Spanisch 3./4. Lernjahr
Aus dem Inhalt:
Diario de viaje, Descubre mi país - mi ciudad - mi región, Sabores del mundo, ¿Quiero ser?, ¿Currar? - ¡Sí, currar!, Rumbo al extranjero

Kopiervorlagen
88 Seiten, geheftet, A4
978-3-589-15033-5

Cornelsen

Anders lernen ...
Empfehlungen und Tipps für nachhaltigen Lernerfolg

978-3-589-16185-0

978-3-589-16499-8

Raus ins Leben!
Lernen an außerschulischen Orten bietet Potenzial, das unbedingt öfter genutzt werden sollte. Aber wie? Dieser Band liefert Orientierung und beschreibt zugleich Vorzüge sowie Grenzen eines Lernortwechsels. Außerdem finden Sie Praxisbeispiele für ausgewählte Unterrichtsfächer.

Anker fürs Gedächtnis
Mit Sketchnotes lassen sich auch komplexe Stoffinhalte so darstellen, dass jeder schnell einen Zugang findet. Dieser Band vermittelt Grundlagen, liefert Anleitungen und viele Beispiele. Eine Methode, die auch für Schülerinnen und Schüler nützlich ist, z. B. bei der Erstellung von Vorträgen.

Das gesamte Programm unter **cornelsen.de/sekundarstufe**

Mehr Gelassenheit bitte!

Mit Humor dem Schulalltag trotzen

ISBN 978-3-589-16045-7

Die täglichen Herausforderungen des Lehrerberufs meistern

- Auch in schwierigen Situationen des Alltags einen kühlen Kopf bewahren
- Pragmatische Lösungsansätze – basierend auf langjährigen Erfahrungen als Lehrerinnen
- Ein Plädoyer für mehr Mut, Professionalität, aber auch für Humor und Selbstkritik
- Durchaus „geschenktauglich"

Mehr Informationen unter
cornelsen.de

Cornelsen